认同花开，蝴蝶自来

袁伟 杨梅／著

小学艺术教育
观察与思考

华中科技大学出版社
http://press.hust.edu.cn
中国·武汉

图书在版编目（CIP）数据

认同花开，蝴蝶自来：小学艺术教育观察与思考 / 袁伟，杨梅著. -- 武汉：华中科技大学出版社，2024. 9 -- ISBN 978-7-5772-1036-0

Ⅰ. G623.702

中国国家版本馆CIP数据核字第20242QJ095号

认同花开，蝴蝶自来：
小学艺术教育观察与思考
Rentong Huakai, Hudie Zilai:
Xiaoxue Yishu Jiaoyu Guancha yu Sikao

袁 伟 杨 梅 著

总 策 划：曾 光

策划编辑：陈心玉

责任编辑：田金麟

封面设计：琥珀视觉

责任校对：刘 竣

责任监印：朱 玢

出版发行：华中科技大学出版社（中国·武汉）　　　电话：（027）81321913
　　　　　武汉市东湖新技术开发区华工科技园　　　邮编：430223

录　　排：沈阳市姿兰制版输出有限公司

印　　刷：湖北新华印务有限公司

开　　本：710mm×1000mm　1 / 16

印　　张：27

字　　数：402千字

版　　次：2024年9月第1版第1次印刷

定　　价：78.00元

前言

认同校园里，

每一名学生就像一朵小花；

每一名学生又像一颗星星；

每一名学生都有自己的一个或多个梦想……

艺术课堂中，

唤醒学生，让每一朵小花都热情地盛开；

激励学生，让每一颗星星都快乐地闪耀；

鼓舞学生，让每一个梦想都灿烂地绽放……

每个孩子心中都有一颗梦想的种子，艺术则是让这颗种子生根发芽、绽放出美丽花朵的沃土。作为小学艺术教育工作者，我们有责任为孩子们提供一个充满爱与关怀的环境，让他们在这里自由地探索、发现并追求自己的艺术梦想。通过观察小学艺术课堂，我们可以深入了解孩子们在艺术领域的成长轨迹，从而为他们提供更加有针对性的指导和帮助。在这个过程中，我们期待每一个孩子的梦想都能开花结果，成为他们人生道路上最美丽的风景。

在十余年的小学艺术课堂观察中，我们以孩子们的艺术表现为切入点，关注他们在课堂上的表现、互动与发展，探寻他们艺术梦想的成长脉络。我们希望通过观察艺术课堂，为孩子们的艺术教育提供更多的启示与建议，让每一个孩子都能在艺术的殿堂中找到自己的位置，让所有的梦想都开花。

　　同时，我们也希望借助对艺术课堂的观察，引起更多教育工作者对小学艺术教育的关注与思考，让我们共同为孩子们的艺术梦想浇灌爱的雨露，让他们在艺术的阳光下茁壮成长。因为我们相信，每一个孩子都是一个独特的小艺术家，只要给予他们足够的关爱与支持，他们的梦想就一定能开花结果，绽放出最绚烂的光彩。

序

在美丽的校园里，我们常常会看到一群活泼可爱的孩子，他们或聚精会神地涂鸦，或兴高采烈地表演。这些孩子是小学艺术课堂的主角，他们在课堂上释放天性，发挥想象力，展现自我。我观察了学校的艺术课堂，发现了一个有趣的现象：认同花开，蝴蝶自来。

认同花开，意味着孩子们在艺术课堂上得到了自我认同和他人认同。他们通过绘画、音乐、舞蹈等艺术形式，表达自己的情感和思想，展现他们独特的个性和风格。这种自我认同激发了他们的创造力和自信心，让他们更加勇敢地追求自己的梦想。正如爱因斯坦所说："想象力比知识更重要。"孩子们在艺术课堂上的想象力和创造力得到了充分的肯定和发挥。

蝴蝶自来，则意味着孩子们在艺术课堂上的成长和收获。他们的作品被展示出来，得到了同学们和老师们的赞美和认可。这种认同让他们更加自信和自豪，也吸引了更多的"蝴蝶"前来。这些"蝴蝶"是他们的朋友和榜样，是他们互相学习、共同进步的动力。正如泰戈尔所言："教育的目的应该是培养一个自由的人。"孩子们在艺术课堂上得到了自由表达和探索自我的机会，这种自由让他们能更加勇敢地追求自己的梦想。

在这个过程中，孩子们不仅学到了艺术知识和技能，还培养了他们良好的合作精神和竞争意识。他们互相欣赏、互相鼓励、互相帮助，一起成长和进步。这种团队精神让他们更加珍惜彼此的友谊，也让他们更加适应未来的社会生活。正如孔子所言："三人行，必有我师焉。"孩子们在艺术课堂上互相学习、互相借鉴，这种团队精神让他们更加懂得珍惜和尊重他人。

认同花开，蝴蝶自来，是一种教育理念和教学模式的体现。它强调尊重孩子们的个性差异和创造力，鼓励他们自由表达和探索自我。同时，它也强调团队合作和互相学习的重要性，让孩子们在成长的过程中更加注重人际关系和情感交流。这种教育理念和教学模式，不仅可以让孩子们在艺术领域得到更好的发展，也让他们在其他领域能更好地发挥自己的潜力和优势。正如梁启超所言："少年智则国智。"我们相信每一个孩子都有自己的独特之处，只要给予他们足够的认同和支持，他们一定能展现出属于自己的光彩。

通过小学艺术教学观察，我深刻地感受到了认同花开、蝴蝶自来的魅力。我希望通过这本专著，能够将"认同"的艺术教育理念和教学模式分享给更多的教育工作者和家长，让更多的孩子在认同中成长、在成长中进步。

孔德勇

（正高级教师、特级教师、
武汉市光谷实验小学书记）

目录
CONTENTS

第六章 。
教学日志篇

第七章 ●

少儿油画社团教学课例

第八章 ●

教学反思篇

第九章

教学论文篇

第十章

教学案例篇

第十一章 ○····················· ●
教学作品篇

第一章

艺术认同的花开了

——小学艺术教学的教育理念

一、尊重个性，激发创造力

小学艺术课堂教学是培养学生艺术兴趣和创造力的重要场所。尊重个性、激发创造力是小学艺术课堂应该遵循的教学理念。以下一些方法可以帮助教师在小学艺术课堂教学中，在尊重学生个性的前提下激发他们的创造力。

（一）如何理解艺术课程标准的四个核心素养

艺术课程标准的四个核心素养：审美感知、艺术表现、创意实践、文化理解，它们宛如四朵盛开的花朵，在孩子们的艺术成长道路上绽放着独特的光彩。这些核心素养如同花儿的根、茎、叶、花，相互依存，共同构建了孩子们的艺术素养体系。

在艺术教育的园地里，这四朵盛开的鲜花，共同构建了孩子们丰富多彩的艺术世界，为孩子们的艺术成长提供了源源不断的养分。让我们一同来探索这四朵鲜花的奥秘，感受艺术教育的魅力。

审美感知，如同花儿的根，它深入孩子们的心灵，让他们学会用艺术的眼光观察世界。通过触摸、聆听、观察等多种方式，孩子们能够感受到艺术的韵律、色彩和形式，从而培养出对美的敏感度和鉴赏能力。

艺术表现，如同花儿的茎，它为孩子们的艺术成长提供养分。在艺术教育中，孩子们学会欣赏和评价各种艺术作品，从中感受到美的力量。这种对美的体验和感悟，让孩子们的情感世界更加丰富和深邃。

创意实践，如同花儿的叶，它支撑着孩子们的艺术创造。在艺术课堂上，孩子们学会用各种材料和技巧表达自己的思想和情感，创作出独一无二的艺术作品。这种自由的创作过程，让孩子们的创造力得以充分发挥。

文化理解，如同花儿的花，它帮助孩子们绽放出他们的艺术成果。通过学习和了解不同文化背景下的艺术作品和观念，孩子们能够拓宽视野，增强跨文化交流的能力。这种对多元文化的理解和包容，让孩子们的艺术素养更加全面和立体。

把音乐与美术相结合，艺术课程的四个核心素养还可以这样理解。

审美感知，如同指挥家的指挥棒，它引导着孩子们用他们的心灵与艺术相互交融。通过观察、聆听和体验，孩子们能够深入感受艺术的韵律、色彩和形式，如同指挥家捕捉到乐章中的情感与意境。

艺术表现，如同画家的画笔，它让孩子们的艺术世界更加丰富多彩。通过欣赏和评价各种艺术作品，能够培养孩子们独特的审美眼光和情感表达方式，如同画家在画布上描绘出内心世界的色彩。

创意实践，如同舞者的舞步，它让孩子们的艺术创造充满活力。在艺术课堂上，孩子们运用各种材料和技巧，如同舞者灵活变换舞步，将自己的思想和情感表达得淋漓尽致。

文化理解，如同戏剧的剧本，它让孩子们的艺术成长更加全面和深入。通过了解不同文化背景下的艺术作品和观念，孩子们能够拓宽视野，增强跨文化交流的能力，如同戏剧演员深入理解剧本中的人物和情感。

通过这样的比喻和阐述，我们可以将艺术课程标准的四个核心素养生动地展现出来，让全体师生更加直观地理解这些核心素养在孩子们艺术成长中的重要性。

（二）让每一个梦想都开花

把小学生的梦想比喻成一朵花，是非常贴切的。每一朵花都是独一无二的，正如每个孩子的梦想也是各不相同的。要让这些梦想之花绽放，我们需要给予他们足够的支持和鼓励。

尊重每一朵花的独特性：每个孩子的梦想都是基于他们的个性和兴趣的。作为教师和家长，我们需要尊重他们的独特性，允许他们有自己的梦想和追求，不应该用单一的标准来衡量和评价他们。

提供足够的养分：孩子们的梦想之花需要充足的养分才能绽放。这些养分包括知识、技能、他人的鼓励和认可等。我们应该为他们提供足够的学习资源和支持，帮助他们增强实现梦想的能力。

给予关爱和支持：梦想之花的绽放需要关爱和支持。我们应该关注孩子们的内心世界，了解他们的想法和感受，给予他们支持和鼓励，让他们知道，无论他们的梦想是什么，都有可能实现。

创造良好的环境：梦想之花的绽放需要一个良好的环境。这个环境包括安全的、支持性的、鼓励性的学校和家庭环境。我们应该为孩子们创造这样的环境，让他们能够自由地探索和尝试，发现自己的兴趣和潜力。

耐心等待：每一朵花的绽放都需要时间。我们不能急于求成，应该给予孩子们足够的时间去探索、去尝试、去实现他们的梦想。在他们遇到困难时，我们应该给予他们帮助和支持，让他们知道，只要坚持下去，他们的梦想终将实现。

让我们一起为孩子们的梦想之花提供充足的养分和关爱，让它们在阳光下绽放出最美的光彩。

（三）让每一朵花都能绽放

把小学生的成长比喻成一朵花，是一个富有诗意的想象。每个孩子都是一朵独特的花，他们的花期——成长的速度和阶段——都是不一样的。如何让每一朵花都绽放，需要园丁——我们的教师和家长——细心照料和耐心等待。

提供充足的阳光：阳光是花朵生长的能量来源，对于孩子们来说，阳光就是关爱和认可。我们需要让孩子们感受到被接纳、被理解、被珍视，这样，他们才能有足够的自信去迎接生活的挑战。

给予适量的水分：水分是花朵生长的基础，对于孩子们来说，水分就是知识和技能。我们需要为孩子们提供适合他们年龄和符合他们兴趣的学习资源，让他们在学习中找到乐趣，从而积累足够的知识和技能。

提供丰富的土壤：土壤是花朵生长的环境，对于孩子们来说，土壤就是他们所处的社会和学校环境。我们需要为孩子们提供一个安全、健康、积极的成长环境，让他们在其中自由探索、尝试新事物、发展自己的兴趣。

耐心等待：园丁知道，每朵花的花期都是不同的，有的花早开，有的花晚开。对于孩子们来说也是如此，我们不能期望所有的孩子都在同一时间达到同样的标准。我们需要耐心等待，给予他们足够的时间去成长、去探索、去发现自我。

鼓励与引导：当花朵蔫巴时，园丁会给予它们支撑并浇水。对于孩子们来说，当他们面临困难或挫折时，我们需要给予他们鼓励和引导，帮助他们找到解决问题的方法，让他们学会如何面对生活中的挑战。

每个孩子都是独特的，他们的花期都是不同的。我们需要用心去理解他们，用爱去陪伴他们，等待他们的绽放。

（四）如何为孩子的梦想之花提供充足的养分？

要为孩子的梦想之花提供充足的养分，可以从以下几个方面着手。

1. 了解孩子的兴趣和梦想

与孩子进行深入交流，了解他们的兴趣、爱好和梦想。尊重他们的选择，鼓励他们追求自己真正热爱的事物。

2. 提供丰富的学习资源

根据孩子的兴趣和梦想，为他们提供相关的书籍、课程、活动等学习资源。让他们接触到更多的知识，拓宽视野，增强他们实现梦想的能力。

3. 培养良好的学习习惯

帮助孩子建立良好的学习习惯，如定时复习、积极思考、主动探索等。这些习惯能使他们更好地吸收新知识，学习更加高效。

4. 鼓励尝试和创新

鼓励孩子尝试新事物，参与各种活动，培养他们的创新精神和解决问题的能力。让他们知道失败是成功的一部分，帮助他们从失败的经历中学习，并不断进步。

5. 设定明确的目标和计划

帮助孩子设定明确的目标和计划，将他们的梦想分解为一个个可实现的小目标。这有助于他们保持前行的动力，逐步实现自己的梦想。

6. 提供情感支持

关心孩子的情感需求，给予他们关爱和支持。在他们遇到困难或挫折时，鼓励他们勇敢面对，相信他们能够克服困难。

7. 以身作则

作为家长和教师，要以身作则，成为孩子的榜样。通过自己的行动和态度，展示为实现梦想所需的努力、毅力和决心。

8. 建立良好的社交网络

鼓励孩子与同学、朋友建立良好的关系，互相学习、互相帮助。这将有助于他们扩大人际圈子，增强实现梦想的能力。

我们要为孩子们的梦想之花提供充足的养分，帮助他们茁壮地成长。因为孩子们的梦想是不一样的，所以他们的梦想之花需要个性化的关爱和支持。让我们共同努力，为孩子们的梦想之花创造一个美好的成长环境。

（五）观察简例

水墨画——荷花

1. 观察与欣赏

教师首先展示一些经典的水墨画作品，包括荷花、荷叶等，让学生观察和欣赏。同时，教师还可以播放一些有关荷花的视频或图片，让学生了解荷花的生长环境和特点。通过观察和欣赏水墨画作品，学生可以了解水墨画的技法和特点，同时也可以发现自己的兴趣和喜好。

2. 实践与探索

教师安排一个实践性的任务，让学生自己动手画荷花。教师可以提供毛笔、宣纸、墨水等材料，让学生尝试画出自己的水墨画作品。同时，教师也可以引导学生尝试不同的材料和技巧，如用水彩笔等不同工具来表现荷花的形态和质感。通过实践和探索，学生可以锻炼自己的技能，同时也可以发现自己的特点和优势。

3. 创造与表现

教师提供一些启发性的素材，如荷花的不同形态、不同季节的景色等，引导学生创作。同时，教师也可以让学生自己构思和创作，自由地表达自己的思想和情感。在创作过程中，教师应该尊重学生的个性和创造力，不要过于强调技术和标准化的要求，让学生自由地发展和成长。

4. 评价与反思

教师采用多元化的评价方式，包括学生的自评、互评、教师评价等多种形式。在评价过程中，教师应该尊重学生的个性和创造力，鼓励他们互相学习、互相启发。同时，教师也可以让学生反思和总结自己的作品，发现自己的优点和不足之处。

在这个观察简例中，教师通过观察与欣赏、评价与反思学生的实践与探索、创造与表现等多种方法引导学生发现自己的兴趣和特点，培养他们的创造力和想象力。同时，教师也应尊重学生的个性和创造力，不要过于强调统一的标准和要求，让学生自由地发展和成长。

（六）课堂观察

不爱画画的小男生

在一次小学艺术课堂上，教师为孩子们组织了一次以"四季的色彩"为主题的绘画活动。孩子们需要运用所学的绘画技巧和色彩知识，描绘出四季的自然景色和人物活动。

在这次活动中，一个平时不太爱画画的小男生，引起了我的注意。他歪着小脑袋，小手握着画笔，双眼盯着窗外观察，认真地思考了一会儿，专注地在纸上沙沙地画了起来。他连草稿都没画，很自信地直接用彩笔在图画本上画起了主要对象。在他的画中可以看到一棵茂盛的樱花树，还有许多花瓣在飘落，天空中和地面上仿佛正下着粉色的雪。树下，有几个快乐的孩子在玩捉迷藏、跳绳等游戏，每个人的发型、服装、动作都不一样，但他们的脸上都挂着春天般温暖的笑容。

在小男生绘画的过程中，我注意到他非常注重细节。例如，在画樱花树时，他不仅画出了树干和树枝，还在树枝上添加了树皮细腻的纹理，让树看起来更加生动、有活力。在画人物时，他为每个孩子都设计了不同的发型、衣服和动作，让画面充满了生活气息和生命的活力，为画面增添了艺术表现力。

绘画结束后，小男生骄傲地举起了他的作品，向我和同学们展示。他的脸上洋溢着自信和满意的喜悦，开心地说："老师，你看，这是我的画。我画的是我心中春天的色彩！"我说："那请你介绍一下你的作品吧。"他开始描述一家人去武汉大学樱花园春游的场景，滔滔不绝，好像还在回味当时的美丽景色。

我微笑着用大拇指在他额上点了一个大大的"赞"，然后，把他的作品放大投影给全班同学欣赏，请同学们发表看法。最后，我在作品的右下角用红笔批注了醒目的"优+"等级，课堂上立即响起了同学们认同的掌声和赞美声。

我鼓励所有孩子们认真观察与思考，再细心地描绘。这是画出优秀作品的小秘诀，只有这样才会让作品有吸引力和感染力。

在这次课堂上，孩子们完成的作品有春天绿色的杨柳、夏天粉红的荷塘、秋天金色的落叶和冬天银色的雪景。每个孩子在自己的作品中都发挥了自己的创造力和想象力，他们的作品也都展现了独特的个人情感和敏锐的观察力。

孩子们的作品有的注重色彩的运用，将四季的色彩表现得淋漓尽致；有的则更注重人物和场景的刻画，将四季中的人们的生活场景生动地展现出来。这些都充分展现了孩子们独特的创造力和想象力，验证了陶行知先生所说的"教育不是灌输知识，而是引导儿童发展自己的创造力"。

这个课例让我深刻地感受到小学艺术教育的力量。通过感兴趣的绘画活动和有效的启发，让平时不怎么爱画画的小男生突然有了兴趣或是灵感，也许是因为这个主题和他平时观察到的开心难忘的瞬间"同频"了，他的内驱力一下就被唤醒了，自然而然地开始了"场景再现"，在不知不觉中，提高了他的绘画表现能力和审美感知能力。老师和同学的认同激励了他继续认真地观察和感受生活中的美，持续培养自己的创造力和想象力。同时，他也通过作品展示了自己的内心世界，增强了自信心和表达能力。

这也让我意识到，作为教育工作者，我们需要为孩子们提供更多的艺术实践机会，让他们在创作的过程中体验成功和快乐，从而更加热爱艺术、热爱生活。同时，我们也需要关注每个孩子的个性和需求，给予他们有针对性的指导和帮助，让他们的艺术梦想都能开花结果。

陶行知先生曾经说过："教育不能创造什么，但他（它）能启发解放儿童创造力以从事于创造之工作。"这次艺术课堂的活动正是对陶行知先生这一思想的生动实践。通过绘画，孩子们不仅锻炼了手眼协调能力，还在教师的引导下自由发挥，创造了属于他们自己的四季画卷。

罗丹也曾说过："生活中从不缺少美，而是缺少发现美的眼睛。"艺术课堂正是培养孩子们发现美的眼睛的重要途径。通过观察四季的变化，并将其描绘出来，孩子们学会了感受大自然的美，并将这种美通过绘画的方式表达出来。这不仅锻炼了他们的观察力和表现力，更重要的是培养了他们的审美意识和情感表达能力。

通过这次观察，我深刻体会到尊重个性在小学艺术教育中的重要性。如同陶行知先生所言，"教育必须是生活的，一切教育必须通过生活才有效。"艺术教育也是如此，它必须融入孩子们的生活中，成为他们感受生活、表达生活的一种方式。只有这样，我们才能真正培养出有创造力、有审美意识的下一代。

艺术课堂是孩子们心灵的栖息地，他们在这里用色彩和线条编织梦想，用创造力和想象力点亮未来。陶行知先生曾言："真教育是心心相通的活动，唯独从心里发出来的，才能达到心的深处。"当我们以爱和关怀注视每一个孩子，就能看到他们心中的艺术种子绽放出最美丽的花朵，让所有的梦想在艺术的殿堂中璀璨盛开。

（七）观察反思

尊重个性的艺术课堂对孩子的成长有深刻的影响。

1. 增强想象力和创造力

艺术课堂鼓励孩子们自由发挥想象力，通过绘画、手工制作等艺术形式表达自己的思想和情感。这样的环境能够激发孩子们的创造力，培养出独特的艺术风格。

2. 培养观察力和表现力

艺术课堂要求孩子们观察周围的事物，并将其描绘下来。这锻炼了孩子们的观察力和表现力，使他们能够更准确地捕捉和表达细节。

3. 提高审美意识和情感表达能力

通过接触和欣赏各种艺术作品，能够培养孩子们对美的敏感度和鉴赏能力。同时，艺术课堂也为孩子们提供了表达情感的途径，帮助他们学会用艺术的方式表达自己的情感和思想。

4. 培养自信心和团队协作能力

在艺术课堂上，孩子们有机会展示自己的作品，得到他人的认可和赞赏，从而提升自信心。此外，艺术课堂常常需要孩子们进行合作项目，这培养了孩子们的团队协作能力和沟通技巧。

5. 促进孩子的全面发展

艺术教育不仅仅是绘画和手工制作，它还可以与其他学科结合，如历史、文化等，为孩子们提供更全面的教育。这种跨学科的学习方式能够促进孩子们综合思维能力和创新精神的发展。

综上所述，尊重个性的艺术课堂对孩子们的成长具有深远的影响，孩子们的想象力、观察力、审美意识、自信心和团队协作能力等多个方面的能力都能得到提升。因此，我们应该重视艺术教育在孩子们成长中的作用，为他们提供丰富的艺术实践机会，让他们的梦想在艺术的殿堂中开花结果。

二、鼓励自我表达，追求自我认同

小学美术课堂教学是培养学生艺术兴趣和创造力的重要场所。鼓励学生自我表达、追求自我认同是小学美术课堂应该注重的教学理念。

（一）目的和意义

从小学艺术课堂教学的角度鼓励学生自我表达和追求自我认同具有以下目的与意义：

1. 培养学生的创造力

自我表达是创造力的体现。在艺术创作中，学生将自己的想法和感受转化为具体的作品，能够激发他们的创造力和想象力。这种创造力在未来的学习和生活中都具有重要意义。

2. 提高学生的自信心

自我认同是一个人内在的自信和自尊的体现。通过自我表达，学生可以发现自己的优点和特长，从而增强自信心。这种自信心有助于学生在其他学科和日常生活中更好地应对挑战。

3. 促进学生独立思考

追求自我认同的过程中，学生需要独立思考、分析和判断遇到的各种问题。这种独立思考的能力不仅在艺术创作中至关重要，也是他们未来学习和工作所必需的。

4. 培养学生的审美观

艺术课堂是培养学生审美观的重要场所。通过自我表达和追求自我认同，学生可以形成自己的审美观和标准，从而对艺术作品有更深入的理解。

5. 增强学生的情感表达能力

艺术创作是学生表达情感的一种方式。通过自我表达，学生可以更好地理解自己的情感世界，提高自己的情感表达能力和沟通能力。这种情感表达能力对学生的人际交往和人际关系也有积极影响。

6. 培养学生的协作精神

在追求自我认同的过程中，学生需要与他人交流、分享和合作。这种团队协作的精神不仅有助于学生的个人发展，也为他们未来在社会中更好地融入团队打下基础。

7. 提供心理宣泄途径

艺术创作是一种心理宣泄的方式。通过绘画、雕塑等艺术形式，学生可以将内心的情感和压力释放出来，有助于他们的心理健康。

综上所述，从小学艺术课堂教学的角度鼓励学生自我表达和追求自我认同，有利于培养学生的创造力、自信心、独立思考能力、审美观、情感表达能力、团队协作精神等重要素养，有利于学生的心理健康，为他们未来的全面发展奠定坚实的基础。因此，应当重视小学艺术课堂教学的目的与意义，采取有效的教学方法帮助学生进行更好的自我表达。

（二）过程与方法

1. 设定明确的教学目标

在开始艺术课程之前，教师应明确教学目标，确保教学计划和活动的设计能够支持学生的自我表达和自我认同。教学目标应关注学生的创造力、自信心、独立思考能力等素养的发展。

2. 引入多样的艺术主题

为了激发学生的创造力，教师可以引入多样化的艺术主题，让学生根据自己的兴趣和感受进行创作。例如，教师可以让学生创作与大自然、家庭、友情等相关的主题，鼓励他们从自己的生活经验中寻找灵感。

3. 提供丰富的艺术材料

提供丰富的艺术材料可以让学生尝试不同的创作方式，发挥他们的创造力。教师可以准备各种绘画颜料、画笔、雕塑材料、手工制作材料等，让学生自由选择。

4. 进行分层的示范引导

教师可以通过示范和引导帮助学生探索个人风格。在绘画、雕塑等艺术活动中，教师可以展示一些技巧和方法，然后让学生尝试模仿或创新。教师还可以鼓励学生尝试不同的色彩、线条和构图，激发他们的创造力。

5. 鼓励学生的自我表达

在教学中，教师应积极鼓励学生表达自己的观点和想法，可以组织小组讨论、分享创作心得等活动，让学生有机会展示自己的作品和分享创作过程。这种表达可以增强学生的自信心和自我认同感。

6. 提供相应的反馈建议

为了帮助学生更好地认识自己的创作成果，教师可以提供有针对性的反馈和建议，可以指出学生在创作中的优点和不足，帮助他们明确未来的发展方向。同时，教师也可以给出建设性的建议，引导学生不断改进自己的创作技巧。

7. 组织有趣的艺术活动

教师可以组织艺术展览和评价活动，让学生有机会展示自己的作品并接受他人的评价。通过展览和评价活动，学生可以了解自己的优点和不足，从而进一步提高自己的艺术创作水平。

8. 关注学生的心理健康

在教学中，教师应关注学生的心理健康与情感表达，可以安排一些心理疏导课程或活动，让学生学会释放压力和不好情绪的方法。教师还可以通过谈话、观察等方式了解学生的心理状态，提供必要的支持和帮助。

9. 形成密切的家校合力

教师可以通过与家长合作来促进学生的自我表达和自我认同，可以定期与家长交流学生的艺术创作进展和表现，鼓励家长支持和参与学校举办的艺术活动。这种合作可以增强学生对艺术课程的学习动力和自信心。

10. 改进适应的教学策略

为了不断完善教学策略，教师应持续反思艺术教学过程，总结经验和不足之处。根据学生实际的艺术教学反馈和教学效果，教师可以调整教学方式与方法，以更好地适应学生的身心发展需求和艺术发展目标。

通过以上具体的过程与方法，教师可以将小学艺术课堂的教育目的和意义落实到具体的教学实践中，有效促进学生的自我表达和自我认同。在艺术课堂的教学过程中，教师应当关注学生的个体差异和发展需求，灵活运用各种艺术教学策略和方法，激发学生的创造力和自信心，培养他们的独立思考能力和审美能力。同时，教师还应与家长密切合作，共同支持学生的艺术成长和发展。

（三）观察简例

自 画 像

1. 创造舒适的学习环境

教师首先要营造一个安静、轻松、愉快的学习环境，让学生感到自由与自在，能够放松地表达自己的想法和感受。教师可以通过亲切的语言、温和的语气和友善的互动，与学生建立良好的关系，让他们感受到教师的支持和鼓励。

2. 倾听学生的真实想法

教师介绍课程主题"我的自画像"，并引导学生表达自己的想法和观点。有的学生可能会想要画一张自己的自画像，有的学生可能会想要画一张自己喜欢的卡通形象等。教师应该认真倾听学生的想法和观点，尊重他们的创造力和想象力。

3. 提供多元的表现方式

教师提供多种表达方式，让学生选择适合自己的方式来表达自己的想法和感受。例如，教师可以提供绘画、雕塑、摄影等多种艺术表达形式所需的素材和工具，让学生根据自己的兴趣和特长选择适合自己的方式进行创作。在这个自画像的课程中，教师可以提供画笔、颜料、画纸等绘画工具，让学生选择自己喜欢的绘画方式进行创作。

4. 尊重学生的个性特点

当学生开始创作时，教师要注意尊重学生的个性特点，鼓励他们发挥自己的优势和特长。有的学生可能会用细腻的笔触画出自己脸部的细节，有的学生可能会用简单的线条勾勒自己的轮廓等。教师不要轻易地否定或批评，而是要尊重他们的想法和创造力。

5. 生成积极的反馈和评价

当学生完成作品时，教师要给出积极的反馈和评价，让学生感受到自己的努力和成就被认同和肯定了。教师可以根据学生的不同表现和发展水平，给予有针对性的评价和反馈，帮助他们更好地认识自己的优点和不足之处，及时地完善自己的作品，生成新的反馈和评价，让学生感受到美的不同形式，拥有获得感与成就感。

在这个观察简例中，教师通过创造安全的学习环境、倾听学生的想法和观点、提供多样化的表达方式、尊重学生的个性特点、提供积极的反馈和评价等多种方法鼓励学生表达自我、追求自我认同。学生通过创作自画像的过程，能够锻炼自己的绘画技能、提高自我认识和自我认同感。通过这个课堂既可以达成小学美术教育的目标，又可以培养具有个性和创造力的"小小艺术家"。

（四）课堂观察

好　的　作　品

开学后的第一节美术课，师生间还不是很熟悉。所以这节课的重点是如何拉近师生间的距离、互相了解，我的难点是如何快速了解学生，学生的难点是如何自我认识。

我认真做完自我介绍和社团的简介后，学生们兴趣很浓厚，想让我迅速了解他们。可要他们作自我介绍时，响应的学生却非常少，大家都不好意思，他们的表情告诉我："我们做同学都几年了，都相互认识了。"只有两三位同学愿意说，看来孩子们只习惯在美术课上"画"，在自我表达上却很腼腆。（在自我表达上，5年级的孩子没有3年级的胆大，主要是害羞。）

好吧，那就让你们的话表现在纸上吧——"自画像"——把兴趣爱好、特长、难忘的事、理想或目标都写出来或画出来，自由组合。这下大家都开心了，表现欲都超强。字画结合，大家都在规定时间内完成了"自画像"。

接着，我让几位同学解读了一下自己的"自画像"。在同学们善意的笑声中，他们认真地进行着自我认识，并且为自己画得不好而致歉，这让我有些惊讶。

我追问："你认为的不好在哪里？"

学生1说："鼻子歪了，头瘪了……"

我问："那你认为哪样才算好呢？"

学生1说："很像照片的。"

我问："照片的确很像本人，可那样的话，交一张照片不就可以了吗？"

学生1说："但那不是画的。"

我说："画得好与不好、像与不像不是关键，重点在有没有抓住自己的基本特征，有没有用心表现出你想说的话，或是你的情感。俗话说，'文无第一，武无第二'，绘画与艺术作品更是如此。只要是人们喜欢的、或能引发人们思考的、或能引起人们共鸣的、或令人陶醉的、或令人心旷神怡的、或让人赏心悦目的，都可称得上是优秀的美术作品。"

学生2说："那我们小学生的自画像呢？画得那么丑，能被称为好作品吗？"

我问："你看到这张作品的第一反应是什么？"

学生2说："很怪，好想笑。"

我说："想笑，说明作品戳中了你的笑点，引起了你的共鸣。想到谁了？"

学生2说："就是他自己啊！"

我说："对啊！说明他抓住了自己的特点。这是不是就是他作品的与众不同之处？那就可以被称为好作品。"

学生2说："是的。我们画得都不一样啊？那是不是都是好作品呢？"

我说："只要能抓住自己的基本特征，大胆夸张的用色，加上小学生特有的稚嫩笔触，就能称得上是一幅好的儿童画作品了。"

鼓励学生自我表达，当学生得到老师的认同与赞许时，学生的自我认同感就会逐渐增强。这样就会不断促进学生勇敢地进行自我表达，增强他们的自信心和学习艺术的内驱力。

三、以学生为中心，关注情感交流

随着教育改革的深入，以学生为中心的教学理念逐渐成为教育领域关注的焦点。在小学艺术学科教学中，关注情感交流，充分发挥学生的主体性，对于培养学生的审美能力、创造力以及情感素养具有重要意义。

以学生为中心的教育理念源于美国教育家杜威的实用主义哲学。他认为，教育应以学生为中心、强调学生的主动性和经验的重要性。在艺术教学中，这一理念要求教师关注学生的兴趣、需求和个性差异，通过引导学生主动参与和体验艺术，培养其审美意识、创造力以及情感表达能力。

（一）小学艺术学科教学中的情感交流

在众多学科中，艺术以其独特的表达方式和情感内涵，成为培养学生审美和创造力的重要学科。尤其在小学阶段，艺术教育对于学生的情感发展和表达能力的提升具有不可替代的作用。

以下基于小学艺术学科的教学观察，深入具体地阐述了如何在教学中做到"以学生为中心"，并关注学生的情感交流。

1. 了解学生的需求和兴趣

要做到"以学生为中心"，首先要了解学生的需求和兴趣。在艺术教学中，教师可以通过观察、与学生交流、布置开放性的作业等方式，了解学生对哪些主题、材料或创作方式感兴趣。例如，有些学生对色彩特别敏感，喜欢画风景画；有些学生则喜欢做手工，对立体造型有浓厚的兴趣。了解这些后，教师可以有针对性地设计教学内容，满足学生的个性化需求。

2. 创设情感丰富的课堂环境

情感交流是小学艺术学科教学的核心。一个充满情感交流氛围的课堂，能够激发学生的创作欲望，促进他们与教师、同学之间的交流。教师可以利用多媒体资源、实物、故事或情景创设等方式，为学生营造一个充满情感交流氛围的课堂环境。例如，在教授"四季的色彩"这一主题时，教师可以播放四季的风景视频，让学生感受大自然的美丽，然后再引导他们用自己的方式表达对季节的感受。

3. 鼓励学生的自由创作

自由创作是情感表达的重要方式。教师在教学中要鼓励学生大胆尝试，不拘泥于技巧或规则，真正做到抒发内心。对于学生的作品，教师需用欣赏的眼光看待，注重其内在的情感和创意，而不是仅仅关注技术水平。

4. 组织小组合作与分享

小组合作可以培养学生的团队协作能力，同时也能促进他们之间的情感交流。教师可以布置一些小组作业，让学生共同完成一个主题或项目。在合作过程中，学生可以互相学习、互相启发，同时也可以学会如何与他人沟通和交流。分享环节也是非常重要的一环。通过分享作品和创作心得，学生不仅可以得到他人的认可和反馈，还可以更加明确自己的情感和想法。教师也可以利用这个机会进一步了解学生，为今后的教学方式提供方向。

5. 家校合作促进情感交流

家校合作在学生的情感交流中起到重要作用。教师可以邀请家长参与艺术活动，如亲子绘画、家庭手工等。这样不仅可以让父母与孩子的关系更紧密，还能让学生在家庭中得到更多的支持和鼓励，进一步促进孩子的情感表达能力和创作能力的发展。

总结：

小学艺术教学是培养学生情感表达和创造力的重要途径。为了更好地实现"以学生为中心"的教育理念，教师需要深入了解学生的需求和兴趣，创设情感丰富的课堂环境，鼓励自由创作，组织小组合作与分享，并加强家校合作。通过这些策略和实践，可以更好地促进学生的情感交流和全面发展。

（二）观察简例

民间剪纸艺术

以小学美术课程中的"民间剪纸艺术"单元为例，本单元的教学目标是让学生了解民间剪纸艺术的特点，学习基本的剪纸技巧，培养学生对传统文化的热爱。

以下是"民间剪纸艺术"单元关注情感交流的教学实践策略：

1. 创设情景，激发情感

教师通过展示精美的民间剪纸作品，引导学生欣赏剪纸艺术，激发学生对剪纸艺术的兴趣。同时，通过讲述剪纸的历史渊源和民间故事，帮助学生深入理解剪纸的文化内涵和艺术价值。

2. 互动合作，促进交流

教师将学生分成若干小组，组织学生以小组为单位共同完成一幅剪纸作品。在小组合作的过程中，学生之间互相交流技巧、分享经验，形成良好的互动与合作氛围。教师也积极参与学生的讨论与创作过程，倾听学生的想法和感受，了解学生的需求。

3. 个性化指导，培养自信

教师在指导学生剪纸技巧时，关注学生的个体差异和个性特点。基础较差的学生，给予耐心的指导和鼓励；基础较好的学生，则引导他们发挥创意，尝试创新。通过个性化的指导，帮助学生建立自信，提升学习效果。

4. 多元评价，激励成长

教师采用多元评价方式，既关注学生的技能掌握情况，也重视学生的情感态度和合作精神。通过鼓励、肯定和建设性的反馈，帮助学生认识到自己的不足并帮助学生努力改进。同时，组织学生进行互评和自评，让学生在学习过程中不断反思、总结经验教训。

通过以上课例观察，我们可以看到以学生为中心、关注情感交流的小学美术教学实践具有以下优点：能激发学生的学习兴趣和主动性；能培养学生的合作精神、沟通能力和创造力；能促进师生之间的情感交流；能提升学生的学习效果和自信心。

在实际教学中，教师应深入理解以学生为中心的教育理念，关注学生的情感需求和个性差异。通过创设良好的学习情景、组织互动合作的学习活动、提供个性化的指导以及实施多元评价等方式，让学生在美术学习中得到全面发展。

（三）课堂观察

学生每天都是"新"的

在教了高中美术 18 年后，我迎接了新的挑战，从 2014 年开始教小学美术。

从步入小学美术课堂开始，我就觉得新时代的小学生真不简单。曾以为是"小儿科"，却恰似"虎牢关"，这些个小"人精"、小"戏精"让一个从教高中美术 18 年的骨干教师"妙怂"，备课的"纸上谈兵"和课堂实际操作完全是两码事，感觉自己像 *Tom and Jerry* 中的 Tom，被这一班"熊孩子"给"欺负"了。想当年一群十七八岁的高中美术生都围着我看我示范、讲解作品，如今面对一群七八岁的小学生，我直接被忽视了，巨大的落差感让我无以言表，一节课上完，我毫无成就感可言。课后，我痛定思痛，使出了绝招：写课堂观察。一日三省，自查与及时调整教学方案。于是，我便开始了小学美术教育的"美育苦旅"。

前三个月，给我感受最深的是，小学美术不是"小儿科"，比我想象中要难得多，比教高中美术难得多。于是，每一节课后，我都会进行深刻的反思。

我一直在思考：什么样的教学才是真正适合当代小学生的？什么样的美术课才称得上是好的课程？怎样才能上好一堂小学的美术课呢？在一连串自省与思考的同时，我一次次试图在实践中寻找答案。

艺术教育有不同于科学教育与思想教育的特殊作用，艺术教育是实施素质教育的重要途径，它的这一特点决定了艺术课堂教学所采用的方法要有别于其他学科。艺术更讲究的是情感的投入与心灵的交流，否则如无根之木、无源之水。情感教育是一种春风化雨、润物细无声的教育，如何才能在潜移默化中让学生接受这种情感教育呢？

我当时担任一年级、六年级的美术课和五年级创意写生社团的教学工作，又恰逢新教材更换，我如觅知音，倾注了较多的精力，各种各样的教学思路也充分地得到实践。经过前一段时间的教学实践，我大致整理了以下几点：

1. 富有情趣，充满美感体验

每个人都会优先关注和积极探索其感兴趣的事物。有研究表明，如果一个人对某项工作有兴趣，那么做这项工作时，他就有极大可能发挥自己的大部分才能，并长时间地保持高效率地工作而不感到疲劳。相反，如果一个人对某项工作没有兴趣，他在工作时，可能只能发挥出自己的小部分才能，也容易感到疲劳。而且兴趣还可以开发智力，是成才的起点。

后来，我尝试把课本以外的内容与教材内容结合。借助2022年颁布的课标的理念，我把大部分的教材题目改成学生感兴趣又容易理解的主题，让他们进行自由大胆的创作。有时甚至引导他们先创作再引题，也就是说，我会根据学生实际创作的作品来命题，而学生不一定要根据命题来创作作品。这样的方式受到各班学生的欢迎，效果也不错，让学生从中树立了自信心，发展了个性。

2. 关注全体，尊重个性差异

由于班级不同、学生性格各异，同样的教学手段显现出来的效果也是大不相同的。这时，在课堂纪律的整顿和提问方式等方面应该因人而异，不能依样画葫芦。否则，学生鲜明的个性就会被同化。教师还要注重培养每个学生的发散思维和丰富的想象力。

3. 及时赞美，激励学生内驱

哲学家詹姆斯精辟地指出："人类本质中最殷切的需求是渴望被肯定。"实践使我懂得，一句激励的话语、一个赞美的眼神、一个鼓励的手势等，往往能给我们带来意想不到的收获。教师对学生小小的成功、点滴的优点给予赞美，可以强化其获得成功的正向情绪，让学生有成就感，进而激发他们的学习动力，培养他们的自信心，促进学生良好心理品质的形成和发展，有助于建立和谐的师生关系，营造一个奋发向上的班集体氛围。我在孩子们作业本的背面都会写上几句有激励性的评语，比如："你真会观察！""又有进步了！""小画家"等。学生画得更认真了，还会经常和别人比"谁的星星多"。教师的赞美越多，学生就越活泼可爱，学习的劲头就越足。教师的赞美就像一种无形的催化剂，能增强学生的自尊心、自信心，让学生自强，这种教学方式更是可以实现以人为本的教育理念的有效途径之一。

4. 以爱为本，拉近心灵距离

苏霍姆林斯基有句精彩的话："要像对待荷叶上的露珠一样，小心翼翼地保护学生幼小的心灵。"通过一个学期的教育教学工作，我体会到作为一名小学美术教师，要增进师生之间的互相理解、支持和配合，建立友谊，产生凝聚力、向心力，有利于形成良好的学风，促进学生的身心健康发展。

这一切目标的实现，必须以爱为基础。而一年级的学生相对于其他年级的学生来说，对老师的情感需求可能更强烈，专注力也差一些，所以我在教学中对一年级的学生更加小心细致。一年级的学生比高年级的学生更喜欢上我的美术课，每当我走进教室，一年级的孩子们便会兴奋地欢呼"耶"。在孩子们那活泼又充满稚气的话语中我能感受到前所未有的幸福和快乐。他们的反应让我知道他们在学习中也能体验到快乐。

然而，面对高年级学生时，我却常常犯一个错误，即喜欢从个人感受和专业的角度去设想每个学生都会像我那样关心和热衷美术学科的学习，我希望每位学生都能尽可能多地掌握美术知识和技能。但事实上，学校美术课向来被大家认为是"副课"，不受学生和家长的重视。"美术又不要统考，不必认真学美术"的观念使得学生不愿学、老师没劲教，这样就形成了恶性循环。

因此，我们必须减轻学生心理上的学习负担，在教学过程中避免一味地追随权威，根据实际情况自己主导课堂，推翻传统教学中的硬性制度和单一的评价方式，充分地去迎接课改，进行创新。让学生在自主、自愿、自由的学习环境中健康快乐地成长。

小学美术教育不同于初中、高中或大学的美术教育，它主要是为发展学生的综合素质与核心素养服务。注重培养与发展学生的审美能力、感知能力、想象能力、表现能力与创新能力等，注重培养学生的创新精神，注重学生的个性发展和全面发展。

新时代教育强调教会学生如何学习，培养学生的学习兴趣，强调学生的自主探究与合作互动学习，强调学生的情感体验。注重前置性学习，注重跨学科的综合学习，改变传统的教法与学法。通过美术实践活动提高学生的综合素质，最终让学生学会学习，学会为人处世，让学生终身受益。

新时代、新课程，我们的小学生每天也是"新"的，在一线实际教学中肯定会发现更多的新问题、新现象、新思路和新方法，这些都会激发我们深入思索与探究。

以学生为中心、关注情感交流，有助于激发学生的学习兴趣、培养学生的审美能力和创造力。在实际教学中，教师应转变传统的教学观念，尊重学生的个性差异和情感需求。通过创设情感丰富的课堂环境、激发学生的学习热情、促进师生情感交流以及重视学生的作品评价等方式，让学生在美术学习中得到全面发展。同时，教师还应不断反思和总结经验教训，结合学生实际情况不断调整教学策略，以更好地适应学生的学习需求和发展需要。

四、培养审美感知素养，引导孩子感受美的能力

孔子主张人有天赋的认识能力，有"生而知之者"，孟子提出有"不学而能者""不虑而知者"。荀子则认为"感物而有知"，事物的存在是认识的本原。汉代王充进一步提出"知物由学，学之乃知"，认识的根源在于对事物的反映和学习。法国雕塑家罗丹认为美是客观存在的，生活中不缺少美，而是缺少发现美的眼睛。

审美感知，是指个体对美的独特感受和认知。在美术教育中，培养学生的审美感知是至关重要的。通过培养学生对美的敏感性，能够激发他们的创造力、审美情感和生活情趣。

（一）观察简例

1. 色彩感知案例

（1）色彩组合创作——彩虹画。

准备材料：水彩颜料、画纸、调色盘、画笔。

操作步骤：

① 教师向学生展示彩虹的照片，并讲解组成彩虹的颜色。

② 学生挑选喜欢的颜色，并在调色盘上调配出彩虹的七色。

③ 学生使用画笔在画纸上自上而下依次画出红、橙、黄、绿、蓝、靛、紫七色，教师引导他们注意色彩的渐变和过渡。

④ 作品完成后，可以组织学生互相欣赏、讨论各自作品中色彩搭配的美感。

（2）色彩搭配练习——情绪涂色。

准备材料：不同情绪的词语卡片（如快乐、悲伤、平静等）、彩色画纸、画笔。

操作步骤：

① 教师向学生展示不同情绪的词语卡片，并讲解每种情绪可能对应的颜色。

② 学生选择一张彩色画纸和相应颜色的画笔。

③ 学生根据词语卡片上关于情绪的词语，选择相应的颜色在画纸上涂色，例如：快乐可能对应明亮的黄色或红色，而悲伤可能对应深蓝色或灰色。

④ 作品完成后，教师可以组织学生互相交流，讨论不同颜色与情绪之间的关系。

2. 素描感知案例

（1）实物写生——静物素描。

准备材料：静物（如水果、瓶、罐等）、素描纸、铅笔。

操作步骤：

① 教师选择一些静物，如苹果、香蕉、瓶子等，摆放在桌子上。

② 学生选择一个角度，用素描纸和铅笔开始画静物素描。教师引导学生注意观察静物的形状、比例和质感。

③ 在画素描的过程中，教师可以指导学生如何处理阴影和光线，使画面更有立体感。

④ 作品完成后，教师可以组织学生互相评价，讨论各自作品中处理静物素描的技巧和效果。

（2）户外写生——风景速写。

准备材料：素描纸、铅笔、速写本。

操作步骤：

① 教师带领学生到户外，选择一个风景优美的地方。

② 学生用铅笔在速写本上进行速写，教师引导学生观察景物的构图、线条和光影效果。

③ 学生可以自由发挥，将看到的景色用自己的方式快速地表现出来。教师鼓励学生捕捉自然风景的独特之处，强调提炼和概括能力。

④ 作品完成后，教师可以组织学生互相展示作品，讨论各自作品中处理风景素描的技巧和效果。

3. 创意绘画案例

（1）主题绘画——梦想家园。

准备材料：彩色画纸、水彩颜料、画笔。

操作步骤：

① 教师引导学生想象自己的梦想家园是什么样子的，包括房屋、花园、户外设施等元素。

② 学生选择喜欢的颜色，开始在画纸上创作自己的梦想家园。教

师鼓励学生在绘画中发挥想象力，尝试不同的表现手法和使用不同的材料。

③ 作品完成后，教师可以组织学生互相交流和评价，分享自己的梦想家园的样子，以及创作过程中的感受和体验。

（2）即兴绘画——音乐启发的创作。

准备材料：音乐播放设备、彩色画纸、水彩颜料、画笔。

操作步骤：

① 教师选择一段音乐（可以是古典音乐、流行音乐或儿童歌曲），播放给学生听。

② 学生根据听到的音乐，用画笔和颜料在画纸上即兴创作与音乐相关的画面。教师鼓励学生发挥自己的想象力和感性思维，将音乐这种听觉艺术形式转化为视觉艺术形式。

（二）课堂观察

"可爱"的质疑

同样是开学第一节课，教学内容要在五年级8个班、三年级5个班的每个班都教一遍，这让我联想到相声小品的演员在演出时，他们为什么能忍住不笑场，原因估计也在于此，就是不断地重复一样的内容。但同样主题的美术课，我不想只是重复一样的内容，因为每个班的孩子的现场反应是不一样的，今天就出现了这种情况。

当我在自我介绍环节展示自己的教学习作手册时，有一名小学生大声地质疑："老师，这些肯定都是打印的吧！"

我说："好的，我就喜欢你的'可爱'的质疑，请你走过来，你摸一下老师的画。"

有同学出主意，拿一块橡擦一擦试试。这令我想起，十八年的高中教学生涯，从来没有学生质疑过我的示范画，看来现在学生的质疑精神要强很多。

那名同学用可爱的小手拿着橡皮，在我的示范画一角使劲一擦，然后开心地对大家说："是老师画的，是老师画的。"

我说："你的行为只是证明了这张画是画的，后面的画还没有证明是我画的啊？"

那名同学说："那怎么证明呢？除非你现在画一张一模一样的给我们看。"

这是公然"叫板"啊！

我说："好的，时间会证明一切的，我们有一年的时间来证明。今天的我只证明这一页，可以吗？"

孩子们高兴坏了。

在小学生面前"卖弄（展示）"美术专业技能，对我来说司空见惯了，因为从小学生到高中生，都不喜欢光说不练的老师。我认为，这也是一名美术专业教师必备的职业素养，就像一名演员随时可以根据剧情的发展或者观众的需求进行即兴表演，同样，在必要时展现自己的技术也是美术老师需要的专业化"演技"。

这"可爱"的质疑，让我时刻警示自己，要不断地提升自己的专业水平和完善自己的专业素养。

（三）观察反思

根据小学生的年龄和认知发展水平，这些案例通过准备一些简单的材料和易上手的操作步骤，让小学生可以很快掌握核心知识点，以培养他们的色彩感知力、素描技能和创意绘画能力。

在小学艺术课堂的具体教学实践时，教师需要注意以下几点。

1. 适应学生的发展水平

小学生的认知发展水平有限，因此教师在设计操作案例时应该根据学生的实际情况进行调整和简化。确保案例的难度适中，既能引起学生的兴趣，又不会让他们感到过于困难。

2. 提供适当的指导和支持

小学生需要教师的指导和支持来掌握美术技能和知识。在教学案例中，教师可以通过示范、讲解和引导来帮助学生理解绘画步骤和要求，同时鼓励他们自由发挥和探索。

3. 激发学生的兴趣和创造力

小学生通常对新鲜事物充满好奇，教师可以利用他们的兴趣来设计有趣的案例。通过引入有趣的元素、情景或主题，激发学生的创造力和想象力，让他们在美术学习中感到快乐和满足。

4. 鼓励学生的自我表达和交流

小学生也有自己的思想和感受，教师需要鼓励他们在美术作品中表达自己的情感和观点。同时，组织学生交流和互动，让他们分享彼此的作品和创作过程，提高他们的表达能力和合作精神。

总之，这些实际教学案例适用于小学的美术课堂教学，能够培养学生审美感知的素养，提升他们感受美的能力。通过教师的适当指导和支持，小学生可以愉快地参与其中，发挥自己的创造力和想象力。

第二章

——小学艺术教学的教学模式

艺术表现的花开了

一、多元化的艺术教学模式

在小学美术教学中，实施多元化的教学模式对于培养学生的审美感知力和创造力具有重要意义。

（一）多元化的小学美术教学模式

结合小学美术课堂教学观察，整合了以下多元化的小学美术教学模式。

1. 创新教学模式

教师可以通过创新教学模式，例如项目式学习、翻转课堂等，激发学生的学习兴趣和主动性，培养学生的创新思维和实践能力。例如，教师可以设置一个环保主题的海报设计项目，让学生自主完成，通过小组讨论、市场调研、创意设计等环节，培养学生的团队合作能力、创新思维和实践能力。

2. 情景式教学

教师可以通过创设真实的情景，让学生在模拟的环境中学习美术知识。这种模式可以帮助学生更好地理解美术作品的意义和价值，提高学生的学习兴趣和审美能力。例如，教师可以模拟一个美术馆的展览，让学生扮演不同的角色，如策展人、设计师、讲解员等，通过实际操作和互动交流，培养学生的审美能力和艺术素养。

3. 合作式学习模式

教师组织学生进行小组合作，共同完成任务或项目，培养学生的团队协作精神和沟通能力。在合作式学习中，学生可以互相学习、互相帮助，提高学习效果和解决问题的能力。例如，教师可以让学生分组创作一幅壁画，通过小组讨论、分工合作、互相指导等方式，培养学生的团队协作精神和沟通能力。

4. 探究式学习模式

教师可以通过提出问题或设置任务，引导学生进行自主探究。这种模式可以培养学生的独立思考能力和探究精神，提高学生的学习效果和成就感。例如，教师可以让学生探究不同材料的绘画效果，通过实验、观察、记录等方式，培养学生的独立思考能力和探究精神。

5. 范例教学模式

教师可以通过提供具有代表性的范例，帮助学生了解美术作品的特点和风格。范例既可以选择经典作品，也可以选择教师自己创作的作品。通过对比和分析范例，学生可以更好地掌握美术知识和相关技能。

6. 个性化教学

教师根据学生的个性特点和需求进行教学，关注学生的个体差异和发展需求。个性化教学可以提升学生的学习效果和自信心，促进学生的全面发展。例如，对于喜欢绘画的学生，教师可以提供更多的绘画材料和技巧指导；对于喜欢手工的学生，教师可以提供更多的手工制作材料和创意灵感。通过个性化教学，可以更好地满足学生的学习需求和兴趣，提高学生的学习效果和自信心。

7. 综合性教学

教师可以整合美术与其他学科，例如与文学、历史、哲学等学科相结合。通过跨学科的整合，学生可以在美术创作中运用其他学科的知识，同时也可以引导学生通过美术的方式表达对自己其他学科的理解。这种整合方式可以提高学生的综合素养，激发他们的创造力。

8. 利用数字技术

利用数字技术辅助美术教学，例如使用数字绘图板、图形软件等工具进行创作和设计。数字技术的应用可以为学生提供更多的创作方式和表达方式，同时也可以提高学生的学习兴趣和动力。

9. 社区参与

教师引导学生参与社区的艺术活动或项目。例如组织学生参与当地的壁画节、艺术展览或街头表演等活动，让学生感受到艺术的实用性和社会价值。

10. 互动式教学

教师可以通过与学生互动、引导学生积极参与课堂活动。这种模式可以增强师生之间的交流和互动，提高学生的学习兴趣和参与度。

综上所述，多元化的小学美术教学是一个综合性的教育体系，可以从多个方面展开。这些模式可以培养学生的创造力、独立思考能力、观察力、表现力等重要素养，促进他们的全面发展。同时也可以提高学生的学习兴趣和动力，为他们的未来发展奠定坚实的基础。

（二）多元化的小学音乐教学模式

1. 唱歌课共生课堂教学模式

2011年的《音乐课程标准》明确指出："义务教育阶段学校音乐课的任务，不是为了培养专门的音乐人才，而应面向全体学生，使每一个学生的音乐潜能得到开发并使他们从中受益。"因此，音乐课的全部教学活动应以学生为主体、师生互动、共生共长。以学生为主体是将学生对音乐的感受放在第一位。一节好的音乐课，需要学生主动参与、主动思考、积极探索，激发学生与作品所表达的内容共情以达成教学目标。认同教育理念下以学生为中心的共生课堂教学模式与新的课程标准的要求吻合，这种新教学模式已得到教育界的广泛认同。

在光谷实验小学音乐课堂教学中，在"认同教育"理念的指引下，教师倡导以学生"学"为中心的教法，培养学生的"五力"，即音乐的审美力、感受力、鉴赏力、表现力和创造力。音乐课也从"教师主导"逐渐走向"学生主体"，让学生在音乐课中体验到音乐带来的愉悦，激发学习兴趣，树立终身学习的愿望。光谷实验小学在长期的研究实践中已经探索出了适合学生终身学习的音乐"共生课堂"教学模式。

（1）以情移情，和谐共生。

俗话说："良好的开端是成功的一半。"上课伊始的课堂常规教学非常重要，师生间歌曲问候、学习规范要求的指引既能达到情感交流的目的，也能为接下来的课堂教学做好准备。

音乐课的新课导入虽然不是教学的中心环节，但却是连接聆听赏析、歌唱新作品的桥梁，起着承上启下的作用，是科学诱导、积极启发学生主动学习新课的重要环节之一。像教学内容中的歌曲难点节奏、音乐文化、情绪情感等内容，教师会提前在导入环节进行铺垫，为后面的正式学习埋下伏笔。

通常在导入环节教师会采用音频、视频、讲故事、身体律动、游戏、谈话、讲知识点等方式创设课堂情景，以学生感兴趣的方式把学生的注意力快速吸引到课堂教学中，让学生在轻松、愉快的教学氛围中，积极主动地参与音乐活动，做到"玩中学、学中玩"。例如在教授一年级上册第7课《法国号》时，教师让学生在《火车开了》的音乐伴奏声中，模拟火车列队走进教室。当音乐结束时，教师说："同学们好，欢迎你们来到我的音乐王国，我是一位来自法国的音乐家，我的音乐王国可热闹了，聚集了许多小音乐家，有钢琴家、小提琴家，还有号手等等，你们能猜出我是什么音乐家吗？"教师以童话音乐王国主人的身份创设故事情景，告知学生必须闯过三关，才能拿到参加音乐会的入场券。让学生在多次的聆听、学唱中，在教师的引导下由简到难闯过关卡拿到最后的入场券。学生在自主探究、教师引导、小组合作等环节有目的地参与音乐活动，学习兴趣一下子就被激发出来了。

（2）以情共情，合作共生。

导入新课之后就要让学生尽快地聆听歌曲，了解歌曲的创作背景、词曲作者、文化内涵、民俗风情、情绪情感等。在初步的情感体验中引导学生热爱大自然、热爱祖国，理解音乐文化的多样性，提升对祖国的认同感、对民族文化的认同、对集体主义的认同和对社会主义的认同的情感。

为了体现以学生为中心的课堂，教师可以充分发挥小组合作学习的优势进行探究式学习。小组合作学习通过明确责任分工，让组内的每一个学生都能发挥自身优势，并有充分发言和表现自己的机会，是一种有效而又十分可行的教学方式。音乐课采用小组合作学习的教学模式，目的是通过合作学习活跃课堂气氛，充分调动学生的积极性、参与性，各抒己见，取长补短，共生共长。例如，在教授三年级上册第八课《浏阳河》时，教师让同学们采用小组合作学习的方式自学歌曲《浏阳河》，每个小组根据自身的特点选择钢琴 App、全民 K 歌 App、老师传送的音频电子资源包、同学教唱或其他方式学习。每个小组轮流进行表演，和谐公平地竞争，用投票的方式进行小组评比。一堂课下来同学们个个兴高采烈的，大家都沉浸在欢乐的海洋中。

（3）以情用情，探究共生。

认同教育最重要的特征就是弘扬人的主体性，主张学生通过在学习过程中的主动参与、探索发现，培养其自主意识、自主能力和自主习惯，使其成为一个具有主体性人格的人。人类天生就有一种表现自己的欲望，如果自己的表现能得到别人的认可，那这个人将获得极大的满足感。教师只用给学生一个展示自我的机会，激发学生如火的热情，让学生获得成功的体验，就能提高学生学习的积极性和主动性。

① 学习歌曲节奏：第一次，教师用响板或双响筒等木质类打击乐敲击歌曲节奏，学生在内心模拟打击节奏。第二次，学生在老师敲击的节奏声中尝试拍出节奏。较难的附点、切分音节奏可以放到导入环节解决或者老师适当示范。

② 按节奏读歌词：低年级学生识字量少，需要在学唱之前认读歌词。而高年级歌曲难度较大，根据节奏读歌词能够降低学唱过程中的难度。所以，学生在熟练地拍击节奏之后，再填入歌词按节奏读歌词是非常有必要的。

③ 学唱歌曲：在前面的教学环节中学生已经多次聆听歌曲，对歌曲旋律已经比较熟悉，可让学生先跟着音乐模仿歌唱，更多地关注音乐

范唱，再小声跟着音乐用适合的字母模唱旋律。如果歌曲较为简单，也可根据学情直接加入歌词演唱。对于演唱中学生唱得不准或有难度的地方，教师可以用琴带着学生降速演唱，当问题解决之后再回到原速演唱。总之，让学生在教师的指导下有目的、有节奏地采用不同的形式学唱，达到一遍比一遍唱得好的效果。

④ 情感表达：音乐是一种情感的艺术，音乐的魅力在于能给人们一个驰骋想象的空间。教育心理学认为学习者同时开放多个感知通道，比只开放一个感知通道（如听）能更准确有效地掌握学习对象。演唱歌曲时，教师可以采用多种教学活动帮助学生理解音乐作品。例如，用肢体动作、语言、绘画、想象等方式表达自己对音乐的感受，把抽象的音乐具体化，让学生读懂音乐，能够把自己的情感通过声音、舞蹈、表情表现出来。

⑤ 个人展示：教师要鼓励学生展示自我。展示自我既是对教学结果的检验，也是对学生学习效果的肯定。中低年级90%的学生的表现欲很强，能够主动、积极地参与教学活动，高年级有表现欲的学生相对较少。对于参与性、表现欲望不强的学生，教师要做到耐心、细心、关心。只要看到他们的努力和进步，教师就要马上给予肯定和表扬，让他们体会到原来音乐可以给自己带来这么大的快乐。而对于善于表现的学生，老师应该"放权"，让他们当小老师，把他们身上的优点无限放大，成为大家学习的榜样。总之，教师要关注课堂中的每一个孩子，尤其要看到角落里需要你关注的孩子。这样的音乐课堂才是孩子们乐于享受的课堂。

以上每一个小环节都在《义务教育艺术（2022年版）课程标准》的指导下，它们围绕核心素养，体现课程性质，反映课程理念，最终让整节课的效果达成课程目标。

特别提醒：在歌唱教学中要注意禁止喊唱，让学生养成良好的歌唱习惯，特别是处在变声期的高年级学生更要注意保护嗓子。

（4）以情生情，延展共生。

课堂的尾声就是在前面学习的基础上，让学生合作共同表演创编，培养学生的创造力，与同伴分享合作学习的收获，感受音乐带给他们的快乐。或拓展延伸与本课相关联的姊妹艺术、文化或课外知识，提升学生的文化理解力，并对学生进行恰当的德育教育。从小树立正确的历史观、民族观、国家观、文化观，尊重文化的多样性，增强学生的文化自信。

实践证明，在"认同教育"理念下，音乐共生课堂唱歌课教学模式在音乐教学中有其得天独厚的功效。教师也应彻底地转变传统的教学观念，把学习的空间和自由还给学生，而学生一旦在教师的支持下主动地学起来，将会形成一个和谐共生共长的音乐课堂。作为一名专职的音乐教师，我将朝这个方向努力前行，在课堂上不断探索创新，真正树立起"以学生发展为本"的认同教育理念，并形成新型育人观念。

2. 欣赏课共生课堂教学模式

音乐欣赏教学是音乐教学中的重要组成部分，是音乐活动的出发点和归宿，是培养学生音乐鉴赏力最有效的途径，是一切音乐活动的基础。它的基本任务是帮助学生了解和熟悉音乐语言，领会和感受音乐作品的内容。那么，如何才能上好一节音乐欣赏课呢？每一位音乐教师都有自己独特的经验，音乐形象不像图画那样直观、具体，它是在听的过程中，学生对音乐作品的内容、情感的领悟。通过欣赏，诱发学生的求知欲，从声音中获得情感体验，从而提高学生的认知能力、辨别能力，促进学生身心健康发展，努力提高学生自身的素质。下面是我在教学中对小学音乐欣赏教学的一些粗浅的体会和理解。

（1）激发学生音乐欣赏兴趣，营造氛围，培养学生的想象力。

欣赏课不像唱歌课、舞蹈课等课堂内容那样容易引起学生的兴趣，因此，我在教学中首先会选择适合学生心理、年龄特点的教学方法，培养学生良好的欣赏习惯和音乐想象能力。如欣赏苏联作曲家普罗科菲耶夫的交响童话《彼得与狼》，我自制的幻灯片从童话故事本身入手，将生活中有趣的故事画面展现在学生面前，利用幻灯片的画面，让学生通过看，张开想象的翅膀，引导、启发学生叙述故事内容，让学生通过扮演故事中的人物和动物来帮助他们理解主题。学生对童话故事主题的理解为欣赏交响童话主题的理解奠定了坚实的基础，提高了音乐欣赏教学的效果。通过表演，既培养了学生的口头表达能力和表演的技能，又培养了学生运用形象思维和抽象思维的能力。

其次，我在音乐欣赏教学中，为学生创造了一个良好的音乐氛围，精选好音乐作品入课堂。人们都知道，一个良好的环境有利于促进人的健康发展，尤其对儿童、青少年影响很大。试想在一个校风差、校风歪的学校，学生将如何接受健康的教育呢？又何谈让学生得到美的熏陶呢？作为老师，我们难以改变社会的大环境，但可以在这个音乐小课堂里，精心挑选优秀的音乐作品，创造良好的音乐环境，充分发挥"环境育人"的作用。

除了让学生欣赏和分析一些好的歌曲、乐曲外，我还经常播放一些富有时代气息和教育意义的音乐作品，如《让我们荡起双桨》《一个真实的故事》《闪闪红星》等佳作，自然而然地激发学生对祖国、对党的崇敬和热爱之情，感受欢快活泼的气氛，培养学生高尚的情操。如在欣赏《天山风情》时，我播放了有关新疆风景的一些画面，还让学生欣赏新疆的一些乐器、好听的歌曲、优美的新疆舞蹈，从而使学生在潜移默化中得到美的熏陶，促使学生的身心得到全面健康的发展。

（2）以欣赏为主线，将唱歌、乐理知识与基本技能技巧训练贯穿其中，融为一体。

欣赏是音乐教学的基本内容，应该把欣赏作为教学的基础。因此，在教学中，我把欣赏作为教学的基础和前提，通过歌唱和乐器演奏让学生再一次认识作品。

同时，将基本乐理知识与基本技能技巧训练融于欣赏、唱歌练习和乐器演奏之中，这是提高学生自身能力的一项重要手段。如欣赏歌曲《小白船》时，我先利用多媒体出示幽静的画面，接着我用钢琴演奏《小白船》的旋律，最后通过录音机播放歌曲《小白船》的旋律，这样将视听完美地结合在一起，帮助学生感知歌曲的节奏、力度和情绪起伏，使学生更加投入音乐所展现的情景，加深对作品的理解和主旋律的记忆，更好地感觉作品的美。

（3）从欣赏音乐作品的步骤和方法上对学生加以引导，让学生对作品的欣赏实现从感情上认识到理性认识的飞跃。

在教学中，我主要采用听、看、唱、想、动、说的方式让学生参与其中。音乐是"听"的艺术，音乐艺术的一切实践活动都必须依赖于听觉，因此，听是参与音乐欣赏教学的关键。而对比法听可以让人听得更深入，这也是音乐欣赏最主要的方式之一，倾听中的对比有节拍、节奏、速度、力度、音色、风格、形式等方面的对比，可以在同一作品中对比不同方面，也可以在不同的作品中对比同一方面。

首先，"看"是让学生在聆听音乐的同时通过视觉的结合来感受美。这一点我在平时教学中是利用多媒体的教学来实现的。小学生以形象思维为主，他们具有好奇心强、好动、模仿力强的特点，因此我借助多媒体，通过让学生观看动画、绘画、剪贴画及情景表演进行直观的欣赏教学。

然后，音乐欣赏是以听为主的，但"唱"主题是欣赏作品的基础。因为音乐主题是作品的核心，是音乐形成和发展的基本要素，引导学生在听作品前先唱主题，有利于学生把握作品的主题形象，使学生在聆听音乐的过程中准确辨认主题的重复和变化，真正调动起学生的音乐思维，更好地获得音乐体验。

再然后，"想"是学生在聆听音乐中，根据音乐展开联想和想象。由于音乐艺术不同于文学和美术，它由情而动、有感而发，有抽象性、多样性、模糊性等特点。因此，通过音乐欣赏能开阔学生的思维视野，培养学生广阔的想象能力和创造能力，这也是我们欣赏教学的最终目的。

接着，"动"是让学生在聆听音乐的同时与美术相结合，使学生动起来。音乐与美术作为艺术的两种不同形式，有着难以割舍的情缘，在音乐欣赏教学中添加美术成分，大胆地尝试，让学生亲自动手描绘自己欣赏的音乐情景，培养他们的情趣以及动手、动脑能力，有效地将美术融入音乐中，让学生从声音、图像两方面感知美、欣赏美，并创造美。

最后，"说"就是让学生说出聆听作品后的感受。我在教学中注重学生"说"的参与，及时引导学生说出听后感，这样不仅发挥了学生的主体作用，活跃了课堂气氛，而且有利于教学信息的及时反馈，使我们及时了解教学目标与教学效果间的差距，使学生的欣赏过程能在理性认识的指导下，步步深入，达到深刻、高级的阶段，从而不断提高学生的欣赏能力和表达能力。

（4）充分发挥学生的主观能动性和创造性，提高学生感受美、鉴赏美和创造美的能力。

学生在对音乐作品的分析中领悟到音乐作品的主题，激发了想象力；在体会音乐作品内涵的同时也感受了美，陶冶了情操，净化了心灵，启迪了智慧。教师在教学中要给学生创作的机会，以培养学生的能力。要让学生通过听录音、看录像等方式，根据自己对音乐作品的感受创作画，再依据自己画的画写一段简短的文字，然后再写乐句或乐段表现所画的内容。

教师还可以假设一种意境，鼓励、引导学生创作音乐。教师要让学生自己鉴赏和分析他们创作的作品，他们就会各抒己见，相互取长补短，去修改整理，不断完善自己的作品。这样做，学生就会明白音乐创作需要有音乐知识作基础，更需要音乐素材和对生活的感受等。这样，学生就会主动获取音乐知识，从生活中寻找音乐素材。当然，教师应注意教学面对的是小学生，应力求简单浅显，不可提过高的要求。

综上所述，要上好音乐欣赏课并提高音乐欣赏课的教学质量，只有走出传统音乐欣赏教学的模式。在小学音乐教学中根据教材内容和学生实际，采用适合学生特点、浅显易懂的教学方法，让学生积极参与教学活动，提高教学效率，培养学生健康的审美情趣，提高他们的音乐素质。学无止境，教无定法，只有不断求新探索，才能不断完善，提高素质。

（三）教学模式的多元化体现

1. 教学内容的多元化

本案例中，教学内容不仅包括色彩知识、绘画技巧，还融入了故事情景和拓展活动，旨在培养学生的审美感知、想象力和创造力。

2. 教学手段的多元化

教师运用多媒体手段、实物展示等多种教学方法，引导学生通过观察、尝试、实践等方式探究色彩的奥秘，使教学更加生动有趣。

3. 学生活动的多元化

在案例中，学生们既有自主探究型活动，也有互动交流和团队合作型活动。这些活动有助于提高学生的参与度，促进学生的个性发展。

4. 教育评价的多元化

教师采用多种评价方式，如学生自评、互评等，旨在全面了解学生的学习状况，发现他们的优点和不足，为进一步的教学提供依据。

（四）观察简例

彩虹村的色彩之旅

彩虹村是一个充满色彩和想象力的地方，这里的居民与彩虹有着不解之缘。在彩虹村里，孩子们将与彩虹村的居民一起探索色彩的奥秘，感受色彩的魅力。

（1）情景创设。

在彩虹村的故事背景下，教师通过多媒体手段（如图画、音乐等）营造一个充满色彩和想象力的氛围，让学生身临其境地感受彩虹村的魅力。同时，教师引导学生观察彩虹村的色彩，激发他们对色彩的兴趣和探索欲望。

（2）自主探究。

教师提供多种色彩材料（如水彩、油画棒、彩铅等），鼓励学生自由选择并尝试创作彩虹村的主题画，可以是彩虹、彩虹村的小房子、彩虹桥、远山、树林与溪水等。在这一过程中，教师鼓励学生大胆尝试，发挥自己的想象力和创造力，同时引导他们观察和探究不同色彩材料的特性及搭配效果。

（3）互动交流。

完成作品后，教师组织学生进行作品展示和交流。学生可以分享自己的创作思路、色彩搭配和绘画技巧，通过互相评价和借鉴，学生可以拓宽视野，提高审美素养。教师鼓励其他学生对作品提出建议和意见，共同讨论如何改进作品，还可以选择一些有代表性的作品进行点评，强调色彩搭配和创意的重要性。

（4）拓展延伸。

为了进一步巩固学生对色彩的理解和应用能力，教师可以设计一些拓展活动，如"彩虹村的色彩搭配大赛"，让学生运用所学的色彩知识进行创意设计。这不仅能锻炼学生的实践能力，还能培养他们的创新思维和团队合作意识。

（5）教育评价。

在每个活动环节结束后，教师可以让学生自我评价他们在活动中所取得的进步和遇到的困难。通过观察学生在活动中的表现，教师可以评价学生对色彩的理解和应用能力，以及他们的创造力和合作意识。在互动交流和拓展延伸环节，鼓励学生互相评价各自的作品，提高他们的审美素养和批判性思维能力。

通过以上更具体的操作步骤，教师可以有效地实施多元化的艺术教学模式，培养学生的审美感知力、想象力和创造力。同时，这种教学模式也有助于提高学生的参与度，促进学生的艺术个性发展。

（五）课堂观察

中 国 龙

今天，我观察了其他教师教授五年级《美术》上册《中国龙》的过程，深感多元化教学模式在美术教育中的实践价值。

课堂上，教师运用多媒体展示了丰富多彩的中国龙形象，从古代的玉器、陶器、服饰、建筑到现代的绘画、雕塑，让学生直观地感受到了中国龙的魅力。这种视觉冲击激发了学生对中国龙的兴趣，他们纷纷提出自己的问题，积极参与课堂讨论。

除了静态的图像资料，教师还运用了动态的教学手法。她让学生模仿龙的动作，感受龙的体态形象。这种体验可以使学生更加深入地理解龙的形象特征。

在技能传授环节，教师采用了示范与讲解相结合的方法。她亲自示范了如何用线描和不同的色彩表现龙的特征，同时详细讲解了用笔的技巧和色彩搭配的原则。学生通过观察教师的示范，更加清晰地掌握了绘画方法。

创作阶段是课堂观察中最亮眼的部分。学生们充分发挥自己的想象力，用画笔描绘出了形态各异的龙。有的学生注重细节的刻画，将龙的鳞片、爪子和胡须描绘得栩栩如生；有的学生则注重色彩的运用，使画面显得华丽而神秘。教师在观察过程中给予了学生个性化的指导，针对每位学生的特点提出建设性的意见。

课后反思时，教师提到自己在时间安排上还有待改进，希望在未来的教学中更加注重对课堂节奏的把控，确保每个环节都能得到充分地展开。她还计划引入更多的传统文化元素，以丰富学生的知识体系。

综上所述，这堂美术课通过多元化的教学模式，成功激发了学生的学习兴趣和创造力。教师在教学过程中注重观察与指导，促进了学生个性化的发展。此次观察让我深刻体会到多元化教学模式在美术教育中的实践意义，这种教学模式值得进一步推广和应用。

（六）观察反思

多元化的艺术教学模式有助于培养学生的审美感知力和创造力。在小学美术教学中，教师应积极创设多元的教学情景，采用多种教学手段，组织丰富的学生活动以及实施多元的教育评价，从而激发学生对美术学习的兴趣和热情，促进全体学生的全面发展。

二、团队协作与互助学习

在团队合作的过程中，学生不仅学习了艺术知识，还学会了如何与他人合作、如何发挥自己的长处、如何尊重他人等。这与陶行知先生的教育理念契合，即教育不仅仅是知识的传授，更重要的是人的全面发展和素质的提升。

（一）团队协作与互助学习的教育价值

在团队合作中，每个学生都有机会展示自己的个性和特长，同时在集体生活中培养社会道德，这与苏霍姆林斯基的教育理念高度一致。

1. 社会技能的培养

在团队合作中，学生学会了如何与人沟通、如何协商、如何解决冲突。这些技能不仅在美术学习中重要，在未来的生活和工作中也同样关键。

2. 集体智慧的汇聚

团队中的每个成员都有自己独特的视角和想法，通过集体讨论和合作，学生可以汇聚不同的观点，从而产生更具创意和深度的作品。

3. 互相学习的平台

团队中的每个学生都可以从其他成员那里学到不同的技能和知识，这种互相学习不仅限于美术技巧，还包括思维方式、情感表达等方面。

4. 增强责任感和归属感

在团队中，每个学生都有自己的角色和任务，这使他们更有责任感，也更能意识到自己是团队的一部分，从而增强对集体的归属感。

5. 培养批判性思维

在团队讨论中，学生需要学会倾听他人的观点，同时提出自己的观点，这种对批判性思维的培养有助于提高学生的分析能力和判断力。

6. 情感交流与成长

团队合作为学生提供了一个情感交流的平台。在相互支持和鼓励中，学生更容易克服困难，体验到个人成长和进步的喜悦。

7. 实现多元文化交流

在团队合作中，学生有机会接触并理解不同的文化背景和观念，这种跨文化的交流有助于培养学生的全球视野和跨文化沟通能力。

（二）团队协作与互助学习的评价反馈

在团队协作与互助学习的过程中，评价与反馈是促进团队成员共同成长的关键环节。以下的建议能够更有效地进行团队协作与互助学习的评价与反馈。

1. 团队成员的整体表现

（1）任务完成情况。

评价团队是否按时完成了分配的任务、任务完成的质量如何。

（2）团队协作。

观察团队成员之间的协作程度，是否有有效的沟通，能否互相支持。

（3）解决问题能力。

团队在面对困难和挑战时，是否能够快速地找到解决方案。

（4）资源利用。

团队是否充分利用了每个成员的特长和资源，发挥了团队的集体智慧。

2. 个人在团队中的表现

（1）贡献度。

个人对团队的贡献如何，是否积极分享了自己的观点、想法和资源。

（2）沟通能力。

个人是否能清晰、有效地与团队其他成员沟通。

（3）领导能力。

个人在团队中是否展现出了领导才能，能否引导团队朝目标前进。

（4）解决问题的能力。

个人在面对问题时，是否能提出有建设性的解决方案。

3. 互相学习方面

（1）知识分享。

团队成员之间是否经常分享自己的知识和经验。

（2）互相指导。

团队成员之间是否经常互相指导和学习，能否从彼此身上学到新的东西。

（3）学习态度。

团队成员对待学习的态度如何，是否愿意主动学习新的知识和技能。

（4）互相鼓励。

团队成员之间是否能互相鼓励、支持，共同成长。

4. 反馈与建议

（1）肯定优秀表现。

对在团队合作和互相学习中表现优秀的团队或个人给予肯定和表扬。

（2）提出改进建议。

对需要改进的地方，给出具体的建议和指导，帮助团队或个人进一步提升。

（3）设定新的合作目标。

根据之前的评价，设定新的团队合作目标，引导团队朝更好的方向发展。

（4）鼓励更多交流与分享。

鼓励团队成员之间有更多的互动和交流，形成一个积极、互助的学习氛围。

5. 关注个人成长

在评价与反馈的过程中，关注团队成员的个人成长，帮助他们发现自己的优点和不足，并鼓励他们发挥优势、改进不足。同时，也要关注他们的情感和心理状态，给予必要的支持和鼓励。

6. 总结与反思

活动结束后，组织团队成员进行总结与反思，让他们分享自己在团队协作与互助学习过程中的收获和体会。同时，也可以鼓励他们提出改进的建议和未来的计划，以促进团队的长远发展。

总之，评价与反馈是团队协作与互助学习过程中不可或缺的一环。通过明确评价标准、定期进行反馈、利用多种方式进行反馈、关注个人成长以及总结与反思，可以帮助团队成员更好地认识自己、发现不足、提升能力，从而实现共同成长和发展。

（三）观察简例

我心中的校园美景

在这个实例中，学生被分成若干个小组，每组的任务是合作创作一幅"我心中的校园美景"画作。

1. 小组分组与任务分配

（1）根据学生的兴趣和特长，将他们分成若干小组，每组4—5人。

（2）小组内部讨论并决定每个人负责的任务，如：有的负责构图，有的负责上色，有的负责细节处理等。

2. 集体讨论与构思

（1）小组内部进行集体讨论，共同构思画面的主题、风格和表现形式。

（2）教师鼓励学生大胆地提出自己的想法和建议，同时引导他们学会倾听和尊重他人的意见。

3. 分工合作进行创作

（1）根据任务分配，学生开始进行创作。在此过程中，他们需要相互协作，共同完成作品。

（2）教师巡视各组，给予必要的指导和帮助，同时鼓励学生发挥自己的创造力。

4. 作品展示与评价

（1）完成作品后，各小组进行作品展示，并简短介绍创作思路和过程。

（2）教师和学生共同评价作品，关注创意、合作精神和技能表现等方面。

5. 反思与总结

（1）小组内部进行反思，讨论本次合作的优点和不足，以及在以后的学习中如何改进。

（2）教师引导学生认识到团队合作在学习中的重要性，让他们明白相互学习、共同成长的意义。

（3）在团队合作中，学生不仅需要学习各种知识，更重要的是发展自己的个性和潜能。

综上所述，团队协作与互助学习在教育中的价值是多方面的，它们不仅有助于提高学生的美术技能和审美素养，更有助于培养学生的社会技能、情感交流能力和全球视野等重要品质。这与许多教育名家的理念契合，也进一步证明了团队协作与互助学习在教育中的重要性和必要性。

（四）课堂观察

立 体 贺 卡

今天，我观察了其他教师教授五年级《美术》上册《立体贺卡》的过程，重点关注团队协作与互助学习在其中的应用。

1. 观察简录

分组与任务分配：教师将学生分成若干个小组，每组4—5人。每组需合作完成一幅立体贺卡的设计与制作。教师为每组分配一位组织能力较强的学生担任组长，负责任务分工和协调。

头脑风暴：教师鼓励学生在小组内进行头脑风暴，探讨立体贺卡的设计主题、元素和制作方法。学生积极发言，提出自己的想法和建议，互相启发。

分工合作：组长根据组员的特长和意见进行任务分工，有的学生负责设计图案，有的负责裁剪，有的负责粘贴。学生相互协作，共同完成任务。

互助学习：在制作过程中，学生遇到问题时相互帮助，共同解决问题。例如，当某个学生的粘贴技巧不够熟练时，其他学生可以主动帮助他。

作品展示与评价：完成作品后，各组进行展示。教师引导学生从创意、制作技巧和团队协作三个方面进行评价。

2. 观察反思

通过这次观察，我发现团队协作与互助学习在美术教学中具有积极作用。这堂课通过分组合作的方式，不仅培养了学生的团队协作能力，还促进了学生之间的互助学习。学生在小组内互相启发、分工合作、共同解决问题，充分发挥了各自的优势。同时，教师的引导和评价机制也为学生提供了明确的学习方向和动力。

建议教师在今后的教学中继续采用团队协作与互助学习的教学模

式，并可尝试引入更多元化的教学资源和方法，以进一步激发学生的学习兴趣和创造力。同时，教师也需关注学生的个体差异，确保每个学生都能在团队协作与互助学习中获得成长和进步。

综上所述，这堂美术课通过团队协作与互助学习的教学模式，成功地提高了学生的创造力、团队协作能力和互助学习能力。建议教师持续优化这种互助型教学模式，为学生提供更加丰富的学习体验和更多元化的发展机会。

三、互动式教学与情景教学

互动式教学就是通过营造多边互动的教学环境，在教学双方平等交流探讨的过程中，达到不同观点碰撞交融的效果，进而激发教学双方的主动性和探索性，达成提高教学效果的一种教学方式。小学艺术课堂灵活运用互动式教学有助于激发学生的学习兴趣和热情，培养学生的创造力和想象力，促进师生之间的交流和互动，提高学生的学习效果和艺术素养。

情景教学指教师在教学过程中，有目的地引入带有一定情绪色彩的、以形象为主体的生动具体的场景，一般是教师提炼和加工一些社会和生活中发生的场景后再教给学生，从而帮助学生理解教学内容，并使学生的心理机能得到发展的教学方法。情景教学法的核心在于激发学生的情感。在小学艺术课堂教学中，教师应根据教学内容和学生的实际情况，巧妙运用情景教学。它有助于增强学生的情感体验，促进他们的思维发展，提高他们的学习效果，培养他们的实践操作能力和团队协作能力，提升小学艺术课堂教学的实际质量和效果。

（一）互动式教学与情景教学的意义

1. 增强学生主体性

通过互动式学习和情景教学，学生不再是被动接受知识的对象，而是成为学习的主体，从而积极参与课堂和主动探索课程内容。

2. 促进知识建构

学生在互动交流和情景体验中，能够更好地理解所学的知识和建构知识体系，形成自己的认知结构。

3. 培养解决问题的能力

学生在互动学习中通过合作解决问题、完成任务，能够锻炼解决问题的能力。同时，情景教学也能帮助学生解决真实世界中的问题。

4. 激发学习兴趣和动力

互动式学习和情景教学能够激发学生的学习兴趣和动力，使他们更加积极地参与学习过程。

5. 提升情感和社会技能

通过互动式学习和情景教学，学生能够提升自己的情感感知能力和社会技能，如沟通能力、合作能力、表达能力等。这些技能对于他们的个人成长和社会发展都非常重要。

（二）互动式教学和情景教学的应用

1. 虚拟现实艺术探险

利用虚拟现实技术，学生可以身临其境地探索各种艺术场景。例如，他们可以"参观"世界各地的著名博物馆和艺术展览，甚至与艺术品互动，这种互动式学习可以为学生提供更真实、更沉浸的学习体验。

2. 艺术工作坊

组织学生参加艺术工作坊，学习制作各种手工艺品，如纸艺、陶艺、木艺、纺织等。让学生有机会亲自动手实践，创作自己的艺术品。在工作坊中，学生不仅可以学习艺术技能，还能培养他们的动手能力和创新思维。学生可以亲手体验创作艺术品的乐趣，提高他们的艺术实践能力和创造力。

3. 街头艺术活动

鼓励学生参与街头艺术活动，如壁画创作、街头表演等。在不同情景中学习可以让学生更好地理解艺术与社会的关系，培养他们的社会责任感和创造力。

4. 艺术游戏与角色扮演

通过艺术游戏和角色扮演的方式让学生学习艺术知识，例如"画家猜谜"游戏或"我是博物馆讲解员"角色扮演活动。这种学习方式能够增加学习的趣味性，激发学生的积极性和创造力。

5. 艺术问答比赛

教师可以设计一个艺术问答比赛，题目可以涉及艺术基础知识、艺术家的生平、特定艺术作品的细节等。通过这种方式，学生可以在一个竞争性的环境中互动学习，同时也能增加他们的艺术知识储备，增强表达能力。

6. 艺术评论竞赛

组织学生进行艺术评论写作或口头表达的竞赛。学生可以选择自己感兴趣的艺术作品进行分析和评论，通过与其他学生的交流和竞争，提高他们的批判性思维能力、审美判断能力和艺术鉴赏能力等。

7. 艺术展览策划

让学生策划一个小型艺术展览。他们需要选择艺术家、作品，设计展览布局，甚至可能需要写一些介绍艺术家的文章。这种方式可以让学生从多个角度理解艺术，同时也能培养他们的组织能力和创造力。

8. 艺术与科学的结合

例如，让学生探索光与色彩的关系，通过实验创造出特定的艺术效果。这种方式将艺术与科学结合，让学生从不同的角度理解艺术，同时也培养了他们的科学探究能力。

9. 社区艺术项目

让学生参与社区的艺术项目，如壁画、街头表演、社区艺术节等。在这些情景中，可以让学生将所学知识与现实生活联系起来，同时也能培养他们的社会责任感和团队协作能力。

通过以上实践与应用，我们可以看到，互动式学习和情景教学在美术教学中具有很大的潜力。它们不仅可以提高学生的美术技能和增加他们的美术知识，还能培养他们的批判性思维、创新能力和社会技能。因此，教师在教学中应该充分利用这些方法，为学生提供更丰富、更深入的学习体验。

在活动结束后，老师应该给予学生正面的评价和反馈，称赞他们在活动中展现的创造力和积极参与的态度。

（三）互动式教学和情景教学的评价和反馈

1. 个人反馈

针对每个学生的表现，给出具体的评价。对于表现出色的学生，可以赞扬他们的创意、技能或他们在活动中的积极态度；对于表现需要提高的学生，可以提供一些建设性的意见帮助他们改进。

2. 作品评价

评价学生的艺术作品时，可以从创意、技术、表达等方面入手。指出作品中的亮点和独特之处，提出一些改进的建议，帮助学生进一步提升创作水平。

3. 参与度与合作能力反馈

评价学生在活动中的参与度和合作能力，可以表扬那些积极互动、乐于分享的学生，也可以鼓励那些较为内向、需要提高参与活动积极性的学生。

4. 认同与激励

在反馈中，教师要对学生的优点和进步及时表达认同和欣赏，激励他们在未来的活动中继续保持这种积极的态度和创造力。针对学生需要提高的方面，提供具体的、建设性的反馈和建议。这种反馈可以帮助学生明确自己的学习目标，引导他们寻找提升自己的方法。

5. 引导反思

引导学生反思他们在活动中的表现，以及他们从中学到了什么。这样可以帮助他们更好地理解自己的学习过程，进一步提升学习效果。

6. 提供延伸学习资源

根据活动的主题和学生的学习情况，提供一些延伸的学习资源或建议，帮助他们进一步探索和提升自己的艺术技能，增长艺术知识。

7. 设定新的目标

基于学生的进步和需要提高的方面，设定新的学习目标。这些目标应该是具体的、可衡量的，并且与学生个人的兴趣和目标一致。

8. 鼓励团队合作与分享

引导学生互相学习、分享经验。通过团队合作，可以学习同伴的优秀品质，同时也能提升他们的团队协作能力。

通过这样的评价与反馈，不仅能让学生了解自己在活动中的表现，还能激发他们的学习兴趣和动力，促使他们更加积极地参与未来的活动。

（四）互动式教学和情景教学方法与误区

随着近几年信息技术在教育领域的发展，互联网＋教育已经在深刻影响和改变着我们的教育、我们的课堂，还有教师本身。如今，各学科都在努力尝试与信息技术整合，以达到提高课堂效率、激发学生学习兴趣的目的。这种新型的教学方式充分体现了以学生为本的教育理念，教师利用信息技术创设学习环境，鼓励学生参与课堂实践活动，培养学生的合作探究能力和创新能力。为此，我根据2020年某市信息技术与课程整合现场比赛优质课案例，结合自己连续三年参加比赛的经历谈一谈关于信息技术整合课的几点思考。

1. 教学方法

刚开始接触信息技术整合课时，老师们都觉得很难，完全不知道怎样利用信息技术工具和各大教学应用平台上的融媒体资源上好一节信息技术整合课。调查发现，最主要的原因在于除信息技术老师以外，其他学科老师的信息技术应用能力不强，缺少把信息技术与学科融合的实践活动。但随着时代的进步，教师信息素养的不断提高和各级教育部门的重视，给广大一线教师提供了专业学习平台，越来越多的教师体验到信息技术给教学带来的便捷，感受到教与学方式的转变。把信息技术与学科融合进行教学具体操作方法包括以下几点。

（1）充分利用各种授课平台中的互动程序开展教学。

武汉教育云、人人通等教学应用平台中，教师用得较多的有教学助手、互动课堂、畅言智慧教室等学习平台。这些教学应用平台中的课堂直播、随堂拍照、抢答、互动试题、小组评分、随机挑人、计时、弹幕等应用能够服务所有学科的课堂教学，不仅让课堂教学更高效，而且能增加课堂教学的趣味性，激发学生学习的积极性。教师可以根据本节课的需要和学生学情选择其中的几种融入课堂教学。

在近几年的比赛中，教师运用最多的就是互动试题和在线检测功能。教师根据学生本节课的学习情况即时推送试题，学生在学生端平板上在线答题，教师在教师端平板上查看学生答题情况和完成进度，结束练习后教师根据反馈数据有针对性地对错误率较高的习题进行讲解，提高课堂效率，体现了信息技术与课堂教学的深度融合。

（2）根据学科特点，选择合适的教学App辅助教学。

现在是智能信息的时代，各种教学App琳琅满目，只要教师有不断更新的信息技术教育理念和不断尝试的勇气，就能够找到适合本学科的App。这种方式最大的好处就是便捷和廉价，只要有一台智能手机，就能随时随地下载想要的App。

在2020年某市信息技术整合课比赛的优秀课例中，95%以上的教师都运用了教学App进行辅助。讲解语文课文《富饶的西沙群岛》时，教师利用地图App查找从学校到西沙群岛的路线、距离，让学生从空间感知西沙群岛的地理位置；通过教师提供的资源或学生自己搜索的资源在彩视App中进行简单的视频制作，创作学生自己心目中的西沙群岛。针对《北京五日游》，教师利用美团App、高德地图App、艺龙旅行App解决生活中的数学问题。针对《飞天》，美术教师利用FlipaClip App让学生尝试创作飞天动态的人物形象。在音乐课上，教师运用库乐队App把交响乐队搬到课堂，教师只需要在库乐队App中更换乐器就能听到不同乐器实际演奏《彼得与狼》的音色效果，解决了传统课堂中不能把乐器搬到课堂、教师不会演奏的情况，巧妙地突破教学重难点，达成教学目标。

（3）利用二维码、微信公众号、VR、AR等技术丰富教学内容。

教师在设计一节课时，总想把关于这节课的所有知识全部教给学生，但是一节课的时间有限，怎么能在固定的40分钟内让学生高效地学习呢？这就需要学生在信息技术的支持下自主学习、合作探究学习、进行个性化学习。例如：《彼得与狼》是普罗科菲耶夫写给儿童的一部交响童话，完整聆听全曲需要28分钟，学生要在一节课的时间内聆听、深入学习这么长的一段音乐是不可能的。因此，教师采用翻转课堂的方式，要学生利用课前时间在教育云网站的班级资源中自主观看不同版本的故事视频，了解故事情节和各个乐器表现的相应角色，再完成老师推送的习题进行巩固学习。另外，这位作曲家还有很多其他享誉世界乐坛的作品，为了开阔学生的视野，提高学生的音乐文化素养，教师可以把作曲家的其他作品推送到公众号上，让学生在课后根据自己的兴趣自主学习。

随着学校信息化应用的不断升级改造，越来越多的学校还配备了VR眼镜。通过佩戴VR眼镜观看3D视频，让学生置身于教学情景之中，体验更深刻。例如：在教授课文《圆明园的毁灭》时，在传统课堂中要想了解圆明园昔日的辉煌，只能通过一些图片或者视频观赏，历史与学生之间还是存在距离，学生很难体会到课文中描绘的昔日圆明园的壮丽辉煌的景象。借助VR眼镜观看圆明园全景视频，学生仿佛置身于圆明园中，无不赞叹圆明园的壮丽辉煌。学生有了这样的体验再回到文本中，相信他们会与作者产生更多情感共鸣。

（4）上好常规课是必要前提。

一节优秀的信息技术整合课，除了巧妙运用各种新技术、新媒体手段以外，更重要的是上好这节课的常规课。信息技术是辅助常规教学，让课堂更高效、更生动的一种技术手段。所以教师在设计一节整合课时，还是要以教材为本，从学情出发，再利用信息技术手段优化教学内容，实现传统课堂达不到的教学效果。

2. 教学误区

（1）观念误区。

现在教师都不再把在课上简单播放 PPT 课件看作信息技术整合课，这体现了教师观念上的转变。但是，有部分教师走向了另外一种极端，他们认为信息技术在课上运用得越多越好，或者不管需不需要都要使用信息技术辅助上课，这完全没有必要，反而会加重教与学的负担。我曾经观摩了两节音乐整合课，教师在课堂中利用抖音 App 进行实况直播，直播学生的作品展示和老师的表演，这种情况其实录视频也可以实现。我们的教学要化繁为简，而不是画蛇添足。还有的教师在给学生发布练习任务之后，当学生都聚精会神地操作时，利用随堂直播功能随机拍摄学生的操作。这种方式不仅影响了学生的专注度，而且不利于培养学生独立思考的能力。如果教师的目的是想让学生互相观摩，可以在全部学生操练完之后，选择优秀的学生作品进行展示，这时再进行随堂直播，更能体现技术与教学的深度融合。

（2）方式误区。

传统课堂主要是以教师为中心的填鸭式教学方式，学生缺乏主动参与课堂的积极性。随着信息技术的不断深入，课前，教师会根据本节课的内容提前发布学习微课视频、学生完成任务清单；课中，教师与学生围绕主题进行责任分工讨论；最后，形成小组集体意见，进行汇报。这样的学习方式让课堂学习更有深度，体现了以学生为中心的教学方式。但是如果过度依赖这种教学方式，放大以学生为中心的教学方式而缺乏教师的引导，那么学生的学习是毫无目的的。

综上所述，要想上好一节优质的信息技术整合课，教师必须要研读教材，分析学情，做好充分的课前案头工作，根据教学需要合理运用信息技术手段丰富教学内容。作为新时代的教师，我们要不断更新教育理念，提高信息技术素养，摆正教学心态，避免出现教学误区，只有这样，才能在不断发展的信息化教学之路上开拓创新。

（五）互动式教学和情景教学音乐课例

一、基本信息				
学　　校	武汉市光谷实验小学			
课　　名	《浏阳河》	教师姓名		杨　梅
学科（版本）	音乐（人民音乐出版社）	章　节		第八课
学　　时	一学时	年　级		三年级

二、教学目标

1. 情感态度价值观：通过对比古筝曲《浏阳河》与歌曲《浏阳河》，使学生得到丰富的音乐体验，爱国思乡的情怀与音乐作品产生共鸣，进一步加深学生对家乡的热爱、对民族音乐的热爱。

2. 过程与方法：通过多媒体互动课堂的运用，模拟实践、聆听、探究学习、小组合作自主学习等学习方式，在听一听、弹一弹、唱一唱、说一说中催生学生的探究意愿，加上教师的示范演奏，激发学生更深入学习古筝曲《浏阳河》的兴趣。

3. 知识与技能：本节课通过微课网络平台等前置学习及互动课堂的使用，引导学生能用清脆、圆润的声音熟练地哼唱《浏阳河》的主题旋律，听辨出主题旋律在乐曲中出现了几次和每次出现有什么不同；让学生们认识古筝，了解古筝的相关知识。

三、教学重难点

教学重点：

1. 能熟练哼唱古筝曲《浏阳河》的主题旋律，听辨出主题旋律在乐曲中出现了几次和每次出现有什么不同。

2. 认识古筝，了解古筝的音色特点及构造。

教学难点：听辨出主题旋律在乐曲中出现了几次和每次出现有什么不同。

四、教学设计

教学环节	教学内容	学生活动	教师活动	教学意图	技术手段
导入	1. 利用魔幻古筝App开课 2. 示范歌曲《浏阳河》导入新课 3. 课前：关于《浏阳河》你收集到了哪些相关信息？	1. 聆听教师范唱的歌曲，听出——《浏阳河》 2. 登录个人教育云空间分享自己搜索到的有关《浏阳河》的信息	1. 教师范唱歌曲，导入新课 2. 引导学生登录个人教育云空间分享自己搜索到的有关《浏阳河》的相关信息	通过课前自主学习，让学生全方位地了解《浏阳河》的相关信息，为后面分析乐曲和学唱歌曲做铺垫	魔幻古筝App；播放音频；教育云空间；互动课堂

检测前置学习	1. 检查学生课前自学古筝知识微课的学习情况 2. 体验模拟弹奏古筝，感受古筝的魅力	1. 课前通过观看"古筝"微课，完成课前导学 2. 运用魔幻古筝App模拟弹奏古筝	1. 引导学生前置学习，教会学生使用移动终端查阅学习，对学生的学习效果进行课堂反馈 2. 引导学生利用魔幻古筝App了解古筝的音阶、音色等特点	1. 采用任务驱动式学习策略，制作自学学习任务单，指导学生有目的的学习 2. 培养学生的主动探究意识。通过微课学习和课前检测使知识更直观地呈现，课堂反馈更明晰 3. 利用电子古筝，让学生有弹奏古筝的机会，把理论变成实践	微课； 教学助手； 互动课堂； 魔幻古筝App
听	聆听古筝曲《浏阳河》，分析没有变奏之前乐曲旋律的特点，并能用清脆、圆润的声音哼唱旋律	聆听古筝曲感受、分析旋律的特点、走向、并能用清脆、圆润的声音哼唱旋律	让学生带着问题思考，引导学生抽丝剥茧地体会旋律的创作特点，用古筝为学生伴奏模唱旋律	探究变奏前的旋律特点、模唱旋律，为后面分析变奏后的旋律及听辨做好铺垫	互动课堂； 多媒体PPT； 魔幻古筝App
探	1. 分别从速度、情绪、演奏方法这三个方面探究变奏后四段古筝曲曲调的特点 2. 用不同的线条表示不同变奏的旋律。 3. 介绍再现、变奏 4. 运用教学助手中的拼图习题检测功能检验学生对四段变奏的学习情况	1. 分别聆听四段变奏，每听一段后学生之间交流速度、情绪的不同，并在老师的引导下探究演奏方法的不同 2. 在平板上圈画音乐记号及旋律主干音 3. 用不同的线条表示变奏后的旋律，并在平板上画出	1. 通过音频和老师示范演奏结合的方式分析乐曲的速度、情绪 2. 引导学生体会四段不同变奏使用的不同的演奏方法 3. 发送板书 4. 把学生设计的作品勾勒出一幅浏阳河轮廓的简笔画，帮助学生理解变奏的含义	1. 互动推送，解决问题更直观 2. 音乐与美术的结合，使抽象的音乐变成具体的图画，帮助学生理解"变奏"这一生涩的音乐术语 3. 展示学生的个性，增强学生的成就感，使欣赏不再枯燥乏味	互动课堂； 多媒体PPT； 教学助手； 播放音频

续表

唱	1. 结合小组自身特点，通过新媒体、新技术运用，选择适合自己小组的学习方式学唱歌曲的第一段 2. 谈谈本节课的收获	1. 学生分小组对歌曲第一段进行自主式、互助式学习 2. 在弹幕中说一说本节课的收获	1. 观察学生小组合作学习情况，录制视频，记录学生学习的精彩瞬间 2. 让学生及时分享自己的收获	引导学生利用各种新媒体、新技术学习，让学生成为课堂的主人，提高了学习的效率，激发了学习热情，展示了学生的个性	钢琴App；全民K歌App；电子书包；计时器；互动课堂
拓展	介绍《浏阳河》这首歌曲的民族旋律在国家外交、民族文化中的地位	欣赏图片，加深理解	结合图片介绍《浏阳河》在中非合作论坛北京峰会及北京奥运会中的运用	让学生对这首歌曲的理解不仅有广度，更要有深度。	多媒体PPT
情感升华	让学生热爱民族音乐，为我国有这么经典的音乐作品而骄傲的情感教育	体会民族音乐在世界音乐中的地位和作用，加深对民族音乐的热爱之情	引导学生热爱民族音乐，记住《浏阳河》的声音，记住我们民族的声音	增强学生的民族自豪感。	多媒体PPT
课后作业	把另外一首经典民歌《茉莉花》改编的古筝曲发送到班级教育云空间，让学生课后自主学习，完成课后作业	在个人教育云空间完成作业，大家可以互评、互学	推送由《茉莉花》改编的古筝曲及相关的资源和作业要求到教育云空间和教学助手作业平台	学习今天课堂内容的延展知识	教育云空间；互动课堂；魔幻古筝App

（六）观察简例

美术馆探秘之旅

在这个小学艺术活动中，学生将模拟成为美术馆的策展人，通过互动式学习和情景教学来探索艺术世界。

1. 情景设定

（1）教室被布置成一个小型美术馆，墙上挂着各种艺术作品（可以是学生的创作（或复制品）。

（2）学生分成小组，每个小组负责一个展区。

2. 角色分配

（1）每个小组选出一位"策展人"，负责介绍展区的艺术作品。

（2）其他学生扮演观众，带着问题和好奇心参观展区。

3. 互动学习

（1）"策展人"向观众介绍作品的作者、风格、技巧等信息。

（2）观众可以提问、发表看法，与"策展人"进行互动交流。

4. 情景模拟

（1）教师提供一些策展常用的工具和材料（如标签、解说词等）。

（2）"策展人"使用这些工具为作品添加标签和解说词，增强观众的参观体验。

5. 作品解读与再创作

（1）在参观完所有展区后，学生回到自己的小组，根据刚才的学习和交流进行作品的解读与再创作。

（2）学生可以选择一幅作品进行深入分析，或结合多幅作品进行创意拼贴。

6. 分享与反思

（1）学生将自己的作品和解读与其他同学分享。

（2）教师引导学生反思整个活动过程，讨论互动式学习和情景教学对他们理解艺术作品的帮助。

（七）课堂观察

在快乐的节日里

1. 观察目标

本次课堂观察的主要目标是评估互动式教学和情景教学在教授四年级《美术》中的《在快乐的节日里》的应用效果。观察重点在于教师与学生之间的互动质量、情景创设的有效性以及学生的课堂参与度。

2. 观察概述

在本次课堂观察中，我重点关注了以下几个方面。

教师的互动式教学：观察教师如何运用互动式教学策略，如问答、小组讨论、角色扮演等，激发学生的参与热情。

情景创设的有效性：评估教师创设的情景是否有助于学生融入课堂，激发他们的学习兴趣和创造力。

学生的课堂参与度：观察学生在课堂中的表现，了解他们是否积极参与互动，是否能够主动探索和创作。

3. 观察详述

导入环节：教师通过展示彩色气球和分享自己的快乐节日经历，迅速吸引学生的注意力。这种导入方式既富有创意，又贴近学生的生活经验，为后续的课堂活动奠定了良好的基础。

互动交流：教师鼓励学生分享自己的快乐节日经历，并以此为切入点，引导学生深入探讨节日中的氛围、人物和活动。在小组讨论环节，教师积极参与学生的讨论，为他们提供必要的指导和支持。整个互动环节气氛活跃，学生的思维也十分活跃。

情景创设：教师利用音乐、语言描述等方式为学生营造一个快乐的节日场景。学生闭上眼睛，用心感受，仿佛真的置身于那个快乐的节日场景中。这种情景创设有助于激发学生的想象力和创造力，使他们更加积极地参与绘画创作。

学生实践：在教师的引导下，学生开始绘画。他们大胆尝试不同的颜色和线条，努力表现出心中的那个节日氛围。教师巡视指导，针对学生的创作给予具体的建议和鼓励。学生热情高涨，积极参与，创作出许多富有创意的作品。

作品展示与评价：学生将作品展示在教室的墙上，互相欣赏和点评。教师组织学生进行自评和互评，让他们从多个角度审视自己的作品。在评价过程中，教师对学生的作品给予肯定和鼓励，同时引导学生发现作品的不足之处，提出改进意见。这种评价方式有助于培养学生的批判性思维和自信心。

课堂小结：教师总结本节课的学习内容，强调通过本节课的学习，学生学会了用绘画的方式记录快乐的节日场景。同时，教师也鼓励学生将所学知识和技能应用到日常生活中，发现并创造更多的美好时刻。最后，教师表达对每个学生独特个性的欣赏和鼓励。整个小结环节温馨而感人，让学生备受鼓舞。

4. 观察反思

通过本次课堂观察，我认为教师在教这一课时成功地运用了互动式教学和情景教学策略。学生在教师的引导下积极参与、主动探索，展现出了良好的学习状态和创造力。教师在教学过程中关注学生的情感需求，为他们营造了一个轻松、愉快的学习氛围。同时，教师还注重培养学生的批判性思维和自信心，为他们未来的学习和发展奠定了坚实的基础。

四、培养艺术表现素养，提升孩子表现 美的能力

艺术表现指艺术家通过创作作品表达自己的思想和情感。它是一种通过各种艺术形式表现和体现人类内心世界和对外部世界感知的方式。艺术表现可以通过绘画、音乐、舞蹈、戏剧、建筑等多种形式来实现，每种艺术形式都有其独特的表达方式和特点。艺术表现不仅仅是简单地模仿现实，而是通过艺术家的创造力和灵感，将内心世界与现实世界相融合，形成独特的艺术形象和风格。艺术家通过艺术作品所表达的情感和思想可以唤起观众的共鸣和思考，引发观众对人类生活和社会问题的深刻思考。

（一）实例与探讨

艺术，是孩子们感受世界、表达自我、创造美的一种方式。面对新时代的小学生，我们如何培养孩子的艺术表现素养，让他们更好地表现美呢？接下来，结合小学美术教学的实例，让我们一起深入探讨这个问题。

1. 自由创作，释放孩子的艺术天性

兴趣和热情是学习的最大动力。有一次，在美术课上，教师给孩子们准备了各种画笔、颜料和纸张，让他们自由创作。有个孩子画了一幅充满活力的城市风景画，高楼大厦、繁忙的街道和五彩斑斓的霓虹灯都跃然纸上。这种无拘无束的创作方式让孩子们体验到了绘画的乐趣。自由创作能够激发孩子们的创造力和想象力，让他们在艺术的世界里尽情释放自己的天性。

另一个观察简例是，教师鼓励孩子们用布料、毛线和珠子制作手工艺品。有一个孩子用这些材料制作了一个可爱的布娃娃，娃娃的头发是用毛线编织的，眼睛是用珠子做的，非常逼真。这种自由创作的活动可以让孩子们发挥自己的创意和想象力，创造出独特的艺术品。

2. 观察生活，培养孩子的敏锐感知

在另一节美术课上，教师引导孩子们走出教室，观察校园里的植物和建筑。通过实地观察，孩子们学会了捕捉细节，并在画作中生动地展现自己的观察成果。有一个孩子对校园里的老槐树特别感兴趣，他仔细地观察了树干上的纹路、枝叶的形状和光影的变化，他画的老槐树就特别生动形象。通过这种观察，孩子们能够敏锐地捕捉生活中的美好，从而在艺术作品中展现自己独特的视觉美感。

另一个观察简例是，教师带孩子们参观当地的美术馆，观察名画中的色彩、构图和表现手法。有一个孩子对一幅描绘乡村风景的油画特别感兴趣，他仔细观察了画面中的色彩搭配和光影效果。回到学校后，他尝试模仿名画中的技巧，创作了一幅乡村风景画。

3. 多元体验，激发孩子的创造动力

在美术课程设置上，除了传统的绘画教学外，老师还引入了雕塑、手工制作、民间工艺美术、非物质文化传承等不同的艺术形式。有一个孩子用废旧纸箱和塑料瓶制作了一个小机器人模型，非常精致。这种多元化的艺术体验激发了孩子们的创造力。正如法国艺术家罗丹所说："生活中从不缺少美，而是缺少发现美的眼睛。"通过多元的艺术体验，孩子们能够发现更多美好的事物，激发他们的创造力。

另一个观察简例是，老师组织孩子们参加艺术工作坊，学习制作陶器和编织手工艺品。有一个孩子在陶瓷工作坊制作了一个小茶杯，在编织工作坊制作了一条手链。这种多元化的艺术体验让孩子们可以尝试不同的艺术形式，激发他们的创造力和想象力。

4. 基础技能，给孩子提供创作支持

在绘画教学中，教师会从基础线条开始教，逐步教孩子如何调色、构图等。有一个孩子在学习了基础技能后，他的作品变得更加生动有趣。他的画作线条流畅、色彩搭配和谐，给人留下深刻的印象。正如教育学家叶圣陶所说："教育就是培养习惯。"良好的绘画习惯和基础技能为孩子们的创作提供了有力的支持。

另一个观察简例是，老师在课堂上教孩子们素描技巧，教孩子如何画出立体感和阴影效果。有一个孩子通过学习素描技巧，他的作品更加逼真和生动。这种基础技能的学习能够为孩子们的艺术创作提供扎实的基础支持。

5. 审美意识，培养孩子的高尚情操

教师还会组织孩子们欣赏经典名作和当代艺术作品。通过欣赏这些作品，能逐渐培养孩子们对美的敏感性和鉴别能力。有一个孩子特别喜欢凡·高的《向日葵》，他被画面中强烈的色彩和生动的线条吸引。这种对美的敏感性和鉴别能力的培养能够提升孩子们的审美品位和情操。正如美术教育家丰子恺所说："艺术不是技巧的事业，而是心灵的事业。"通过培养审美意识，孩子们能够更好地理解艺术的本质。

另一个观察简例是，教师在课堂上展示不同风格的绘画作品，包括抽象画、印象派和现代艺术等。通过欣赏不同风格的绘画作品，孩子们能够拓宽自己的审美视野，理解艺术的多样性和创新性。这种对审美意识的培养有助于提高孩子们的艺术鉴赏能力和审美品位。

6. 情感沟通，让艺术表现成为桥梁

在艺术表现中，情感表达是非常重要的。教师鼓励孩子们分享自己的创作灵感和作品背后的故事。有一个孩子画了一幅关于家人团聚的画作，原来她的父母最近经常加班，她希望通过这幅画让父母能够多陪陪自己。这种情感表达能够让观众产生共鸣，使艺术成为情感沟通的桥梁。正如艺术家用心灵触摸自然，从而可以创造出有情感和思想的作品。

综上所述，要培养孩子的艺术表现能力，需要从多个方面入手，包括鼓励孩子尝试不同的艺术形式、培养他们的观察力和想象力、培养他们的自信心和表达能力、培养他们的兴趣和热情等。通过鼓励孩子自由创作培养他们的观察能力，为孩子提供多元化的艺术体验。重视对孩子基础技能的培养，培养孩子的审美意识和情感表达与沟通能力，帮助孩子在艺术领域更好地全面发展，在创作和欣赏作品的过程中提升自己的表现力和审美水平。这些实践方法不仅符合当代教育理念，而且在实际教学中取得了良好的效果，可以帮助学生全面发展。

（二）评价与反馈

及时有效地评价与反馈在培养小学生艺术表现素养及能力中是一个重要的环节，有助于小学生了解自己的优点和不足，进一步提高自己的艺术表现素养和能力。

1. 观察法

通过观察学生在课堂上的表现和创作过程，了解学生的艺术表现素养和能力。观察学生的作品，评价他们在构图、色彩搭配、线条运用等方面的技巧。

2. 测试法

通过艺术技能测试，评价学生的基础技能水平。例如，进行绘画技能测试，观察学生的绘画技巧和创作能力。

3. 作品评价

对学生的作品进行评价，指出作品的优点和不足之处。帮助学生了解自己存在的问题，并给予具体的建议和指导。

4. 口头反馈

与学生进行面对面的交流，肯定他们的优点和进步，指出不足之处。鼓励学生继续努力，激发他们的学习热情。

5. 书面反馈

给学生提供书面的评价和指导，帮助他们了解自己的学习状况和需要改进的地方。同时，让学生对自己的作品进行反思和总结。

6. 展示交流

将学生的作品展示出来，与其他同学进行交流和分享。这可以增强学生的自信心和表达能力，同时也可以让他们从其他同学的作品中获得启发和灵感。

7. 综合评价

综合运用以上多种方法，对学生的艺术表现素养和能力进行全面的评价。同时，可以让学生参与评价过程，提高他们的自我评价意识和自我管理能力。

在给予学生反馈时，需要注意以下几点。

1. 具体性

反馈要具体明确，指出学生的优点和不足之处，避免过于笼统或模糊的表述。

2. 建设性

给予学生建设性的建议和指导，帮助他们找到解决问题的方法和途径。

3. 鼓励性

肯定学生的优点和进步，激发他们的学习热情和自信心。

4. 及时性

及时给予学生反馈，让他们及时了解自己的学习状况和需要改进的地方。

5. 互动性

与学生进行互动交流，听取他们的意见和建议，让他们参与评价和反馈的过程。

综上所述，小学生艺术表现素养及能力的评价与反馈需要采用多种方法，全面评价学生的艺术表现素养和能力。通过具体的评价和反馈，可以帮助学生更好地了解自己的优点和不足之处，进一步提高自己的艺术表现素养和能力。同时，教师需要注意反馈的具体性、建设性、鼓励性、及时性和互动性等，更好地引导学生发展自己的艺术才能。

（三）课堂观察

我的小房间

新学期三年级第一节正式美术常规课，我对学生讲了课堂纪律的要求，并讲解了作品的基本版式要求。

第1课时，重点激发孩子们的热情和兴趣，让他们迅速进入回忆或想象自己小房间的样子、布置，以及自己对房间的需求等等。

在学生下笔之前，我说了一个要求：画纸需A4大小，色彩不限。内容可以是现实中的，也可以是你想要的，也可以是想象未来的。

大部分男生的兴趣在于展现"想象的"，大部分女生则更倾向于"现实的"。男生画作的想象可谓天马行空；女生画作的画面整洁干净，她们创作时一丝不苟。如何给出公正且能激励学生的评价，真的要细心地观察他们的作品。

我喜欢让学生先自我评价，然后互相评价。有些学生没说到的内容，我会提示一下，鼓励孩子们多看同学作品呈现的优点、细节。

你的"小房间"，能展现出你的"大智慧"。

自 画 像

五年级的孩子们在重新自我认识的作业上，显得不知所措。他们听说要画自画像时都有些茫然，我说："不要着急，你们可以一步步表现你们的特征。"

教学目的：①如何让老师更全面地了解你？②重新认识自我。

表现方法：①从姓名、性别、年龄，到爱好、特长、优点、缺点等全部用四格漫画或线描的方式表现出来，可画可写。②可创意加工。重点在于创意，展示四年小学所学，彰显个性。

在我的提示下，孩子们开心极了，迫不及待地开始创作，很多学生画着画着，情不自禁地笑了起来。

画完后，我请笑得最开心的几个孩子分享、自我评价。

其中一个说："人生最大的敌人就是自己。"

我惊讶地问："何以见得？"

他答："因为我总是把自己画得很丑。"

我说："孩子，不要灰心，你只是帅得不明显。"

全班的同学都笑了。

我说："同学之间，要多发现其他人的优点、闪光点，这样对我们的成长会有极大的帮助。"

画 自 己

学生1说："老师，我老是画错。"

我问："错在哪呢？"

学生1说："我画得不像！"

我说："我有要求过必须画得像吗？"

学生1说："没有。"

我说："那就没有错。"

学生1说："哦!"

学生2说："老师，我觉得自己画得好丑。"

我问："给你看看画家毕加索的自画像，你认为他画得怎么样?"

学生2说："他的丑，我的美!"

一年级学生的自信心和积极性一下子就提升上来了，开心地画了起来。

第三章

创意实践的花开了
——小学艺术教学的认同与成长

　　创意实践指由创新意识主导的思维和行为。创意实践素养的表现：能养成创新意识，学习和借鉴美术作品中的创意和方法，运用形象思维、大胆想象，尝试创作有创意的美术作品；通过各种方式收集信息，并对信息进行分析、思考和探究，联系现实生活，对物品和环境进行结合实用功能与审美要求的创意构想，并通过草图、模型等媒介予以呈现；与他人交流，不断改进和优化自己的作品。

　　创意实践，如同花儿的叶，它支撑着孩子们的艺术创造。在艺术课堂上，孩子们学会用各种材料和技巧来表达自己的思想和情感，创作出独一无二的艺术作品。这种自由发挥的创作过程，让孩子们的创造力得以充分发挥。

一、孩子们的自我认同与自信心

（一）如何在艺术学习中获得自我认同与自信心

　　小学艺术课堂是培养孩子们自我认同与自信心的重要场所。艺术教育通过提供多元化的艺术体验、鼓励创意实践等方式，让孩子们在探索和表达中认识自己，提升自信心。

1. 艺术体验与自我认知

　　苏霍姆林斯基曾经说过："儿童的智慧在他的手指尖上。"通过手工制作等活动，能够锻炼孩子们的动手能力，同时在实践中认识到自己的特点和优势。

　　蒙台梭利认为，儿童只有在一个没有障碍的环境中才能展现其内在的创造能力。艺术课堂为孩子们提供了一个自由表达和探索的空间，让他们能够无拘无束地发挥自己的创造力，从而更好地认识自己。

艺术体验是孩子们认识自己的一种方式。在艺术课堂上，孩子们通过绘画、手工制作、舞蹈等艺术活动，表达自己的情感和思想，进而逐渐认识自己的特点和优点。例如，绘画可以帮助孩子们表达内心的感受，同时通过观察和比较，认识到自己在构图、色彩运用等方面的特点和长处。

2. 创意实践与自信心培养

创意实践是培养孩子们自信心的重要途径。在艺术课堂上，教师鼓励孩子们发挥想象力，进行个性化的创作。通过创作过程，孩子们能够感受到自己的能力和价值，从而增强自信心。例如，在舞蹈教学中，教师鼓励孩子们根据音乐节奏自由发挥，自己设计舞蹈动作，让他们在实践中感受到自己的创造力和表现力，进而提升自信心。

陶行知先生倡导"生活即教育"，强调教育要与生活实践相结合。在艺术课堂上，教师鼓励孩子们将生活中的体验融入创作中，让他们在实践中感受自己的能力和价值，从而增强自信心。

陈鹤琴先生认为："凡是儿童自己能够做的，应当让他自己做；凡是儿童自己能够想的，应当让他自己想。"在艺术创作中，教师鼓励孩子们发挥自己的想象力，进行个性化的创作，让他们在实践中感受到自己的独特之处和价值所在。

在认同教育理念的指引下，我校立足"五育并举"办学方针，全面推进素质教育，积极落实校本 1+X 课程，进一步促进学校美育的延展性发展，推进艺术活动形式多样化、个性化和民族化。在此契机下，我校创办了"同心戏社"，以戏剧和戏曲学习为主，在学习的过程中提升学生的综合实践能力，收获自我认同和文化认同。

综上所述，小学艺术课堂对于培养孩子们的自我认同与自信心具有重要意义。通过多元化的艺术体验和创意实践，孩子们能够在探索和表达中认识自己，提升自信心。同时，这些教学方法也与教育名家的理念相呼应，进一步证明了其有效性和价值。

（二）如何在师生交往中获得自我认同与自信心

1. 一封特殊的来信

"如果你问我，什么是老师？我会满心欢喜地告诉你，老师是我们人生路上的铺路石，是帮助我们攀上高峰的梯子，是每天带我们浇水、施肥、修枝剪叶的园丁。我的杨老师，就是这样一个人。一个偶然的机会，我遇见了她……"

前不久，我收到一封特殊的来信。写信的孩子说他叫黄梓轩。说实话，我对这个名字的印象是模糊的，因为每年与孩子们一起排练的节目太多，而相聚的时间又太短，根本来不及记住每一个孩子的名字。而我接触的众多的孩子中，唯独他，对我念念不忘，还给我写信。

读着，读着，那年"六一"儿童节前夕发生的一幕幕展现在我的眼前。那年，学校组织大型文艺汇演，为了丰富演出节目类型，我发挥自身优势组织起一支古筝小分队，合奏《荷塘月色》。经过层层选拔，黄梓轩从学生中脱颖而出，他是唯一的男生。我们利用每天的午休时间，天天练、日日弹。在排练的过程中，用梓轩的话说，我常"神色严峻、面露严苛"，所以孩子们对我是既爱又怕。有时候为了一个节奏、一个音符、一个动作，师生们都不达到目标不放松。一次，排练时间到了，却迟迟不见黄梓轩的身影。我生气地对一个队员说："赶紧去把黄梓轩叫过来。"过了好久，他慢悠悠地走到我的面前说："杨老师，我不想参加了。"听到他说这话我顿时慌了神，离演出的时间不到一个星期了，怎么能说不参加就不参加呢？我让其他孩子继续练琴，把他拉到一边问道："你能告诉我原因吗？"他犹豫了好一会儿说："快期末考试了，我想把更多的精力放在学习上，班上的同学都在教室里复习，我怕耽误复习……"

听完他的话我沉思了片刻，俯下身对他说："当学业与艺术活动发生冲突的时候，就需要靠你自己合理地安排时间了，老师也是这样一步步走过来的。如果做什么事都半途而废，又如何成为一个优秀的人呢？"

好在他听了我的话之后就继续投入训练中，再也没有缺席。功夫不负有心人，在大家的共同努力下，演出圆满成功。我以为我们的缘分到此就结束了，没想到相处过程中的点点滴滴却能照亮这些孩子的艺术道路。正如黄梓轩所说："老师，是你让我对古筝的爱又多了几分！即使现在读六年级，学业繁忙，我也不忘每天练琴。"

老师是什么？我想老师就是那润物无声的细雨，用爱滋养着孩子们希望的心田。

2. 一份特殊的荣誉

我校一直在实施可视化德育，学生通过平时表现获得小红花积分，积满一定的分数就能兑换相应的物质或者精神奖励，其中有一项精神奖励是"与喜欢的老师共进午餐"。虽然音乐老师平时很受学生的喜爱，但是我还从未得到过这份殊荣。

有一天，班主任老师告诉我，他们班的刘芊妤用400积分兑换了一个"与喜欢的老师共进午餐"的奖励，"她说想跟你共进午餐"。我听到这个消息的时候，激动得像一个获奖了的孩子一样，抑制不住自己的兴奋之情。5分、5分地攒，400分需要一个孩子付出多久的努力才能挣回来啊。第二天中午，我照常在午餐时间来到班级值班，看看小姑娘会不会主动约我，直到吃完饭她都没有开口的意思。于是，我主动问她："你是不是有什么事情要跟我说呀？"她很腼腆地对我说："我想跟你共进午餐。"我当然很高兴地答应了，与她约定第二天中午去教师食堂共进午餐。放学后孩子激动地对她妈妈说："我今天太开心了，就是有点紧张，不太适应，我要再得400分和杨老师一起共进午餐。"

后来从家长口中得知，这孩子从小对老师就有一种惧怕的心理，不敢和任何老师亲近。她能有此举动是因为一次午休我让她当值日组长，检查同学们的午睡情况。这个不经意的小举动却点燃了孩子勇敢的心，她的心开始慢慢向我靠近，用行动表达她对我的喜爱。

老师是什么？我想老师就是那喷薄而出的朝阳，用爱温暖孩子们幼小的心灵。

3. 一次特殊的考核

"双减"政策以来，各学科都在探讨设计适合学生发展的特色作业，我也尝试在有限的课堂教学时间内进行分层教学。小试牛刀，我开展了一次"才艺秀"活动，题材、内容不限，只要学生认为这是自己表演的最好的节目即可。活动的目的不在于才艺有多么出色，而在于让每一个孩子都能站上舞台展示自我，让他们有一种敢于表现自我的勇气和自信。在活动中，我发现有几个小女孩胆子特别小，直接说她们不想参加，有一个还害怕得哭了起来。但是在老师和同学们鼓励的掌声中，她们勇敢地踏上了舞台，表演结束后大家给予了她们热烈的掌声。

在教学中，我时常会把更多的目光停留在爱表现的孩子身上，给他们更多的展示机会，却没有关注到那个角落的"他"。"他"是不想参加吗？不，他们是怕表演得不好被其他同学笑话。爱学生就是要关注到所有学生，爱他们的一切。一个肯定的目光、一句赞美的话语、一个信任的眼神、一个甜美的微笑，都会在学生心中荡起层层涟漪。

为人师者，当坚守初心，用心引导，用爱陪伴，用行为证实，尊重每一位学生，我们才能在教育的道路上越行越远。正如泰戈尔说过："果的事业是珍贵的，花的事业是甜蜜的，让我干叶的事业吧，因为叶总是谦逊地垂着她的绿荫。"教师便如同一片绿叶，用慈爱呵护孩子的纯真，用智慧孕育孩子的成长，用真诚开启孩子的心灵，让我们和所有教育工作者一起默默耕耘，共同托起明天的太阳。

（三）观察简例

画自己——增强自信心

1. 案例背景

对于刚入小学一年级的孩子来说，小学是一个全新的环境，他们需要逐渐适应环境并找到自己的定位。在一年级《美术》课本中，《画自己》这一课是帮助学生认识自我、建立自我认同与自信心的良好机会。

2. 实践过程

（1）引导观察。

教师首先引导学生仔细观察自己，包括自己的外貌特征、衣着、表情等。教师可以问学生："你最喜欢自己的哪个部分？"用这个问题来激发他们的自我观察兴趣。

（2）创作准备。

教师为学生提供各种绘画工具和材料，鼓励他们选择自己喜欢的颜色和画笔。同时，教师还要提醒学生，画画不只是模仿，还要加入自己的想象和创意。

（3）自由创作。

学生在画纸上开始画自己。在这一过程中，教师要鼓励学生大胆下笔，不要害怕画错。对于画得不好的地方，教师可以引导学生重新构思或尝试新的方法。

（4）分享交流。

完成作品后，教师组织学生互相展示作品。每位学生都有机会向大家介绍自己的画作，分享他们画作的特点。通过这种方式，学生可以从同伴的反馈中了解自己的特点，并增强他们的自信心。

（5）总结与反思。

教师引导学生总结这次创意实践的体验，他们不仅学会了如何绘画，更重要的是认识了自己，发现了自己的独特之处。这种自我认同感会随着时间的推移逐渐增强，成为他们自信心的源泉。

3. 教育理念的应用

在这节课中，我应用了以下教育理念。

（1）建构主义理论。

学生通过自我观察和创作，主动建构对自己的认识。教师作为引导者，帮助学生发现自己的特点，并鼓励他们用艺术的方式表达出来。建构主义理论有助于培养学生的自主性和自信心。

（2）多元智能理论。

每个学生都有自己擅长的领域，在创意实践中，教师关注学生的个性化需求，鼓励他们发挥自己的优势，这有助于培养学生的自我认同感和自信心。例如，有些学生可能在绘画方面更强，而另一些学生可能更善于表达自己的想法，教师应尊重每个学生的特点，鼓励他们发挥自己的长处。

（3）形成性评价。

教师在整个创意实践过程中及时给予学生反馈和鼓励，帮助他们认识自己的学习状况和进步情况。形成性评价有助于增强学生的自信心，帮助他们持续发展和提升自己。例如，教师可以称赞学生的画画得逼真、色彩搭配得当等，这些正面评价可以增强学生的自信心和创作热情。

综上所述，通过这一课的学习，学生不仅提高了绘画技能，更重要的是获得了自我认同与自信心。他们学会了如何观察自己、认识自己，并通过艺术创作表达自己的想法和感受。这种自我认同感是建立自信心的基石，将伴随学生未来的成长和发展。同时，教师运用建构主义理论、多元智能理论和形成性评价等教育理念，为学生的创意实践提供了有力的支撑和指导。

（四）课堂观察

我的小空间——激发想象力

三年级学生的空间想象力还是很强的，艺术表现力与创意实践方面就稍弱些，他们在学习课本上的《我的小空间》时就表现得很可爱。

我对孩子们在图画本上画什么，从来不加限制，他们画的每一笔都可以反映出他们此时在想些什么。

有一丝不苟严谨型，画面清晰、涂色均匀，这种孩子一般认真细致，做事有条有理。

有漫不经心随意型，画面凌乱、配色混乱，这种孩子一般自由随性，思维发散。

有天马行空创意型，画面微乱、配色美观，这种孩子一般勤思善悟，敢于创新。

在我辅导时，他们的反应也不同：

严谨型的孩子会积极听取老师的建议，细心修改、完善自己的作品。我会建议他在作品中加一些创意，让画面更有趣。

随意型的孩子会冲我嘻笑后再来两笔，问我这样对吗。我要他再细心一些，慢慢画出心中所想的画面，画出来后我会再帮他改动。

创意型的孩子会追问我为什么要这么改，这样改或那样改是否可行。他说的每一种改法，我都会要他试一下，再选择最佳的那个。

美术没有标准答案，可以唯心，亦可唯物，更可超现实，重点是你要表现出来，画你所想，画你所爱。让你的画成为你的心里话，具有创新性和观赏性。

真正好的教育，不是单纯给孩子植入片面的答案，而是点燃孩子对知识、兴趣的渴求，激发他们的学习内驱力，让孩子成为一个全面发展的人。

机器人——点燃内驱力

这一节课的主题是三年级男生超喜欢的，我在课前要求每个小组至少有2名同学把家里的机器人带来上课。当我走进班级，却发现每个同学的桌子上都有机器人，几个不怎么喜欢机器人的女生的桌子上摆着小布绒玩偶。

上课后，我说："这个内容我们分2节课来上。第1课时，介绍自己最喜欢的机器人（名称、组成部分、各部分功能等），并设计一个你想要的机器人。第2课时，我们带工具和材料来，试着小组合作做一个机器人。

"不喜欢机器人的女生，可以介绍你们的布绒玩偶，要求同上，并设计一个你想要的玩偶。第2课时,我们带工具和材料来,试着小组合作做一个玩偶。"

每节课、每个主题,都会有学生提出异议,他们可能会直接说我不喜欢画这个,也不想画这个。我会直接告诉他们,"好啊,你喜欢什么?你想画什么呢?或做什么呢?在我的课上,我就喜欢看到真实的你,不需要你'顾全大局''牺牲自我''少数服从多数',需要的是你的创新、创意和与众不同,但我不允许你们无所事事,要全员参与。"

孩子开始专心他们的"设计",我设置了一个小难题:这节课他们设计的,下节课要能做出来。所以在设计时要考虑可操作性,适当的规范与实用性,且要有简要的文字说明(30字以内即可)。

孩子们的"内驱力"被我点燃了,参与设计的热情很高。第一次当设计师,孩子们喜形于色,激动之情溢于言表,他们的自我认同感、自信心有明显提升。

"内驱力"这个概念是心理学家伍德沃斯提出的,指的是人在和环境交互中,个体自发产生的一种具有驱动效应的自我力量。内驱力越强的孩子,往往更容易在学业及事业上获得成功。埃隆·马斯克曾说过自己成功的关键就是坚定持续的"内驱力"。

二、孩子们的社交能力与合作精神

(一)小学生创意实践中社交能力与合作精神的培养

爱尔兰诗人叶芝说:"教育不是注满一桶水,而是点燃一把火。"

1. 创意实践与社交能力的关系

"独学而无友,则孤陋而寡闻。"——孔子

创意实践为学生提供了一个开放、多元的环境,让他们在探索和创作中与同伴交流、互动。这样的环境不仅有助于培养学生的社交能力,还会使他们在与他人的交流中不断拓宽自己的视野。

（1）交流与表达。

在创意实践中，学生需要与同伴讨论、分享自己的想法和观点。这一过程能够促使他们学会清晰、有条理地表达自己的思想，同时也培养了他们倾听他人观点的习惯，从而提升沟通技巧。通过不断地交流和表达，学生能够逐渐克服害羞、紧张等情绪，变得更加自信和从容。

（2）解决冲突。

在团队合作中，难免会出现意见不合的情况。学生通过创意实践，学习如何处理和解决团队中的冲突，学习如何以建设性的方式表达自己的观点，如何倾听他人的意见并权衡利弊，以及如何通过协商达成共识。这种解决冲突的能力是社交智慧的重要组成部分，对学生未来的发展具有重要意义。

（3）情感支持。

在创意实践中，同伴之间的鼓励和支持有助于培养学生的同理心，使他们更加关心和尊重他人。这种情感支持不仅有助于提升学生的社交能力，还有助于形成积极、健康的人际关系。通过相互支持和鼓励，学生能够更好地应对挑战和困难，增强彼此之间的友谊和信任。

2. 创意实践与合作精神的培养

创意实践为学生提供了一个团队合作的机会，促使他们学会相互依赖、分工合作。

（1）共同目标。

在创意实践中，学生有了共同的目标和愿景，这促使他们齐心协力、相互支持，能培养学生的合作精神。为了实现共同的目标，学生学会了如何协调各自的资源、能力和精力，最大程度地发挥团队的整体效能。这种合作精神不仅有助于提高团队的效率和工作质量，还有助于增强学生的凝聚力和归属感。

（2）角色扮演与分工。

根据每个人的特长和兴趣进行分工，确保每个人都有参与感和归属感，从而增强学生的团队合作意识和能力。通过扮演不同的角色，学生能够了解和认识到每个角色在团队中的重要性和价值。这种认识能够增强他们的团队意识和合作精神，使他们更加珍惜和尊重团队中的每个成员。同时，明确的分工能够提高团队的效率和创造力，使得每个成员都能够发挥自己的优势，为团队的成功作出贡献。

（3）集体荣誉感。

通过团队的努力完成具有挑战性的任务或项目，学生会感到自豪，并建立起集体荣誉感。这种荣誉感能够进一步激发学生的合作精神和团队精神，使他们更加愿意为团队的成功付出努力和奋斗。同时，集体荣誉感也有助于培养学生的责任感和担当精神，使他们更加关注团队的整体利益和长远发展。

3. 教育理念在创意实践中的应用

为了更好地培养学生的社交能力和合作精神，教师可以运用以下教育理念。

（1）情景教学。

创设真实的情景，让学生在模拟的社交场合中锻炼自己的社交能力。这种教学方式能够增强学生的代入感，使学习更加有趣和有意义。"教育不是注满一桶水，而是点燃一把火。"教师的作用是激发学生的兴趣和热情，使他们积极主动地参与学习。通过模拟真实的社交情景，学生能够更好地理解和应对各种社交场合，提高自己的社交技能和实践能力。

（2）项目式学习。

鼓励学生参与团队项目，通过合作完成任务。项目式学习有助于培养学生的合作精神和解决问题的能力。"独学而无友，则孤陋而寡闻。"团队合作的过程也是互相学习和成长的过程，通过共同完成任务或项目，学生能够相互学习、互相帮助、共同成长。这种学习方式不仅有助于培养学生的合作精神和解决问题的能力，还能够提高他们的学习积极性和主动性。同时，项目式学习还能够提供更多的机会让学生实际应用所学知识，提高他们的实践能力和创新能力。

（3）反思与反馈。

引导学生定期反思自己在创意实践中的表现，给予他们积极的反馈和建设性的建议，帮助他们进一步提升社交能力和合作精神。"吾日三省吾身。"自我反思是提升社交能力和合作精神的重要途径之一。通过反思自己的行为和表现，学生可以发现自己的不足之处并积极改进。同时，教师给予的反馈和建议也能帮助学生更好地认识自己、提升自己。这种反思与反馈的过程不仅能够提高学生的社交能力和加强合作精神，还能够促进学生的自我认知和自我发展。

综上所述，通过创意实践，不仅能够培养学生的社交能力和合作精神，还能够让学生在与同伴的互动中发展出更丰富的人际关系技巧和情感智慧。"团结就是力量"，对于小学生来说，社交能力和合作精神的培养是一个建立长期友好关系的过程。教师在组织创意实践活动时应该充分考虑学生的年龄特点，为他们提供一个安全、友好的学习环境，促使他们在实践中不断成长和发展。

儿童时期建立的长期友好关系，对儿童本身的身心成长有正向强化的积极影响，建立良好的友谊与信任关系对孩子未来的社交发展与合作精神都有极大的潜在助力。

（二）课堂观察

小小的礼仪——秩序的美感

今天是星期四，我和508班的孩子一起开了队会。

在今天的队会中，我们着重聊了一下"礼仪"。

中国有"文明古国""礼仪之邦"的美称，我们现今保留着的文明习惯、礼仪还有多少呢？

我们反思一下自己今天的行为，哪些是不文明的、不讲礼仪的行为呢？

我们一起来回忆一下：

上课讲"小话"，下课疯跑追赶，午餐时大声喧哗，午休时教室嘈杂不断。

有礼仪应该：

上课认真听讲，下课秩序井然，午餐安静就餐，午休静心休息。

有时也许只是一个小细节，也许只是稍微地克制一下自己，也许只是谦让一下对方，你就会发现，原来做一个文明的人、做一个有礼仪的人很容易。

这样坚持下去，相信我们的素养会大幅度地提高，我们的学习和生活会多一份宁静、多一份思考。

我在观察中发现，很多小学生是家里的"掌上明珠"或是"小皇帝"，所以特别以自我为中心。他们从来不曾意识到自己的错误所在，遇责任就推诿，遇利益则激进，遇小事则争辩，不懂得与人为善。这样的孩子需要学校正面引导和强化教育，才能逐渐培养出他们为他人着想的意识。

小小的责任——担当的美感

我问："请问中间走廊上的废纸片是谁扔的？"

学生异口同声地说："不是我！"

我说："请问哪位同学可以把它扔到它应该去的地方呢？"

学生争先恐后地抢着去捡垃圾。

当然，离得最近、动作快的学生最先抢到，他迅速将废纸扔到了外面的垃圾桶里。进教室后，他非常期待地看着我，等着我的表扬。

我说："你的做法是对的。"

我又问其他学生："请问他如何能做得更对？"

学生1说："下次在没有老师问的情况下做，就更对了。"

我说："你很聪明，但不完全对。谁来帮助他补充一下？"

学生2说："扔纸的那位同学先承认是自己做的，然后捡起来，下课后再扔到垃圾桶里去。"

我说："你说得很好，明白了做了错事要承担相应的责任。请问还有更好的回答吗?"

学生3说："教室是大家的，清洁卫生的教室需要大家一起维持，大家都不要随手扔垃圾!"

我说："声音很响亮!用词很准确!建议把'大家'换成'我们'，你再说一次，感觉如何?"

学生3说："教室是我们的，清洁卫生的教室需要我们一起维持，我们都不要随手扔垃圾!"

我说："非常好!请问今天有几位同学看见了这片废纸?"

全班鸦雀无声。

我说："都不说话，哪位同学告诉我是什么原因呢?"

学生4说："说明有一部分同学看见了，有一部分同学真的没看见。"

我说："那请问应该如何做呢?"

学生4说："按清洁值日表，每天请那名值日的同学负责监督与维护班级的卫生，所有同学积极配合。如果还有同学乱扔垃圾，就请他当天打扫本组卫生1次。"

我说："回答很完整，考虑也很全面。分工明确、责任到人，还有惩罚。大家同意吗?"

学生都举起了小手，异口同声地说："同意。"

我说："行胜于言，那我就看你们的行动了。"

露珠虽小，却可以折射太阳的光辉;花朵虽弱，却可以传达春天的气息。生活中、校园内细小点滴的事情，就可以培养与体现学生的担当之美与责任之美。

三、孩子们的创新能力与解决问题的能力

习近平总书记说过："创新是一个民族进步的灵魂，是一个国家兴旺发达的不竭源泉，也是中华民族最鲜明的民族禀赋。"在新时代的背景下，面对未来科技的快速进步和全球经济一体化的发展，培养具有创新意识和解决问题能力的学生显得尤为重要。而创意实践正是一个能够激活学生创新思维和培养学生解决问题能力的绝佳平台。

（一）实践培养

1. 创新能力

创新能力不仅仅指新的创意或创造新的产品，更指能够独立思考、勇于尝试并打破常规的能力。

（1）鼓励独立思考。

在创意实践中，教师应该鼓励学生挑战传统，不拘泥于标准答案，勇于提出自己独特的观点和想法。正如爱因斯坦所说："想象力比知识更重要。"教师应该引导学生用想象力和创新思维去探索新的可能性。

（2）尝试与失败。

创新的过程中往往伴随着失败。教师应当教导学生正确地看待失败，鼓励他们不断尝试和探索。正如杜威所说："失败是有教导性的，真正懂得思考的人，从失败和成功中学到的一样多。"每一次的失败都是通向成功的垫脚石，教师应当让学生明白这一点。

（3）跨学科学习。

创意实践应该鼓励学生跨学科学习，通过融合不同学科的知识来激发创新思维。跨学科学习能够帮助学生开阔视野，激发创新思维。

2. 解决问题

解决问题的能力是每个人生活中都不可或缺的技能。通过创意实

践，学生可以学习如何分析问题、寻找解决方案并付诸实践。

（1）问题分析。

教师应当引导学生明确问题的核心，深入分析问题的关键因素。正如孔子所说："学而不思则罔，思而不学则殆。"分析问题是解决问题的关键步骤，能够帮助学生找到问题的症结所在。

（2）策略与实践。

教师应当鼓励学生运用所学知识制订解决问题的策略，并在实践中不断调整和完善。正如陆游所说："纸上得来终觉浅，绝知此事要躬行。"实践是检验真理的唯一标准，只有通过实践才能真正掌握解决问题的技能。

（3）团队合作。

解决团队中的问题可以锻炼学生的协作能力。团队合作能够促进学生之间的交流和学习，激发更多的创新思维和解决方案。

（4）反馈与反思。

教师应当引导学生在解决问题后反思解决方案，总结经验教训，为未来相似问题的解决提供借鉴方案。正如叶圣陶所说："教是为了不教。"反思能够帮助学生更好地认识自己的优点和不足，提高自己解决问题的能力。

3. 理念运用

为了更好地培养学生的创新能力和解决问题能力，教师可以将以下教育理念融入创意实践中。

（1）因材施教。

根据学生们的不同特点和需求，引导他们发挥自己的优势和潜力，从而激发其创新能力。

（2）采用项目式学习法

这种学习法以实际项目为核心，让学生们全程参与从设计到实施再到总结的每一个环节。这种方法能很好地锻炼学生解决问题的能力，能够将学习和生活实际相结合，提高学生解决问题的能力。

（3）思维工具的应用。

引入各种思维工具，如思维导图、概念图等，帮助学生整理思路、明确问题的难点，从而更快地找到解决方案。这符合杜威的实用主义教育哲学，强调思维和行动的结合。思维工具的应用能够帮助学生更好地分析和解决问题，提高他们的创新能力。

（4）反馈与评价。

及时给予学生反馈和评价，指导他们不断改进自己。同时，鼓励学生相互评价和分享经验，让他们共同成长。反馈和评价能够帮助学生认识到自己的不足之处，激励他们不断进步和创新。

综上所述，创意实践为学生提供了一个宝贵的平台，让他们在实际操作中培养创新能力与解决问题能力。作为教师，应充分利用这一平台，结合先进的教育理念为学生的全面发展打下坚实的基础。

（二）观察简例

造型别致的椅子

1. 案例背景

椅子作为日常生活中常见的物品，往往被视为功能性的存在。但在艺术的世界里，椅子可以成为创意的舞台。本案例旨在通过"造型别致的椅子"这一主题，引导学生发现椅子的美，激发他们的创新思维和实践能力。为了增加趣味性，我设计了一系列小挑战和互动环节，让学生在轻松愉快的氛围中深入探究和创新。

2. 教学目标

知识目标：了解椅子的历史、特点和设计原理。

能力目标：能够运用所学知识和技能，设计一款造型别致的椅子。

情感目标：培养学生对艺术和生活的热爱，激发学生的创新思维。

3. 教学内容与方法

教学内容：

展示不同风格的椅子图片，引导学生观察图片中椅子的造型、线条和色彩。

讲解椅子的设计原理和历史背景。

引导学生思考如何创新设计椅子。

教学难点与重点：

难点在于引导学生从艺术角度欣赏椅子。

重点是激发学生的创新思维和实践能力。

教学方法：

启发式教学、观察法、实践法、讨论法。

4. 教学过程

（1）导入新课。

展示一系列造型别致的椅子图片，引起学生的兴趣。

通过一个小游戏，让学生快速找出这些椅子的共同点，进一步激发他们的好奇心。

（2）知识讲解。

简要介绍椅子的历史背景和特点，让学生了解椅子的演变过程和设计原理。

通过PPT展示不同风格的椅子，进一步加深学生对椅子的认识。

（3）观察与思考。

引导学生仔细观察展示的椅子，分析它们的造型、线条和色彩等特点，让学生深入理解椅子的美感来源。

提出问题："你们觉得这些椅子美在哪里？它们的造型、线条和色彩是如何影响整体美感的？"引导学生思考椅子的美学元素。

（4）创意实践。

学生动手设计一款造型别致的椅子，让他们在实践中体验设计的乐趣。

设置一个小挑战："在规定时间内，用提供的材料制作一把最独特的椅子。"鼓励学生发挥创意，完成任务。

（5）作品展评。

学生展示自己的作品，通过PPT或实物展示进行作品分享。

引导学生从造型、创意和实用性等方面对作品进行评价，学习他人的优点和经验。

教师对学生的作品给予指导和鼓励，帮助他们完善自己的设计。

（6）分析问题与解决问题。

在学生艺术实践中，我会观察他们在制作过程中遇到的问题，并及时给予指导和帮助。例如，有些学生可能会发现自己椅子的结构不够稳定，这时我会引导他们思考如何通过改变材料或结构来解决这个问题。同时我也会让他们相互分享自己的问题和解决方案，以促进学生之间的相互学习和交流。

（7）课堂小结。

总结本节课的知识点和学习要点，强调创新能力和解决问题的重要性。鼓励学生在日常生活中继续探索和创新，不断培养自己的审美能力、创新能力和解决问题的能力。

（三）课堂观察

认识抽象画（501班）

说起抽象画，就是与自然具体物象有极少或完全没有相近之处，由强烈的形式构成画面的绘画风格。泛指20世纪想脱离模仿自然的绘画风格，用抽象的符号表现"纯精神世界"。

对于非专业人士来说，想看懂抽象画是有一定困难的。对于小学五年级的学生来说，更是如此。我们该如何让孩子学会欣赏大师们的抽象画呢？

讲故事、举例子、打比方是我惯用的"伎俩"。先从画家的生平小故事，引出他为什么画抽象画，他想要告诉世人什么。或抽象画表达了他自己的什么心情。然后是大师是如何画抽象画的，画面上呈现出的点、线、面都代表了什么。颜色有什么含义吗？最后是我们如何去认识与理解抽象画。

501班的孩子们的想象力很好，他们在互动探究中的回答让我吃惊。有部分学生对美术知识、画家故事了解比较多，面对我的问题很有质疑精神、很有主见。这是最难得的。

我个人对抽象画的感悟：当绘画成为一种表达生命的方式的时候，绘画是目的。怎么样创造独特的、不同的、丰富的、有意味的、个性化的作品情绪，而不是一味地让作品宣泄自己的个人情绪，这是一切当代艺术家应该思考的问题。

学画抽象画（502班）

五年级上册第4课，课题："学画抽象画"。

一个学生举手后，说："老师，第1、2课，教我们画人像，要注意三庭五眼；第3、4课，又教我们认识、学画抽象画。我们在4节课内要学会标准画和抽象画，弟子做不到啊！"

我说："做得到，还用为师教吗？就是因为你们做不到，才得要为师教啊！"

课后一想，孩子们说的也不无道理啊。

由具象到抽象的过渡，让学生一下子难以适应，好在小学美术的重点不在于培养具体的技能，而在让学生学会辨别、了解和欣赏美的作品，初步感受抽象与具象在表现手法上的区别，还有绘画流派上的简单区分。

再讲学画抽象画（508班、509班）

让学生在教学中逐步明确和认识抽象画，并培养和提高他们的创新意识，对开阔学生的思维模式，培养学生的创新意识是十分重要的。但由于不少学生对于抽象画只有片面的认识，所以在实际教学中效果并不好。

通过比较2幅不同风格的美术作品，让学生感受抽象画的特别之处，让他们思考：画面同样表现的是音乐，画家为什么会采用这样（抽象）的形式来表现？以此来使学生逐渐明白抽象画也有丰富的表现力。接着，从抽象画的定义、内涵、价值等方面进行分析，并结合有关作品展开讨论。因为生活中的不少实例（如街头雕塑、日常生活中的一些装饰品等常见艺术品也会采用抽象的表现手法）学生也能欣赏。但在接下来的作业中（运用点、线、面及色彩表现自己的情绪），仍有不少学生对抽象绘画理解不够，有的丝毫没有章法，随意在作业本上乱画；也有的很刻板，照着书本的图例临摹，作品里完全没有自己的想法。

是什么原因导致这种情况发生呢？我观察后猜想可能的原因有下几点。

（1）思维定式。

一直接触非抽象绘画作品，久而久之思维固化。

（2）审美单一。

普遍认为写实绘画最美，不太了解审美是多元的、丰富的。

（3）引导不足。

教学中教师往往对学生感兴趣的内容很重视，对抽象画这类学生不太有兴趣的内容则不谈，

抽象画作品是不描绘、不表现现实世界的具体形象，纯粹由颜色、点、线、面、材料肌理等组合而成的视觉形式。但抽象艺术不受传统思想的束缚，其创新思维是所有艺术中最活跃的，因此，要从艺术中领悟创新精神，抽象艺术无疑是首选。当代抽象画也在不断变化和创新之中，无论是抽象画画家还是善于欣赏抽象画的人，思想行为都是比较超前的。

只有让学生理解掌握抽象画知识，明白抽象画作为一种艺术形式，是一种独特的表现手法，也是一种探索精神的体现。学生才会有感而发，真正走入抽象画的世界，才能学会自主地发现问题、解决问题。

四、新课标背景下的小学艺术跨学科教学

2022年，教育部发布了《义务教育课程方案和课程标准（2022年版）》（后简称新课标）。新课标的一大亮点就是提出了"跨学科主题学习"，新课标明确要求在义务教育阶段，学校要"设立跨学科主题学习活动""开展跨学科主题教学，强化课程协同育人功能"，并要求"原则上，各门课程用不少于10%的课时设计跨学科主题学习"。新课标的颁布实施，使跨学科教学正式成为义务教育阶段学校的常规教学活动。在新课标发布的背景下，实施跨学科教学已经成为义务教育阶段的学校和教师必须认真对待和解决的问题。

跨学科教学就是指超越单一学科界限，涉及两个或两个以上学科的知识传播活动。从深层次理解，它是将两个或两个以上学科或专业知识体系整合，以促进基本认识或解决单一学科或领域难以解决的问题。跨学科主题式教学，并不是各学科教师的"孤军作战"，也不是简单随意而为之的学科"一锅炖"，而是主融课"1"和被融课"X"的协同共建关系。主融课确保"学科立场"，担当主角，其他学科作为"配角"参与主题式学习活动，做到主融课与被融课的本末相顺、既"合"又"融"。

对于跨学科教学，尽管有的地方和学校已经开始实施了，并且取得了不错的成效，但是依然有很多学校和老师对这一新事物不甚了解，不知道如何开展。有的学校虽然开展了跨学科教学，但是教学内容却走了样，效果不尽如人意。下面，将以小学艺术跨学科教学中最常见的两种教学模式为例，具体阐释如何进行跨学科教学。

（一）基于主题的跨学科教学

都有一颗红亮的心

主题式教学模式是在课程单元、一个或多个课程中选定一个主题，以此开展相关的教学内容。主题式教学常常是跨领域的，强调各学科和日常生活中知识的关系。本课以"京剧"为主题，以二年级现代京剧赏析《都有一颗红亮的心》一课为例，探究京剧艺术、生活中的京剧元素、唱京剧、画脸谱等。为此，我将本课的教学立意设定为京剧是什么？京剧行当有哪些？这段京剧属于哪个行当？旦角演唱有什么特点？如今的京剧是怎样发展的？生活中有哪些京剧元素？

1. 教学目标

（1）课前通过小组合作的方式在网络上查阅关于"京剧"的相关知识，课中分享互学，了解京剧的历史、"四功"、表演形式和伴奏乐器。

（2）借助两张京剧剧照辨别传统京剧和现代京剧的区别。欣赏现代京剧代表作《都有一颗红亮的心》，通过影视片段了解这段京剧背后的故事，激发学生的爱国情感。

（3）让学生通过模仿感受京剧唱腔、身段、表演的魅力，并让他们在念一念、唱一唱、演一演中表演1—2句。

（4）走进大剧院，感受现代京剧的发展变化，寻找生活中的京剧元素，激发学生对中国传统文化的热爱之情，并用文字表达出来。

2. 教学过程

（1）京剧是什么？

小组活动：分享课前收集的关于"京剧"的知识。

（2）京剧行当有哪些？这段京剧属于哪个行当？旦角演唱有什么特点？

聆听京剧《都有一颗红亮的心》第一遍。

提问：你从音乐中感受到铁梅是一位怎样的革命战士？

聆听第二遍。

提问：这个唱段中唱到了哪三个角色？他们分别属于京剧的哪个行当？

聆听第三遍。

提问：今天我们欣赏的这首京剧的花旦的唱腔在音色上有什么特点呢？

学唱京剧：

模仿京剧演员吊嗓子，感受京剧演员演唱时发声的位置。

学唱念白：

用念白的方式念歌词，感受唱词中铁梅对"亲人"的情感。

带着对亲人崇敬、自豪的情感和对革命坚定的信念念唱词。

学唱第一句。

自学演唱第一句。

学生找出难唱的地方，老师进行有针对性地指导。

完整演唱第一句。

自编动作演唱第一句。

加入第一句念白和过门完整表演唱第一句。

学唱最后一句：

教师范唱，学生感受最后这一句传递的情感信息。

了解"拖长音"和"一字多音"的演唱方法。

哼唱最后一句。

学生表演亮相动作。

师生一起跟随音乐完整表演。

（3）如今的京剧是怎样发展的？

走进大剧院，欣赏现代创作京剧《母亲》。随着时代的发展，如今的京剧与高科技的声、光、电相结合，又发生了怎样的变化？给你带来了怎样的感受？写一篇观后感。

（4）生活中有哪些京剧元素？

给学生布置课后作业：第一，让学生观察生活中存在哪些含有京剧元素的物品、装饰、建筑，拍照发到班级教育云空间；第二，根据教师发的脸谱，自己查阅资料涂上正确的颜色。

3. 教学反思

京剧是我国的国粹，有着悠久的历史。但是随着现代社会的不断发展，京剧艺术离我们越来越远。学生们普遍反映京剧听不懂也不好听，他们更愿意欣赏流行音乐，唱流行歌曲。新课标中明确指出："义务教育艺术课程以立德树人为根本任务，培育和践行社会主义核心价值观，着力加强社会主义先进文化、革命文化、中华优秀传统文化的教育。"通过对中华优秀传统文化的学习，增强民族意识，坚定文化自信，培养爱国主义情操。

本节课借助跨学科主题学习，将历史、语文、社会，与音乐、美术、影视、舞蹈等姊妹艺术融合，通过学习京剧，让学生感受中华传统文化的独特魅力。这种教学方式拉近了学生与传统文化之间的距离，在学生心田埋下传统文化的种子，为中华传统文化的传承和发扬奠定了基础。

（二）基于问题的跨学科教学

认识西洋乐器

基于问题的教学模式又叫问题驱动教学法。这种教学模式以学生为主体，以问题为学习起点，以问题为核心规划学习内容，让学生围绕问题寻求解决方案。在这个过程中，教师扮演的角色是问题的提出者、课程的设计者以及结果的评估者。

1. 教材分析及设计思路

学生在整个小学阶段每学期的音乐课程中都会或多或少地学习1—2种西洋乐器，了解它的名称、外形、音色、演奏方式等，但知识较为零散。为此我将人民音乐出版社版本的小学六年级上册第三课与第五课知识与技能中的西洋乐器汇总、分类。目的是让学生了解常见的西洋乐器，从外形、音色、演奏方式、发音原理分别探究西洋乐器的特征，找出同一类别的乐器组有何共同特征。

本节课从知识点的角度而言较为简单，但是要弄清楚这些乐器分类的依据需要结合科学、信息技术等学科深入探究。为此，本课使用问题驱动教学法：课前，教师提出问题，学生自主收集、整理资料，完成互动检测试题；课中，学生集中反馈西洋乐器分类的依据和方法，并及时通过随堂检测和"擂台赛"检验学习效果。

2. 教学目标

依据课程标准并围绕培养学生核心素养的要求，我制订如下教学目标。

（1）理解世界音乐文化的多样性，加深对西洋乐器的认识，培养学生对音乐的学习兴趣。

（2）根据乐器的材质、构造、发音原理等对西洋乐器进行分类。

（3）从不同的音乐作品片段中听辨出主奏乐器和乐器组。

3. 教学过程

（1）提问：西洋乐器可以分为哪几类？每一类乐器有什么共同特点？

以小组为单位对课前收集的信息进行讨论和交流，最终完成小组学习任务单。在学生讨论的过程中，为了帮助学生更形象化的认识乐器，教师提供了 AR 乐器卡牌，借助信息化手段可以直接360°观察乐器的外形、结构、材质，聆听乐器演奏的音色，解决了传统课堂中不能把乐器带到教室的教学弊端。教师在整个环节是一个观察者、倾听者的角色，把课上更多的时间交给学生，让每一名学生都能参与课堂活动。

（2）小组汇报。

教师将每个小组的学习成果拍照上传，小组成员代表向其他小组分享学习成果。将乐器的材质、结构、音色、发音原理等一一列出，最后形成结论，展示该乐器组的共同特征。这样的学习方式既可以给学生提供一个展示自我的舞台，也可以在分享中互相学习，提高学习效率。随后，再通过互动课堂中的随堂练习进行巩固，检验这一阶段的学习效果。

（3）互动游戏："擂台赛"。

挑战者根据播放的音乐片段，听出乐曲的主奏乐器是什么，属于哪个乐器组？

"擂台赛"环节一共有三轮，利用互动课堂中的抢答、小组评分、随机选人等应用进行小组PK，让学生在游戏中获取知识，在竞争中培养学生的团队意识和集体荣誉感，激发他们的学习兴趣，让音乐课堂活而不闹。最后根据小组评分中的小红花数量确定擂主。

4. 教学反思

本节教学设计是在音乐学科的基础上结合科学、信息技术学科教学的一次尝试。通过问题链的设计，以小组活动讨论的形式完成整个教学。由于前期对各教学环节的逻辑联系、转承衔接考虑较为充分，所以整体实施情况较为顺利，帮助学生加深了对音乐学科基本知识结构的理解，提升了学生综合运用所学知识分析和解决实际问题的能力。

第四章

——文化理解的花开了

——小学艺术教学中的文化理解

理解学生，是理解教育的前提；理解文化，是理解艺术的前提。不深入地了解与理解学生，很难深入、踏实地做好教育事业。同样，不深入地理解文化背景，很难深入、全面地理解艺术作品。

列夫·托尔斯泰认为，艺术是生活的镜子。艺术作为人类文化的重要组成部分，具有独特的价值和意义。在小学艺术课堂中，教师应该注重培养学生的文化理解能力，让学生通过艺术学习更好地认识和传承中华民族及世界各地的优秀文化。只有这样，学生才能真正领略艺术的魅力，提升自己的审美素养和文化修养。

一、绘画与视觉艺术课程

从绘画与视觉艺术课程方向引导小学生进行文化理解，是一种有效的方式。绘画作为一种世界性的艺术形式，是文化的重要载体。通过绘画与视觉艺术课程，我们可以窥见不同文化的价值观、审美观和世界观。

（一）中外绘画与视觉艺术的对比与联系

1. 选择具有文化特色的作品

教师可以选取一些具有代表性的绘画作品，这些作品反映了不同文化的特色和价值观。让学生欣赏这些作品，引导他们思考作品背后的文化内涵。例如，可以选取中国传统的水墨画、西方的油画等，让学生了解不同文化背景下的艺术表达方式。

2. 比较不同文化的绘画特点

教师可以组织一些相关的教学活动，让学生对比不同文化背景下绘画的特点和风格。通过比较，学生可以更深入地理解不同文化下人们的审美观念和艺术追求的差异。例如，可以比较中国画和西方油画的构图、色彩、线条等方面的差异，让学生了解不同文化的独特之处。

3. 探索绘画中的象征意义

许多绘画作品都具有深刻的象征意义，反映了作者的文化背景和思想观念。教师可以引导学生探索作品中的象征意义，理解作品表达的文化内涵。例如，在欣赏一些具有象征意义的画作时，教师可以引导学生思考作品中的符号、图案等代表的意义，以及它们在相关文化背景下的含义。

4. 结合其他文化元素

教师可以将绘画与视觉艺术课程与其他文化元素相结合，如文学、历史、音乐等。通过与其他文化元素的结合，学生可以更全面地理解绘画作品所反映的文化内涵。例如，在欣赏一幅音乐题材的画作时，教师可以结合音乐元素，让学生了解音乐在文化中的作用和意义。

5. 强调文化背景的介绍

教师在教学过程中可以适当地介绍作品的文化背景，包括历史、地理、社会等方面。通过了解作品的文化背景，学生可以更好地理解作品所表达的文化内涵和价值观。例如，在欣赏一幅表现传统节日的画作时，教师可以介绍该传统节日的起源、发展以及在当地文化中的地位等。

6. 鼓励学生参与创作

教师可以通过组织绘画创作活动，鼓励学生积极参与创作。通过创作，学生可以更深入地体验不同文化的艺术表达方式，培养自己的审美能力和创造力。例如，教师可以引导学生创作一些表现自己家乡特色的画作，让他们在创作中融入自己的文化背景和情感体验。

7. 组织文化交流活动

教师还可以组织一些文化交流活动，让学生与有其他文化背景的学生进行交流和分享。通过与其他学生的交流，学生可以了解不同的文化观念和审美标准、拓宽自己的文化视野。例如，教师可以组织一些绘画展览或艺术节活动，邀请来自不同文化背景的学生参与展示和交流。

通过以上方法，从绘画与视觉艺术课程方向引导小学生进行文化理解，可以帮助他们更好地了解不同文化的特点和价值观，培养自己的审美情趣和文化素养。同时，也有助于提高学生的跨文化交流能力，帮助他们更好地理解中外文化。

（二）中国优秀传统文化的理解与文化自信

小学美术课堂，在学习绘画的同时，培养小学生对中国优秀传统文化的热爱与文化自信，可以通过以下方式进行。

1. 选择具有中国特色的绘画主题

教师可以选取一些具有中国特色的绘画主题，如中国的风景、民俗、传统节日等，让学生通过绘画表现这些主题，从而深入了解中国的传统文化。

2. 结合中国历史和优秀的传统文化

在绘画教学中，教师可以结合中国的历史和传统文化，让学生了解中国文化的传承和发展。例如，在画中国古代建筑时，可以介绍建筑的风格和特点，以及它所代表的文化意义。

3. 鼓励学生在绘画作品中表达内在情感

教师可以引导学生将情感融入自己的绘画作品中，让他们在绘画的过程中体验和表达对祖国的热爱和对中国文化的崇敬。例如，在画一幅表现中国传统节日的画时，可以鼓励学生表达自己对节日的情感和理解。

4. 组织中国文化考察活动

教师可以组织一些文化考察活动，让学生实地参观中国的历史古迹、博物馆、艺术馆等，通过亲身体验来感受中国文化的魅力。例如，可以参观中国的传统工艺品制作工坊，了解工艺品的制作过程和代表的文化意义。

5. 利用多媒体教学资源

教师可以利用多媒体教学资源，如电影、纪录片、图片等，向学生展示中国丰富多样的传统文化。通过观看这些资源，学生可以更直观地了解中国的历史和文化。

6. 开展中国传统文化主题的创作活动

教师可以通过组织与中国传统文化相关的创作活动，如剪纸、书法、国画等，让学生亲身体验中国传统文化的独特魅力。通过这样的创作活动，学生可以更深入地了解中国文化的内涵和价值。

7. 正确理解中国传统艺术

中国传统艺术如书法、国画、戏曲等是中国传统文化的重要组成部分。教师可以在绘画教学中穿插这些传统艺术的教学，让学生了解这些艺术的特色和美感，从而增强学生对中国传统文化的认同感和自豪感。

8. 传承与发扬中国文化

教师需要教育学生尊重和传承中国传统文化，让他们认识到中国传统文化的重要性和独特性。同时，也要鼓励学生在继承传统文化的基础上进行创新，发扬中国传统文化。

通过以上方式，在学习绘画的同时培养小学生对中国传统文化的热爱，可以帮助他们更好地了解和认同自己的文化根源，增强他们的文化自信心和民族自豪感。同时，也有助于提高学生的艺术素养和文化修养，促进他们的全面发展。

（三）观察简例

中国传统佳节——春节

1. 教学目标

（1）让学生了解春节的历史和文化背景。

（2）学会用绘画的方式表现春节的氛围和特点。

（3）培养学生对中国传统文化的热爱和自豪感。

2. 教学步骤

（1）引入话题。

通过提问和讨论的方式，引导学生分享自己过春节的体验和习俗，激发他们的兴趣。

（2）讲解春节的背景。

简要介绍春节的起源、历史和发展，强调春节在中国传统文化中的重要地位。

（3）展示春节的传统元素。

展示一些与春节相关的传统元素，如春联、鞭炮、灯笼、年画等，让学生了解这些元素所代表的意义和用途。

（4）绘画示范。

教师进行绘画示范，展示如何用画笔表现春节的氛围和特点。重点强调线条的流畅、色彩的搭配以及构图的和谐。

（5）学生创作。

学生开始创作自己的春节主题画作。鼓励他们发挥想象力，结合自己的体验和感受，创作出具有个人特色的作品。

（6）作品展示与评价。

学生完成作品后，进行展示和互评。教师对学生的作品进行点评，肯定他们的创意和努力，同时给出改进的建议。

（7）拓展升华。

在课程结束时，引导学生思考春节对中国传统文化的意义，以及如何在日常生活中传承和发扬中国传统文化。

3. 教学反思

通过本次观察简例，学生们不仅学习与了解了中国春节的相关知识，还通过绘画的方式表达了自己对春节的理解和感受。在创作过程中，学生们展现出了丰富的想象力和创造力，创作出了许多有趣、生动的作品。同时，通过情感升华的环节，学生们更加深刻地认识到了春节在中国传统文化中的重要地位，增强了他们对中国传统文化的热爱、文化自信和自豪感。

（四）课堂观察

不同的学生

有人认为，教师每天都在做着重复的事。我觉得这样的看法是很片面的，一是不理解教育，二是不理解学生。因为每名学生每天的情绪与反应都是不同的，教师要及时调整自己的教学方式与沟通策略，这样师生之间才能相互理解、相互尊重和成长。

五年级有9个班，如果备好一节课后，只是把教学内容重复上9遍，那么教育就失去了意义，因为学生是不同的。从第二遍开始，我就会发现上一次教学的节奏把握、语言的准确度、环节的跟进，都不太让人满意。我总想着如何将同一节课，在不同的班级表现出不同的感觉。

孩子们在实际中帮到了我。个体的差异性，加上班级的差异性，让我虽在不同班级里教授同样的教学内容，但接收了孩子们不同的反应和反馈。他们天马行空的想象、思维，还有不着边际的回答，都能让人认识到当下孩子们对社会、艺术的看法，虽稚嫩，但不可忽略。在孩子们的回答和反问中，我们可以发现他们已经学到了哪些知识。

当然，每个班都有一两个"什么都不会"的孩子，也什么都不准备，一心只想当"观众"。

老师说："这位同学，你会画小星星吗？"

学生1回答："不会啊！"

老师说："那我教你好了！"

学生1回答："好啊！"

老师说："这位同学，你的桌子怎么这么干净啊？"

学生2回答："我今天没带绘画工具。我不会画。"

老师说："那你会什么呢？"

学生2回答："我会说话！"

老师说："好吧，那你今天帮我评价学生作业。看看这些作业好，还是不好，好在哪里？不好又在哪里？你的建议是什么？"

"好啊！"他很开心地答应了，也在后面的评价环节中说得头头是道。

魏书生老师说，让每个孩子都有事做，并让他做能胜任的事，相信他就会改变。

理解学生，是理解教育的第一步。只有真心地理解、喜欢学生和热爱教育事业的人，才会发现教师的工作内容不仅每天不能重复，而且每时每刻都不能重复，因为学生的反应每时每刻都在变化，教师的教学方式方法以及观察思考都应随之变化。教师要及时发现学生的变化和不同，同时还要思索用不同的方法激励或启发学生变得和昨天不一样，这也许是一名教师真正应该思考和付诸实践的。如果教师经常用"不变应万变"的方式对待学生，就会逐渐拉开与学生的心理距离，慢慢地，只能看到表象，走不进学生的内心。

我可爱的508班

学校安排我担任508班的辅导员（副班主任）。

班上的孩子很活泼，有几个一不小心就会闹腾起来，下课就更不必说了，七八个孩子像"打了鸡血"一样，很兴奋。他们每天都开心得不得了，无忧无虑。

我教的是美术，比较喜欢安静的环境，画画时环境太嘈杂是不行的。这显然有悖孩子们活泼好动的天性。

我一直在想：如何引导这个班的孩子好好学画？

叶圣陶先生说，想要学生好学，教师先得好学，只有学而不厌的教师才能教出学而不厌的学生。

孔子也说：知之者不如好之者，好之者不好乐之者。

通过一段时间的观察与谈心，并向全班同学发放调查问卷，我归纳总结出他们在美术方面的喜好，再结合教材，让每节课的内容都贴合学生的所需所想。我还请学生和我一起绘画、一起讲解，一同探讨下一单元的教学内容与走向，充分地调动了学生参与艺术学习的热情。

只有走进了学生的心灵，才能真正地了解、理解学生的所思所想，多站在学生的立场和角度思考这一节课或这一单元如何上，才能让学生自觉、自主地接受艺术的熏陶，并形成独特的艺术素养。

二、手工制作与陶艺课程

苏霍姆林斯基说："儿童的智慧在他的手指尖上。"小学生手工制作与陶艺课程对孩子理解文化具有深远的意义。这些课程为学生提供了一个独特的平台，让他们通过亲身实践了解和体验各种文化的独特魅力。

（一）手工制作课程中的文化理解

传承与弘扬民族文化：通过手工制作，学生可以接触到各种传统文化，如剪纸、泥塑、刺绣等。这些传统工艺品蕴含着丰富的文化，反映了中华民族的历史与智慧。学生在制作过程中，能够感受到传统文化的独特魅力，从而增强他们的民族自豪感和文化自信。

培养审美意识与创新思维：手工制作课程不仅要求学生掌握基本的制作技巧，还鼓励他们发挥创意，进行个性化的创作。在制作过程中，学生需要观察、思考与探索，发现美、感受美并创造美。这有助于培养学生的审美意识和创新思维，提高他们的艺术修养。

增强动手能力与合作意识：手工制作课程强调学生的实践操作，要求学生亲自动手完成作品，这有助于培养学生的动手能力和解决问题的能力。同时，小组合作完成作品还能够培养学生的合作意识和团队精神，促进彼此之间的交流与成长。

理解多元文化与包容心态：在全球化背景下，小学手工制作课程也应当注重培养学生的跨文化理解能力。通过引入不同地域、民族的文化元素，让学生了解文化的多样性和差异性，这有助于培养学生的跨文化交流能力，树立多元文化价值观和包容的心态。

激发探索兴趣与科学精神：手工制作课程可以与科学知识相结合，鼓励学生运用所学知识解决制作过程中遇到的问题。例如，在制作纸飞机时，学生可以探索纸张的材质、飞机的结构与飞行原理之间的关系。这种跨学科的学习方式能够激发学生的学习兴趣和科学探索精神，促进他们全面发展。

综上所述，小学手工制作课程是培养学生理解文化的重要途径。通过手工制作，学生能够深入了解中华民族的传统文化，培养审美意识与创新思维，增强动手能力与合作意识，理解多元文化与树立包容的心态，激发探索兴趣与培养科学精神。因此，教师应当重视手工制作课程的文化教育功能，充分挖掘其中的教育价值，为学生提供丰富的学习体验。

（二）小学陶艺课程中的文化理解

1. 小学陶艺课程中文化理解的重要性

（1）传承中国工匠精神。

陶艺作为中国古老的手工艺之一，蕴含着丰富的文化内涵。在陶艺课程中，学生通过亲身体验，了解陶艺制作的全过程，从选材、揉泥、拉坯、修坯到烧制，每一步都凝聚着匠人的心血和智慧。这种体验有助于学生深刻地理解工匠精神的内涵，即追求卓越的品质、精益求精的态度和持之以恒的毅力。

（2）感受传统文化的魅力。

陶艺是中国传统文化的载体之一，具有深厚的历史底蕴。在陶艺课程中，学生可以接触到中国传统的陶艺作品，了解其历史背景、文化内涵和艺术特点。通过欣赏和制作传统陶艺作品，学生能够感受到中国传统文化的独特魅力，增强民族自豪感和文化自信。

（3）培养创造力与审美情趣。

陶艺是一门需要创造力和审美情趣的艺术。在陶艺课程中，学生通过自由创作，发挥想象力，尝试不同的造型、色彩和纹理。这种创作过程有助于培养学生的创造力和审美情趣，提高他们的艺术鉴赏能力。

（4）体验合作与分享的快乐。

陶艺课程通常采用小组合作的形式，学生之间互相学习、交流和帮助。这种学习氛围有助于培养学生的合作意识和团队精神，让他们在共同成长中体验分享的快乐。同时，学生可以将自己的作品赠送给亲朋好友，分享创作的成果和喜悦。

（5）探索材质与工艺的结合。

陶艺制作需要充分了解和掌握材料的特性和工艺技巧。在陶艺课程中，学生通过实践操作，探索不同材质的特点和加工方法，了解陶土的可塑性、窑温对作品的影响等。这种探索有助于培养学生的科学精神和实践能力。

综上所述，小学陶艺课程是培养学生理解传统文化的重要途径。通过学习陶艺，学生能够深刻领悟中国工匠精神的内涵，感受传统文化的魅力，培养创造力、审美情趣和科学精神，同时体验合作与分享的快乐。因此，教师应当注重陶艺课程的文化教育功能，充分挖掘其教育价值，为学生提供丰富的学习体验。

2. 在小学陶艺课程中，如何帮助学生进行文化理解

在小学陶艺课程中，教师可以通过以下几种方式帮助学生进行文化理解。

（1）介绍陶艺的历史与文化背景。

在开始陶艺课程之前，教师可以向学生介绍陶艺的历史渊源、发展历程以及在中国文化中的地位。通过讲述不同时期、不同地区的陶艺特点和文化背景，帮助学生理解陶艺作为文化传承的重要性。

（2）展示传统与现代陶艺作品。

教师可以收集一些传统与现代的陶艺作品，向学生展示并讲解这些

作品的特点、风格和艺术价值。通过观察和欣赏不同类型的陶艺作品，引导学生感受其中的文化内涵，提高他们的审美能力和艺术鉴赏力。

（3）实践体验陶艺制作过程。

让学生亲自动手制作陶艺是帮助他们加深文化理解的有效方式。教师可以指导学生揉泥、拉坯、修坯和烧制等，让他们在实际操作中感受工匠精神的内涵，理解陶艺制作技艺的独特之处。

（4）结合其他学科进行跨学科学习。

陶艺课程可以与其他学科如历史、地理、科学等相结合。例如，在陶艺制作中，可以引入不同地区的陶土特性和文化特点等知识；在探索窑温对作品的影响时，可以结合物理学的知识。这种跨学科的学习方式能够帮助学生更全面地理解陶艺的文化内涵。

（5）引导学生进行文化反思与表达。

教师可以鼓励学生对所学的陶艺知识进行反思和总结，让他们表达对陶艺及其文化的理解和感悟。通过写日记、制作小报或进行口头汇报等方式，培养学生的思考能力和表达能力。

（6）组织陶艺相关的文化活动。

为了增强学生对陶艺文化的兴趣和参与度，教师可以组织一些相关的文化活动，如陶艺比赛、文化展览或交流活动等。这些活动可以让学生更加深入地了解陶艺文化，拓宽他们的视野。

（7）利用多媒体资源与技术进行教学。

教师可以利用多媒体资源如图片、视频、数字博物馆等，向学生展示更多关于陶艺的信息和文化背景。通过观看纪录片、教学视频或在线展览等，帮助学生更直观地了解陶艺文化的多样性和丰富性。

综上所述，教师在小学陶艺课程中可以通过多种方式帮助学生进行文化理解，如介绍历史背景、展示传统与现代的作品、实践体验制作过程、结合其他学科学习、引导学生反思表达、组织相关活动以及利用多媒体资源进行教学等。这些方法有助于培养学生的文化意识、审美能力和创造力，促进他们全面发展。

（三）观察简例

民间剪纸窗花

1. 教学目标

（1）让学生掌握剪纸窗花的基本技巧。

（2）培养学生的动手能力和创新思维。

（3）增进学生对中国民间剪纸文化的了解和热爱。

2. 教学准备

（1）剪纸窗花所需的材料：红色纸张、剪刀、铅笔、橡皮等。

（2）一些中国民间剪纸作品的图片和资料，特别是有关窗花特点和风格的资料。

3. 教学步骤

（1）导入主题。

通过展示各种剪纸窗花的图片，引起学生的兴趣，并询问他们是否知道窗花的制作材料和技巧。教师可以讲述一个关于窗花的小故事，如窗花起源于古代的"镂空艺术"，人们在春节期间贴窗花，寓意着吉祥如意、驱邪避灾。

（2）基础讲解。

介绍剪纸窗花的历史背景和特点，可以从以下几个方面展开讲解。

剪纸窗花的起源和发展：讲述窗花如何从古代的"镂空艺术"演变而来，成为民间喜爱的艺术形式。

剪纸窗花的材料和工具：介绍红色纸张和剪刀是剪纸窗花的主要材料和工具，以及它们在剪纸中的特殊意义。

剪纸窗花的主题和寓意：讲解常见的窗花图案如莲花、牡丹、鱼等所代表的吉祥意义，以及窗花在节日或喜庆场合中的寓意。

介绍剪纸窗花的历史、种类和特点，特别强调中国民间剪纸文化的独特魅力和艺术价值。同时，介绍剪纸的基本技巧，例如，如何折叠纸张、如何安全正确地使用剪刀等。

（3）艺术实践。

将学生分成小组，每组发放红色纸张和其他材料。指导他们按照以下步骤制作窗花。

① 将纸张折叠成适当的形状，如三角形、正方形等，以便剪出不同的图案。

② 用铅笔在纸张上画出想要的图案，或提供一些简单的窗花图案供学生选择、参考。

③ 用剪刀沿着图案的边缘仔细剪，确保线条流畅。

④ 展开纸张，欣赏完成的窗花作品。

（4）创意发挥。

鼓励学生们根据自己的想象和创意，在窗花上添加独特的装饰或图案，如绘制自己喜欢的动物、植物或符号等。同时，也可以引导学生们尝试不同的折叠和剪纸技巧，创作出更加复杂的窗花作品。

（5）作品展评。

将学生们的窗花作品展示出来，让他们互相欣赏和学习。教师点评学生的作品，指出优点和需要改进的地方，并鼓励他们在家中多加练习。同时，也可以邀请家长或其他老师来参观、欣赏学生们的作品，给予他们更多的鼓励和支持。

（6）情感升华。

引导学生思考窗花在生活中的意义，并让他们谈谈自己制作窗花的感受。鼓励他们传承和发扬中国的民间剪纸文化，并尝试创作更多的剪纸作品。同时，也可以与其他文化元素相结合，如对比剪纸艺术与西方的拼贴艺术，让学生更加全面地了解不同文化的特点。

4. 教学反思

在本次教学中，学生们通过亲手制作窗花，不仅掌握了剪纸的基本技巧，还体验到了制作的乐趣和成就感。同时，通过了解中国民间剪纸文化，学生们更加热爱和尊重这一独特的艺术形式。在未来的教学中，可以进一步拓展剪纸的种类和技巧，让学生们更加深入地了解和掌握这一传统技艺。同时，也可以尝试与其他文化元素相结合，如将剪纸艺术与绘画、雕塑等不同的艺术形式结合，让学生们更加全面地了解艺术的多样性和互融性。

陶艺茶杯制作

1. 教学目标

（1）让学生掌握陶艺的基本制作技巧。

（2）培养学生的创新思维和动手能力。

（3）增进学生对中国传统陶艺文化的了解和热爱。

2. 教学准备

（1）准备陶艺制作所需的材料：黏土、茶杯模具、刮刀、抹布等。

（2）准备一些中国传统陶艺作品的图片和资料。

3. 教学步骤

（1）引入话题。

通过展示各种茶杯的图片，引起学生的兴趣，并询问他们是否喜欢喝茶，以及他们所知道的茶杯种类。

（2）基础知识讲解。

介绍茶杯的历史、种类和特点，特别强调中国的传统茶文化和茶杯制作技艺。同时，介绍陶艺制作的基本技巧，如如何揉泥、如何使用模具等。

（3）实践操作。

将学生分成小组，每组发放黏土和茶杯模具。指导他们按照以下步骤制作茶杯。

① 将黏土揉成适当的大小，然后放入模具中。

② 用刮刀将黏土均匀地填满模具，并确保黏土间没有空隙。

③ 将模具放在平整的地方，轻轻压平黏土。

④ 等待一段时间，让黏土自然干燥或使用吹风机加速干燥。

（3）脱模，完成茶杯的制作。

（4）创意发挥。

鼓励学生根据自己的想象和创意，在茶杯上添加图案或装饰，如刻上自己喜欢的文字、绘制独特的图案等。

（5）作品展评。

将学生们的茶杯作品展示出来，让他们互相欣赏和学习。教师点评学生的作品，指出优点和需要改进的地方，并鼓励他们在家中多加练习。

（6）情感升华。

引导学生思考茶杯在生活中的意义，并让他们谈谈自己制作茶杯的感受，鼓励他们传承和发扬中国的传统陶艺文化。

4. 教学反思

在本次教学中，学生们通过亲手制作茶杯，不仅掌握了陶艺的基本技巧，还体验到了制作的乐趣和成就感。同时，通过了解茶文化和陶艺的历史，学生们更加热爱和尊重中国的传统文化。在未来的教学中，可以进一步拓展陶艺制作的种类和技巧，让学生们更加深入地了解和掌握这一传统技艺。同时，也可以尝试与其他文化元素相结合，如对比茶文化和咖啡文化，让学生更加全面地了解不同文化的特点。

（四）课堂观察

泥 玩 具

1. 观察目标

本次课堂观察的主要目标是评估教师在"泥玩具"一课中如何培养学生的文化理解素养。观察重点在于教师对泥玩具背后文化的挖掘、传授方式以及学生对泥玩具文化的理解和接受程度。

2. 观察概述

在本次课堂观察中，我重点关注了以下几个方面。

（1）教师对泥玩具文化的挖掘与呈现。

观察教师是否能够全面、深入地介绍泥玩具的文化背景、历史渊源和象征意义。

（2）文化传授方式。

评估教师采用何种方式传授泥玩具文化，如讲解、展示、小组讨论等，以及这些方式的有效性。

（3）学生的文化理解。

观察学生在学习过程中对泥玩具文化的理解程度，了解他们是否能够领悟泥玩具的文化内涵。

3. 观察详述

（1）导入环节。

教师向学生展示了一组精美的泥玩具，引起了学生的兴趣。教师通过简短的讲解，引导学生认识这些看似普通的泥玩具背后所蕴含的丰富的文化内涵。

（2）文化背景介绍。

教师详细介绍了泥玩具的历史渊源、制作工艺和象征意义。通过生动的故事和实例，使学生对泥玩具有了更深入的了解。同时，教师还引导学生思考泥玩具在当地文化中的地位和影响。

（3）互动交流。

教师组织学生进行小组讨论，探讨自己对泥玩具文化的理解和感受。学生在小组内积极交流，分享自己的看法。教师鼓励学生提问，并耐心解答他们的问题。

（4）实践环节。

在教师的指导下，学生动手制作泥玩具。教师在这一过程中强调在尊重传统的同时也可以发挥创新精神，引导学生结合现代审美和自己的创意进行创作。

（5）作品展示与评价。

学生完成作品后，教师组织作品展示活动。学生向全班展示自己的作品，并简述创作思路和作品所表达的文化内涵。教师点评了学生的作品，肯定他们的努力和创新，同时也提出了宝贵的改进意见。

（6）课堂小结。

教师在小结环节再次强调了泥玩具的文化价值，希望学生在今后的学习和生活中能够更加关注和珍惜传统文化，培养自己的文化自信心和认同感。

4. 深入探讨

在本次课堂观察中，学生的表现让我印象深刻。他们对泥玩具背后的文化有着浓厚的兴趣，并积极参与对泥玩具文化的探索与讨论。

（1）学生的好奇心与探索欲望。

在教师的引导下，学生们对泥玩具的历史、制作工艺和背后的故事产生了浓厚的兴趣。他们不仅提问，还主动参与小组讨论，与其他同学分享自己的见解。

（2）文化认同感的建立。

通过教师的讲解和自己的实践，学生们逐渐认识到泥玩具不仅仅是一种玩具，更是一种传统文化的载体。他们在制作泥玩具的过程中，对泥玩具所代表的文化意义有了更深入的理解，并逐渐建立起对传统文化的认同感。

（3）创新与传统的结合。

在实践环节，学生们不仅遵循传统的制作方法，还发挥自己的创造力，融入了独特的元素。这显示了他们在尊重传统的同时，也能够将传统与现代相结合，以创新的方式表达和传承传统文化。

（4）表达能力的提升。

在作品展示环节，学生们不仅展示了他们的作品，还通过讲述自己的创作思路和灵感来源，提高了自己的表达能力。他们能够用生动、富有情感的语言描述泥玩具的文化内涵，显示出他们已经深入理解和领悟了泥玩具的文化价值。

5. 总结与建议

学生在这一课中，通过多种方式深入地领悟了泥玩具的文化内涵。他们不仅了解了泥玩具的历史和制作工艺，更在实践中体验到了传统文化的魅力。这种领悟不仅是停留在表面知识上，而是深入到了情感和精神层面。

为了进一步提高学生的文化理解素养，建议教师在今后的教学中：

（1）继续挖掘文化内涵。

教师可以进一步深入研究泥玩具的文化背景，为学生提供更多关于其历史、传说和象征意义的信息。

（2）鼓励深度思考。

教师可以设计一些有启发性的问题，引导学生对泥玩具的文化内涵进行深度思考，如，"你从中体会到了哪些生活哲学?""这个玩具的象征意义对今天有何启示?"等等。

（3）结合实际生活。

教师可以引导学生将泥玩具文化与自己的生活实际相结合，鼓励他们在实际生活中运用所学的文化知识，培养他们的文化自信和实践能力。

（4）提供多元学习资源。

教师可以寻找一些与泥玩具相关的影视资料、历史文献或民间故事等多元化的学习资源，为学生提供更广阔的文化视野。

（5）加强跨学科融合。

教师可以将泥玩具文化与其他学科（如历史、文学、艺术等）融合，使学生在多学科的交叉学习中加深对泥玩具文化的理解。

通过这些策略的实施，相信学生的文化理解素养将被提升，为他们未来的全面发展奠定坚实的基础。

通过本次课堂观察，我认为教师在这一课中成功地培养了学生的文化理解素养。教师深入挖掘了泥玩具的文化内涵，并通过多种方式传授给学生，学生在学习过程中表现出了对泥玩具文化的浓厚兴趣和积极态度。教师在引导学生创作时也注重培养他们的创新精神和文化自信心。整个教学过程充分体现了对学生文化理解素养的重视和培养，为学生的全面发展奠定了坚实的基础。

三、器乐与戏曲课程

素质教育实施以来，为提高我校办学品质，实现全校师生人人都能演奏一种乐器，提高综合素养的目标，我校从2018年9月开始在全校开展口风琴、巴乌进课堂活动。经过全校师生几年来的共同努力，初步实现了阶段性目标，现将成果进行梳理和总结。

（一）器乐进课堂的意义

1. 采用多元评价，激发学生的学习兴趣

传统的音乐课堂主要是以唱歌为主，教师评价学生主要依据学生一首歌唱得好不好，课堂表现如何。这种单一的评价方式没有尊重学生的个体差异，不利于学生个性的发展。评价学生音乐素养的标准应该是多元的，包括音乐理论知识、演唱、演奏等方方面面。乐器进课堂能够让学生自主选择适合自己的音乐学习方式，增强自信心；能够让教师对学生有更深入的了解，给予合理的评价，从而激发学生对学习音乐的兴趣。

2. 提高核心素养，丰富课余生活

器乐教学相对于唱歌教学来说难度明显加大。我们在小学音乐课中会根据学生学情特点选择适合不同阶段学生学习的乐器，例如，低年级的学生吹奏口风琴，中高年级的学生吹奏巴乌。用这些乐器演奏有共同的特点，即不仅需要学生手、眼、耳相互配合完成，还需要利用课余时间不断练习巩固才能看到成效。在学习的过程中，学生的专注力、毅力、音乐素养、协调能力、自信心等都会得到不同程度的提高。学生根据上课学习的演奏方法，可以在课后进行自主拓展学习，演奏自己感兴

趣的乐曲，在不断地探索学习中提高音乐核心素养。

3. 打造校园文化，形成艺术品牌

在长期不断的探索实践中，我校逐渐形成了独具特色的"一体两艺"办学特色，其中"一艺"指的就是器乐。要让每一个孩子都能演奏一种乐器，这是我校艺术教育追求的目标。为此，我校实地调研，选取巴乌作为主要学习乐器在全校3—6年级推广，选取口风琴在1—2年级推广，利用每周四大课间的时间进行集体演奏。在三年的实践与探索中初见成效，获得社会广泛好评，现已成为学校艺术品牌。

（二）器乐进课堂的路径

1. 第一阶段：组织动员

在全校发放《告家长书》，告知家长学校开展"器乐进课堂"活动的目的、要求，获得家长的支持和认可。各班根据实际情况有组织地购买乐器，并提前做好相关准备工作。

2. 第二阶段：活动实施

我校开展器乐进课堂不是只局限在音乐课堂，而是在所有课堂展开，这就要求教师们能够演奏乐器。所以我校在活动实施的过程中分两条路齐步走，一方面，所有的音乐教师提前快速学习巴乌的演奏方法和相应的曲目；另一方面，全校40岁以下的教师学习简单的巴乌演奏方法，包括演奏姿势、气息、音阶和初级曲目，能够达到辅导学生演奏巴乌的水平。

学生们利用每周的音乐课学习新知识，强化训练；利用每周二、周四的午休时间进行练习，任课教师进行辅导；利用每周四大课间的时间进行集体展示；每年全校还会组织开展器乐比赛，给学生们一个展示自我、表现自我、检验自我的舞台，激发他们的学习兴趣，增强他们的自信心。

3. 第三阶段：成果展示

器乐进课堂活动开展的第一年，我校就开展了首届班级器乐比赛，每个班级演奏两首曲目，一首是年级规定曲目，一首是班级自选曲目。

开展这个比赛的目的是给孩子们提供一个学习和展示的平台，增强他们学习器乐的兴趣。通过此次比赛，孩子们对巴乌、口风琴的学习兴趣更浓了，每天课间校园随处可见孩子们演奏的身影，听到悠扬的乐音。现在，巴乌、口风琴已经成为孩子们展示自己艺术特长的方式，在每年的班级元旦晚会、庆"六一"等活动中，巴乌、口风琴演奏已经成为经典节目。孩子们能在舞台中找到自信，找到学习音乐的快乐，这才是开展器乐进课堂的真正意义。

（三）器乐进课堂的困境和对策

在小学的音乐课程设置中是没有独立的器乐课的。很多学校引进"器乐进课堂"项目在刚开始时如火如荼，后来就逐渐悄无声息了。造成这种现象的原因主要在以下几点。

1. 音乐课教学内容与器乐教学内容分配不合理，需要重新制订教学计划

为了不打乱正常的教学秩序，学校在引进"器乐进课堂"项目后，在原来每周两节音乐课的基础上，将其中一节音乐课作为器乐课，将以往一个学期的教学内容压缩至半个学期学完，增加了学生学习的负担。这样的学习节奏打乱了学生学习的规律，教师上课往往是赶教学进度，缺乏针对性的指导，学生学习不够扎实。根据这种情况，教师要重新制订教学计划，每一节课有侧重点，两手都抓反而适得其反。例如，一年级学生学唱的歌曲都很简单，他们可以在唱熟歌曲的基础上再用口风琴在C调吹奏。在熟悉歌曲的基础上，不需要教师怎么教就能独自演奏，这种方式既巩固了音乐教学内容，也锻炼了学生的演奏能力。

2. 学生学习能力差异凸显，应该采取"手牵手"帮扶教学

器乐学习除了让学生在上课时能够基本演奏所学的乐器，更重要的是要学生在课后勤加练习、熟能生巧。在课余时间练习了的孩子学习器乐的进度明显高于没有练习的孩子。随着时间的推移，孩子演奏乐器的水平差异就逐渐凸显出来，水平高的孩子不用老师教自己就能演奏，水

平低的孩子在课堂上不能完整演奏，课下也没有练习，渐渐地就跟不上老师的上课进度了，最后失去学习的信心。

课堂上的时间是有限的，利用好课后时间提高演奏水平是非常重要的。教师采用"手牵手"的帮扶策略，让演奏水平高的孩子一对一辅导演奏水平低的孩子，在考核时只有当两个人都过关了才算过关。过关的帮扶小组利用每节音乐课前5分钟进行展示，这样做不仅激发了学生们学习的动力，增强了他们的自信心，而且在潜移默化中培养了学生们的团队合作意识和集体荣誉感。

3. 器乐使用、保管不规范，应该制定相应的班级制度

第一节器乐课时，音乐老师都会详细讲解乐器的构造、使用和保管方法，但是还是有很多学生不仔细使用和保管乐器，乐器没用多久就被损坏或遗失了。例如：低年级的学生喜欢揉搓、拉、甩口风琴的吹管，造成吹管的破裂和遗失，而且这样也不卫生；中高年级学生喜欢拿着巴乌追逐打闹或者自己拆卸巴乌，造成乐器吹嘴破碎、零部件损坏等问题。这些都会造成学生上课没有乐器用、父母多次购买后不再购买等情况的发生，从而影响学习进度。俗话说："无规矩不成方圆。"小学生活泼好动，自我管理能力较差，需要班级制定合理的乐器使用、保管制度，才能保证器乐进课堂活动持续开展。

（四）器乐进课堂的建议

1. 改变教学模式，提高学生学习兴趣

兴趣是最好的老师，是学习音乐的原动力，是音乐发展的前提和保障。当学生对器乐学习感兴趣时，就会产生好的学习效果。反之，当学生被动地、被强迫学习时，就会对器乐学习产生厌烦的心理。要想提高学生对器乐学习的兴趣，首先要改变现在枯燥的学习方式，变被动学习为主动学习，让学生在自主探究的学习氛围中学习。教师提供展示的舞台，学生有了自信心，学习的欲望就会增强。其次，教师应该采用多样化的教学方式，比如齐奏、合奏、重奏、自选曲目、学生互评、器乐音乐会、制作成

长MV等方式让学生主动参与课堂活动，在实践中找到学习器乐的乐趣。最后，给学生搭建艺术展示的舞台。著名小提琴演奏家帕尔曼曾说过："我们要多演出，演出得越多，收获就越多。"我们不仅要注重平时班级的"小舞台"，更要鼓励学生站上"大舞台"展示自己，还要定期组织正规的器乐艺术水平考级，检验学生们的学习成果，激发他们的学习动力。

2. 提高师生对器乐进课堂的认识

对教师而言，器乐进课堂不仅仅是音乐教师的工作，而是整个学校全体教师协同的工作。大部分教师会认为："器乐教学是音乐老师的事情，我们不会指导，也不需要会。"例如，学校为了更好地推进器乐进课堂的工作，把每周二、周四的午写时间改成了午吹时间，但是进班的老师大部分不是音乐老师，如果是自己班的主课老师就会让学生写作业或者讲习题。如果是非本班老师就会任由学生练习，班级秩序混乱、学生练习没有任何效果。这种情况会造成制度要求形同虚设，工作推进步履维艰。

对学生而言，他们对器乐进课堂活动的意义还没有清晰的认识，对新事物的兴趣会随着曲子难度的加大、课外练习任务的增多等逐渐消退。学校提供的免费学习器乐的平台也得不到家长和学生的认同和重视，家长对学生缺乏监督意识。

可见，提高师生对器乐进课堂活动的认识是至关重要的。学校要加大对全体教师，尤其是中青年教师的器乐培训力度，每学期进行一次考核。音乐教师要提高演奏技能和水平，在教研活动中研讨教学方法，开展组内器乐优质课比赛，在实践中发现不足，不断改善。还要对家长加大宣传器乐学习的力度，实现家校共育。

3. 编写校本教材，科学合理地实施教学

在几年的器乐进课堂实践中我发现，此项活动难以持续有效推进的一个重要原因是没有一本完整的校本教材。教师们都是根据自己的想法教学，除了全校规定演奏的集体曲目，同年级每个班级学习的内容都不一样，造成班级间学习进度快慢不一、学期检测评价标准不统一。

编写不同年级的器乐校本教材，能够让教师们合理制订教学计划，即使不是音乐教师也能根据教材授课，解决了音乐教师师资不足、学习内容不确定等问题，让器乐教学朝着一个良性可持续的方向稳步发展。

随着我校器乐进课堂工作的不断深化和改革，它将是一个利国利民的良心工程，有利于提高我校师生的综合素养，有利于打造独具特色的艺术品牌，有利于发挥音乐的社会功能。"路漫漫其修远兮，吾将上下而求索"，小学艺术教育是永无止境的。作为一名艺术教师，利用各种资源，把最优质的艺术教育带给学生，是我们义不容辞的责任。

（五）戏曲艺术课程

都有一颗红亮的心

《都有一颗红亮的心》选自人民音乐出版社版本《音乐》课本小学二年级下册第二单元。这段脍炙人口的戏曲运用京音字调，旋律比较新颖，突破了传统西皮流水的模式。整体节奏放慢，独具特色，具有新鲜感，显得活泼清新，尤其是唱腔中的节奏形式与唱词内在节奏规律相吻合，生动地刻画了人物的性格与内心的情感。

这节课的授课对象是小学二年级的学生。这个年龄段的学生好奇心强、活泼好动，善于模仿，以形象思维为主。如果教师仅枯燥地讲授戏曲知识和戏曲唱腔，这种授课方式肯定不符合授课对象的心理特点。因此，教师应该营造轻松、富有童趣的学习氛围，让学生在玩中体验，在玩中学习，使他们在亲身体验戏曲的同时进行有效的学习，保持对戏曲学习的欲望和兴趣，从而提高学习效率。

1. 设计理念

京剧是我国的国粹，有着悠久的历史。但是随着现代社会的不断发展，京剧艺术离我们越来越远。学生们认为京剧听不懂、不好听，他们更愿意欣赏流行音乐、唱流行歌曲。而新课标中明确指出："弘扬民族音乐，理解音乐文化多样性。"通过学习传统戏曲，让学生热爱祖国的音乐文化，增强民族意识，培养学生的爱国主义情操。怎样让学生在轻松、有趣的课堂氛围中，学习离学生生活较远的京剧，是我在设计这节课之前一直思考的问题。综上所述，在整个教学过程中，我从情景渲染—感受京剧—学唱京剧—表演京剧入手，层层递进，拉近学生与京剧之间的距离。

2. 案例描述与反馈

（1）教学片段一——情景渲染、问题导入。

（教师身着角色服装走圆场、念白出场）

教师说："同学们，杨老师今天的上课方式有什么不同？"

学生齐说："念白、服装。"

教师说："你们能模仿老师问好吗？"

学生齐说："能。"

教师说："同学们好！"

学生齐说："老师好！"

教师说："你们看老师今天的装扮和你们生活中的穿着打扮一样吗？"

学生齐说："不一样。"

教师说："杨老师今天的打扮是模仿京剧《红灯记》中革命英雄李铁梅的形象。"

教学反馈：

京剧与学生日常生活中出现的事物差距较大，学生大多会感到陌生，学习起来也比较困难。所以在开课导入环节抓住学生的兴趣是至关重要的。教师打扮成唱段中的角色，通过用京剧走圆场、念白的方式入场问好，与平时课堂的呈现方式完全不一样，激发了学生的学习兴趣，为后面的知识学习做好铺垫。

（2）教学片段二——感受京剧。

教师说："你们对京剧了解吗？"

有的学生不了解，有的学生了解（了解的学生就分享京剧知识，不了解的学生就利用教师提供的知识锦囊，学习京剧知识）。

教师说："京剧的行当除了你刚才介绍的以外，还有哪些讲究呢？下面让我们通过一段微课视频深入了解京剧的四大行当。"

（观看微课视频）

教师说："你们明白了吗？京剧分为传统京剧和现代京剧。它们在念白、唱腔、服装、化妆等方面都有一定区别。简单说，像这样化着浓妆、穿着古代服装的是传统京剧，而像这样化着接近于现实生活的淡妆，没有脸谱，穿着现代服装的是现代京剧。所以杨老师今天扮演的铁梅是属于传统京剧还是现代京剧呢？"

学生齐说："现代京剧。"

教师说："现代京剧中最具有代表性的就是《红灯记》了，讲的是共产党员李玉和一家进行党的地下工作的故事。李玉和接受了党组织向红军转送密电码的任务，由于叛徒的出卖导致他被捕，李玉和在敌人的酒宴上、刑场上，坚贞不屈，最后英勇牺牲。铁梅继承了父亲、奶奶的遗志，在群众的帮助下，机智地摆脱了敌人的追捕，把密电码送到红军手中，成功地完成了党交给她们家的任务。"

教学反馈：

这一部分是对京剧知识的学习。如果完全由教师讲解枯燥的京剧知识，对于低年龄段的学生而言太乏味，容易分散学生的注意力。为此，教师利用知识锦囊、微课、图片对比分析、电影配音和教师讲授等多种学习方式，根据不同的学情调整学习内容。在生生、师生互帮互助下学习，了解本课的故事背景，为学生后面理解唱词蕴含的深意做铺垫。

（3）教学片段三——学唱京剧。

教师说："在这部京剧中有一段铁梅的经典唱段《都有一颗红亮的心》，请大家边听边思考，你从音乐中感受到铁梅是一位怎样的革命战士？"

学生1说："勇敢、善良、机智、人小志大、天真淳朴。"

教师说："这段唱段中唱到了爹爹、奶奶和铁梅三个角色，请利用前面学习的京剧行当的知识，说一说他们分别属于哪个行当？"

学生2说："爹爹属于老生，奶奶属于老旦，铁梅属于花旦。"

教师说："今天我们欣赏的这首花旦的唱腔在音色上有什么特点呢？"（播放音频）

学生齐说："声音很细、很亮。"

教师说："声音的位置比较高、靠前，我们一起模仿铁梅唱一唱。京剧演员一般在演唱之前都要吊嗓子。"（教师示范小猫叫，学生模仿，音量由小到大）

（教师示范唱"yi"，声音由弱渐强，板书波浪线接抛物线）

（学生模仿教师吊嗓子）

教师说："大家保持这个状态不变，我们一起念铁梅说的这一句'奶奶您听我说'。"

（学生学说念白）

教师说："刚才我们用高位置、比较靠前的声音念的这句，在京剧中称之为'念白'。谁能自信地念一次？谁能用念白的方式，念一下课题？"

（学生单独表演念白）

教师说："这段唱段中，铁梅对奶奶说了什么呢？"

（学生理解唱词大意）

教师说："铁梅为什么说'我家的表叔数不清'？表叔指的是谁呢？"

学生齐说："共产党员、红军。"

教师说："你们能用念白的方式把这段话念出来吗？"

（学生用念白的方式读一读唱词）

教师说："你们从唱词中感受到铁梅对'亲人'是怎样的情感？"

学生3说："敬仰、自豪。"

教师说："让我们带着对亲人的崇敬、自豪和对革命坚定的信念的情感读一读唱词。"

（学生用念白的方式有感情地念唱词，可自由带动作）

教师说："你们能唱一唱这段唱词中的第一句吗？"

（学生试着模仿唱）

教师说："你们觉得自己唱得怎么样？"

学生齐说："还行。"

教师说："老师告诉大家一个小窍门，你们会唱得更好。在这一句中特别注意这几个字的演唱。'家'请用拼读的方式唱，'表'有个小拐弯，'叔'加了一个波音，'数'也有一个小拐弯。拿出小手跟老师一起边唱边画。"（教师边讲解边范唱）

教师说："'大'和'事'之间在演唱时可以加入 a 过渡。'门'有一个小装饰音，体现小姑娘天真。"

教师说："我们现在一起完整地演唱这一句。"

（学生完整演唱第一句）

教师说："你们能试着边唱边带上动作吗？"

（学生表演唱）

教师说："我们试着把前面的念白加上这一句完整表演一遍好吗？注意在念白与唱词之间有一段过门。"

（学生表演活动，先集体表演，再请一名学生表演）

教师说："这段唱腔中的最后一句'他们和爹爹都一样，都有一颗红亮的心'，'红亮的心'传递出像铁梅爹爹这样的革命战士对建立新中国是有信心还是没有信心呢？"

学生齐说："有坚定的信心。"

教师说："这一句中'心'字拉长音，在京剧中叫'拖腔'。"（利用线段图示法指导演唱，学生用铿锵有力的声音完成演唱）

教师教唱最后"红亮的心"。

教学反馈：

京剧之所以不容易被传唱的原因之一就是唱腔比较复杂，有时一个字的拖腔就有好几拍，而且还不在同一个音上，光是把这一个字唱清楚就需要很长的时间。教师根据学生的心理特点，利用画图形谱的方式帮助学生看清楚每个转音的方向、次数，大大提高了课堂学习的效率，不至于教师教了前句，学生忘了后句。另外，京剧唱腔跟平时唱歌也有不同，为了让学生感受到京剧唱腔的特点，教师通过简单地学猫叫——"yi"——带入唱词，让学生层层深入体验、实践，掌握其中的奥秘。

（4）教学片段四——表演京剧。

教师说："现在杨老师完整地表演这段唱段，请大家从老师的动作中选一个最喜欢的亮相动作。"

教师说："你们喜欢老师甩辫子这个动作吗？先看老师示范。"

（女生起立跟老师一起做）

教师说："男生没有辫子怎么办？你们能不能自己编一个能表现英勇气概的亮相动作？"

（男生自由创作）

教师说："当老师说'亮相'的时候你们就做各自创编的动作。"

（学生活动）

教师说："你们想不想学老师入场的动作？"

（学生学习入场亮相动作、内圈女生、外圈男生走圆场亮相）

教师说："配上音乐大家一起来试一试。"

（再次表演）

教师说："现在我们一起完整表演这段，大家把会唱的部分跟着音乐一起唱。让我们也当一回戏曲名角。"

（跟音乐完整表演，带上动作和学习的唱腔）

教学反馈：

学生对戏曲身段的学习非常感兴趣，学习热情很高。先让学生模仿教师的动作后再自由创编自己喜欢的动作，体现了新课标中倡导的"强调音乐实践，鼓励音乐创造"，增强学生的创造意识和表现欲望。学生也从另外一个方面了解了京剧艺术的魅力，除了唱腔还有身段。

（5）教学片段五——畅谈收获、感想。

教师说："你们觉得学京剧有意思吗？哪里有意思呢？"

学生齐说："京剧的唱腔很有特点，喜欢京剧……"

教师说："你们还学会了什么？"

学生齐说："京剧的念白、亮相动作、第一句、拖腔。"

教师说："你们还从这个京剧故事中明白了什么道理？"

学生1说："现在的幸福生活是革命先烈用鲜血换来的。我们要牢记历史，缅怀先烈，现在好好学习，长大后做一个对国家有用的人。"

教师说："京剧是我国的国粹，希望你们能爱上京剧，把它传承下去。今天的京剧之旅结束了，让我们走着圆场有序走出教室。"

教学反馈：

这节课是学生进入小学以来的第一节与京剧有关的课程，对于部分孩子来说也可能是第一次接触京剧。学生通过本节课的学习，初步了解京剧的知识，体验京剧唱腔和身段。从这节课最后学生的反馈中可以明显感受到他们已经开始喜欢上京剧了。

3. 课后反思

一节课的成功与否，主要还是看本课的教学目标是否达到了，学生学到了什么。根据课后班主任、学生家长反馈，当天音乐课结束后，有些孩子在课间、家里一直在哼唱这段唱腔的旋律。孩子们能从这节课感受到京剧之美是我这节课最大的收获。但是没有一节课是完美无瑕的，课后我反思了本节课的教学内容，力求在今后的戏曲课堂中让教学质量有更大的提高。

（1）角色扮演成为本节课的亮点。

以往课堂教师就是教师，而这节课教师不再是教师，而是一个故事人物的真实再现。教师把自己装扮成铁梅的形象，通过第一人称的口吻讲述自己的故事，瞬间把学生带入故事情节中。学生跟着"铁梅"学习京剧知识、京剧唱腔和京剧身段，在感受中体验，在体验中热爱。

（2）利用多种形式体验京剧之美。

根据低年级学生活泼好动、有效注意力时间短的特征，教师要采用多种教学方法吸引学生，激发他们的学习欲望。这节课，教师在京剧知识讲授中利用小游戏"知识锦囊"让学生了解基本的戏曲知识；利用动画微课让学生深入学习京剧四大行当，为后面分析角色属于哪个行当做铺垫；利用多张图片对比分析传统京剧和现代京剧；利用画图形谱帮助学生学习唱腔；利用模仿、探究的方式让学生自主学习身段等等。最终的目的都是要提高学生学习京剧的兴趣。

这节课我试教了几个不同的班级，总体内容孩子们都很喜欢，对老师的一招一式、唱腔都看得仔细，听得认真。如果教师能够放手多让学生表演、活学活用就更好了。例如：教师可以多让几名学生带上动作唱一唱；用念白的方式念课题或其他的话；让女生也创编不同的动作亮相。真正做到把课堂还给学生，让学生做课堂的主人。

2016年，教育部开始加强传承和弘扬中华优秀传统文化教育，推进戏曲进校园工作。作为戏曲示范校，传承中国国粹艺术是我们义不容辞的使命与责任。怎样让戏曲的种子撒入学生心田，开发完整的小学戏曲课程体系是我们音乐教师亟待解决的问题。

传 承 之 光

1. 背景分析

为传承中华优秀传统文化，培养学生仁、义、礼、智、信的品质，2014年9月，我校正式开始推广中华优秀传统文化之戏曲（京剧）。起初是在学校社团活动中增设戏曲社团，由我校京剧爱好者吴老师担任社团指导老师，但随着戏曲进校园活动的逐步推进，以及戏曲艺术的专业性要求，我校开始探寻借助社会戏曲院校的专业师资力量，促进校园戏曲艺术创新发展之路。习近平总书记曾指出："中华优秀传统文化是中华民族的精神命脉。要努力从中华民族世世代代形成和积累的优秀传统文化中汲取营养和智慧，延续文化基因，萃取思想精华，展现精神魅力。要以时代精神激活中华优秀传统文化的生命力，推进中华优秀传统文化创造性转化和创新性发展。"创新是文化发展的不竭动力。为了让新时代的学生能喜爱我国的国粹京剧，除了在校园中营造良好的京剧学习氛围，我校还尝试把京剧艺术融入课本剧中，让学生亲身参与京剧艺术表演，体验京剧艺术的独特魅力。

2. 案例做法

（1）创编课本剧脚本。

我曾参与创编了原创课本剧《传承之光》。该剧讲述的是学校京剧社团的孩子们为了迎接"京剧小名角"专场演出，孩子们都在刻苦练习认真准备。演老生的小豆子遇到了困难想放弃时，京剧大师谭鑫培从少年时代起就学习京剧并且痴迷京剧的执着精神深深感染了他，并改变了他。他和小伙伴们也在老师的教导下，深知京剧这个有着两百多年历史的传统戏曲在我国艺术舞台上的分量，它传递着华夏儿女动人的情感，永远在中国乃至世界的艺术文化舞台上显现着它那独有的耀眼光辉。

创作者希望通过这个故事在孩子们心中埋下喜爱京剧的种子，让孩子们懂得京剧艺术是我国非常优秀的传统文化，唱好京剧并非一日之功，希望大家能够爱上京剧，并能将京剧艺术一代代传承下去。正如有一句台词所说："不练三冬两夏，哪能学会唱念做打，只要我们刻苦训练，就一定能把京剧发扬光大！"

（2）确定角色。

该剧目的角色有少年谭鑫培、学生小豆子、小桌子、大师兄、二师兄、三师弟、其他师兄弟若干。确定剧目演员人数之后，教师们从全校3—5年级各班中进行海选，初选40多人进入表演考核，最终确定19名最有表演天赋的学生参加该剧目的排演。

（3）师资配备。

一个优秀剧目的成功离不开好的剧本、好的演员，更离不开默默指导的教师们。我校专业音乐教师有11人，其中声乐方向4人、钢琴方向3人、理论方向2人、作曲方向1人、舞蹈方向1人。从师资配备上看，缺乏戏曲方向和舞台表演方向的专业教师，所以我校聘请了武汉市儿童艺术剧院专业表演老师和武汉京剧院专业演唱老生的京剧演员到校指导排练。表演老师负责所有演员的台词、动作、走位和表演，京剧演员负责几个角色的唱腔、身段。另外，学校还专门指派了5位音乐教师全程参与，跟着学生一起学习，课上协助专业老师教学，课后带着学生进行常规训练。

采用这种"1+1"的合作教学模式，一是弥补学校师资方面的不足，借助专业团体力量不断学习，提升音乐教师的综合素养；二是在实践中锻炼，让每一位教师都能成为学校艺术工作的多面手，为我校京剧艺术的传承奠定基础。

（4）训练内容。

本次课本剧是以孩子们学习京剧为主线，以京剧大师谭鑫培为代表，所以训练的内容包括谭鑫培大师代表作《定军山》唱段节选、京剧"四功"的训练、戏剧表演等。为了更好地体现艺术的审美性、创新性和表演性，我们在京剧训练的基础上还融入了戏剧表演的艺术特征，通过舞台行动过程创造人物形象。同时，训练时也注重台词训练、体会角色的内心活动，以及戏剧矛盾冲突中的情绪变化，让学生们做到以身置情，以情带演。

3. 案例成效

世上无难事，只怕有心人。在学校的支持和编创人员的共同努力下，我校原创课本剧《传承之光》在2020—2021学年度硕果累累。

（1）参加2021年武汉市第十三届艺术节戏剧类比赛获得一等奖。

（2）在2020年武汉市青少年校园课本剧艺术节"我们都是戏剧（戏曲）大师"获得第一名和"网络人气奖"。

（3）受邀参加武汉广播电视台"2020年武汉市青少年校园课本剧艺术节"颁奖礼演出。

（4）参加2021年东湖高新区"六一"庆祝活动专场演出获得好评。

4. 问题探究

课本剧《传承之光》从最开始编创到现在，经历过各种大大小小的演出、比赛，现在已经成长为一个很成熟的精品剧目。根据不同比赛和演出的要求，此剧经历了多次的修改、排练，孩子们对不同版本的表演方式都能应对自如、游刃有余。可见在这段时间，孩子们在戏剧戏曲表演上取得了质的飞跃。但这出课本剧成功的背后也有许多的困难和挑战。

挑战一：家长不支持。

相信很多艺术教师都有这样的体验，利用学生上课时间进行排练，在刚开始的时候家长们还比较支持，认为孩子在小学参加各种艺术活动是非常有意义的。但时间长了，部分家长的态度明显发生转变，表明不希望自己的孩子参加这样的活动，要求退出。能够真正无条件支持孩子坚持参与艺术活动的家长真是凤毛麟角。

以这次的课本剧为例，大部分的家长要求孩子退出的原因是"我的孩子戏份少，也没有台词，作用不大，还是不参加这个活动了""因为排练造成孩子近期学习状态不稳定，后面的活动就不参加了""孩子马上要上六年级了，还是要以学习为主"……面对这些问题，我开始思考如何处理好学业与艺术活动之间的矛盾，达到双赢的目的。

解决措施：很多家长一旦决定就不会轻易改变想法，好在大部分家长都会提前跟老师沟通，先完成目前的表演任务，以大局为重。但之后的排演就需要换人，而每一次换人会导致其他孩子重复陪练，这样有可能导致更多家长反对。所以，在编排学校重要的艺术节目时，应该组建两个同等配置的表演团队同时学习，一段时间之后分出A、B两队。A队是表演效果最好的精英队，主要是参与重要的比赛和演出。B队是相对较弱的替补队，主要任务一是参与学校或社会性演出，当A队学生出现状况时，B队的学生可以很快地替补上。这种方式有两个好处，一是解决了临时有学生不能参加的突发状况，避免了老师找新学生重新排练，其他老队员陪练的现象；二是能够让更多的孩子参与艺术表演活动，给更多孩子展示自我的舞台。也许刚开始这个孩子不是最出色的，但通过艺术的感染，未来他也许能成长为艺术家。

挑战二：争取学校领导和老师的支持。

一个剧的诞生不能只靠主创人员的编排，还需要学校领导和教师的支持。在本次课本剧的编排中仅使用了传统保守的艺术表现方式，利用视频和灯光渲染舞台场景，以达到预期的效果。但在信息技术飞速发展的今天，利用信息技术手段能够让这种视觉效果更加逼真，让观众更有代入感。技术的提升需要排演经费的支持，但很多学校不可能在一个艺术作品中投入大量的财力，所以，学校投入的多少也在一定程度上决定了一个剧的品质。另外，表演学生班级的任课老师对学校艺术活动不够关注，他们更多地关注学生的学习成绩，当学生上课开小差、精神不佳、成绩下滑等现象出现时，教师就会第一时间跟家长沟通，引起家长的恐慌，导致出现家长不支持排练的情况。

解决措施：针对这样的状况，主创人员不要只顾埋头拉车，不管抬头看路。在排练的过程中多向领导汇报排演进展，邀请领导亲临排练现场观摩，传达上级比赛精神，分析各兄弟学校的备赛情况，最大限度地争取学校领导的支持。还要多与参演学生的班级任课老师沟通，及时在群里发布排练时间，让教师了解学生动向，关心学生的学习情况，当学生成绩有波动时争取任课老师的支持，课下给学生补课，解决家长的后顾之忧。

挑战三：专业师资力量匮乏。

目前，中小学音乐教师的构成主要是音乐教育和音乐表演专业的教师，他们在专业音乐院校学习的是唱歌、器乐、理论等音乐知识和技能，戏曲演唱、戏剧表演、剧本编创、编排能力有限。这样的师资配备会造成学生缺乏长期系统的、专业的训练，这个缺陷在这个剧目的排练中表现得淋漓尽致，学生们换一个剧目就可能什么也不会，不利于学生创新意识和自主学习能力的培养。

解决措施：我校作为武汉市戏曲示范校，已经打上了京剧艺术的文化烙印。长期依靠社会师资不利于学校戏曲工作的长远发展，长此以往会让京剧艺术的传承处于被动状态。为此，学校应该加快对音乐教师的培养，每学期固定指派教师到专业院校深造学习，也可以引进专业的戏曲人才，专门负责学校所有的戏曲类教学及节目编排，使戏曲教学做到系统化、规范化。

作为本次课本剧的主创人员之一，我全程参与整个活动，见证了此剧目从无到有再到辉煌的每个时刻。这次课本剧把京剧元素融入其中，既是一次大胆的尝试，也是对中华优秀传统文化在小学校园传承模式的创新。通过这一年多的实践和成效可以看出，传统文化艺术运用多种手段、方式呈现，更容易浸润孩子们的心田，这样的方式让传统艺术焕然一新！

四、培养文化理解素养，增强孩子对文化的理解和尊重

（一）小学生艺术课堂中文化理解的意义

1. 培养跨文化交流能力

在艺术课堂中，通过引导学生深入理解不同文化的艺术作品和人文内涵，可以培养他们的跨文化交流能力。这种能力对于学生未来的国际交往和职业发展都非常重要，有助于他们更好地适应全球化环境。

2. 促进全面发展

文化理解有助于学生全面发展，提高他们的综合素质。通过艺术课堂中的文化学习，学生可以接触到不同文化的思想和价值观，从而拓宽视野，增强对世界的认知和理解。

3. 激发创新思维

深入理解文化可以激发学生的创新思维。不同文化的碰撞和交融往往能产生新的灵感和创意，这对于培养学生的创新精神和创造力具有积极作用。

4. 增强文化自信

通过艺术课堂中的文化学习，学生可以更加深入地了解和认同本民族文化，增强文化自信。同时，他们也能学会尊重其他文化，形成开放、包容的文化态度。

5. 提高审美素养

文化理解有助于提高学生的审美素养。通过欣赏和理解不同文化的

艺术作品，学生可以培养出更为敏锐的审美感知能力和判断力，提升他们的艺术品位和修养。

综上所述，小学生艺术课堂中文化理解的意义重大，不仅有助于培养学生的跨文化交流能力、促进全面发展、激发创新思维、增强文化自信，还能提高他们的审美素养。因此，教师应该重视在艺术课堂中融入文化元素，引导学生深入理解文化的内涵和价值。

（二）小学生艺术课堂中培养文化理解的方法

要想在艺术课堂中引导小学生深入理解文化，提高学生的文化理解素养，教师可以从以下几个方面着手。

1. 提供多元文化体验

尽可能为学生提供接触不同文化的机会，如组织参观博物馆、欣赏各种类型的音乐和艺术表演、了解不同地区的传统习俗等。这样可以拓宽学生的视野，增进他们对多元文化的理解和接纳。

2. 故事与传说

利用故事和传说吸引学生的兴趣。许多文化都有丰富的故事和传说资源，这些故事不仅可以帮助学生了解不同的文化，还能激发他们的想象力。

3. 艺术创作

引导学生通过艺术创作表达他们对文化的理解。例如，可以让他们创作反映某种文化的画作、手工艺品或舞蹈等。这样的活动有助于学生更深入地探索和理解文化。

4. 互动与讨论

鼓励学生提问、分享观点和讨论。教师可以提出一些关于文化的问题，引导学生思考并表达自己的看法。这种互动方式有助于培养学生的批判性思维和独立思考能力。

5. 利用现代技术

利用多媒体和互联网资源，如电影、纪录片、在线课程等，为学生提供更多了解文化的渠道。这些资源通常更生动、有趣，能更好地吸引学生的注意力。

6. 实地考察

如果有条件，可以组织学生进行实地考察，如参观历史遗迹、民俗村等。这种亲身体验的方式能让学生更直观地了解文化，增强他们对文化的记忆和理解。

7. 家校合作

鼓励家长参与学生的文化学习，可以邀请他们分享自己的文化背景或家乡的传统习俗，还可以组织一些家庭活动，如一起制作传统食物、学习传统手工艺等。

8. 培养跨文化意识

教育学生尊重和欣赏各种文化，培养他们的跨文化意识和交流能力，这对于他们未来的生活和工作都非常重要。结合课程内容，将文化教育融入日常教学中，引导学生理解文化。例如，融合语文学科，可以介绍文学作品中的文化背景；融合历史学科，可以讲解历史事件中的文化内涵，等等。

9. 重视情感体验

引导学生关注自己对于文化的情感体验，文化不仅仅是知识的学习，更是情感的共鸣。让学生在学习过程中，真正感受到文化的魅力，从而培养他们对于文化的热爱和尊重。

10. 持续反思与总结

鼓励学生持续反思和总结自己在学习过程中遇到的问题，让他们思考自己在文化学习中的收获与不足，以及如何改进自己的学习方法。通过反思和总结，学生可以更好地巩固自己的文化理解。

通过以上方法，教师可以有效地引导小学生深入理解文化，培养他们的文化素养和跨文化交流能力，增强文化自信与民族自信。这将为他们未来的学习和成长奠定坚实而浑厚的文化底蕴与基础。

第五章

艺术评价的花开了

——小学艺术教学的评价与反思

在任何教育生态环境系统中，评价与反思都是一个关键环节，它不仅可以帮助教师了解学生的学习进度和成果，还可以为教师提供反馈意见，帮助他们调整教学方法和策略。在小学艺术课堂中，评价更是具有特殊的意义。艺术教育不仅要教授学生技能和知识，更要培养学生的审美能力、创新思维和情感表达能力。因此，有效的评价方法可以帮助教师更好地理解学生的需求，激发他们的创造力和艺术兴趣。

一、小学艺术课堂观察评价的方法与实践

在艺术教育中，尤其是小学艺术课堂，评价与反思是提高教学质量和学生学习效果的关键环节。不同于传统的学科评价，艺术教育的评价更多元和主观，同时也需要教师更加细致和深入的反思。

（一）评价的方法与实践

艺术，尤其是美术和音乐等艺术表现形式，很难用固定的标准衡量。但为了更好地指导教学，评价仍然是必要的。以下是一些建议的评价方法。

1. 作品评价

学生的作品是评价其艺术理解和技术进步的重要方式。教师可以根据学生的年龄和技能水平制定评价标准，例如创意、技术难度、色彩搭配等。在美术教育中，对于低年级的学生，教师可以观察他们是否能够使用简单的线条和形状来表达自己的想法；对于高年级的学生，教师可以评价他们是否能够进行复杂的构图和色彩搭配。

2. 表现观察

除了作品外，教师还可以观察学生在创作过程中的表现。例如，当学生在画画或演奏时，教师可以在一旁观察他们对技术的应用、专注度和创意过程。这种观察可以让教师获取学生在技能学习、学习态度和创造力方面的详细信息。

3. 小组活动评价

在小组活动中，教师可以观察学生的合作能力、交流能力和领导能力。例如，当学生进行集体创作时，教师可以观察他们是如何分工合作的、是如何解决冲突以及如何表达自己的观点的。

（二）反思的方法与实践

反思不仅仅是回顾教学过程，更是对教学理念、方法和效果的深入思考。以下是一些建议的反思方法。

1. 教学内容反思

思考所教授的内容是否符合学生的兴趣和需求，是否能够激发学生的创造力和审美兴趣。例如，如果发现学生对传统艺术不感兴趣但对流行艺术感兴趣，教师可以考虑调整教学内容，引入更多与流行艺术相关的内容。

2. 教学方法反思

评价自己的教学方法是否有效，是否能够帮助学生理解和掌握艺术知识和技能。例如，如果发现学生在绘画中缺乏创意，教师可以反思是否需要引入更多启发学生想象力的教学方法。

3. 评价方式反思

思考评价方式是否全面、客观地反映了学生的学习状况和进步，能否为教学提供有益的反馈。例如，教师可以通过与其他艺术教师的交流探讨评价标准的制定和应用，以进一步完善评价方式。

4. 教学环境反思

思考教学环境是否有利于学生的学习和发展，是否需要改善。例如，教师可以关注教室的布置、教学设备的配备以及课外艺术活动的组织等方面。

（三）持续改进的循环

评价与反思的目的在于持续改进教学方案，教师需要根据评价结果和反思结果调整教学策略和方法。例如，如果发现学生在绘画中缺乏细节表现能力，教师可以制订针对性的教学计划，通过示范、练习和指导帮助学生提高细节表现能力。同时，教师也需要关注学生的反馈和表现，及时调整教学策略以满足学生的学习需求。

（四）具体方法与实践

1. 个体差异评价

考虑到每个学生的学习进度和风格都有所不同，教师在评价时应注重个体差异。例如，对于绘画技巧较差的学生，教师可以重点评价其创意和努力程度；对于技术熟练的学生，则可以要求他们在作品中展现更多的个人风格和创新思维。这种评价方式可以帮助每个学生都找到自己的成长点。

2. 过程性评价

除了对最终作品进行评价，教师还应关注学生在创作过程中的表现。例如，可以记录学生在构思、草图、上色等各个阶段的表现，以便更全面地了解不同学生的创作过程和进步情况。这种评价方式有助于学生更好地理解自己的成长轨迹。

3. 多元评价主体

除了教师评价，还可以引入学生自评、同学互评等多元评价主体。学生自评可以培养其自我反思能力；同学互评则可以让学生从他人的角度审视自己的作品，并学习他人的优点。这种评价方式有助于提高学生的自我管理能力。

4. 表现性评价

通过观察学生在实际操作中的表现评价其学习效果。例如，教师可以设置一个模拟项目，要求学生创作一个具有特定主题或功能的建筑模型。通过观察学生在项目中的表现，教师可以更准确地评估其将理论知识应用于实际的能力。这种评价方式有助于培养学生的实践能力和解决问题的能力。

5. 鼓励性评价

为了激发学生的学习积极性，教师在评价时应注重鼓励和肯定他们的表现。例如，对于表现出色的学生，教师可以给予口头表扬或奖励；对于表现需要提高的学生，教师可以给予建设性的反馈意见和鼓励的话语。这种评价方式有助于建立学生的自信心和提高他们的学习兴趣。

6. 技术辅助评价

利用现代技术辅助工具进行课堂观察评价。例如，利用平板电脑或智能手机拍摄学生的作品并应用图像分析软件对作品的色彩、构图等方面进行评价，或使用数字化测量工具评估学生的立体构图技巧等。这些技术工具能够提供更客观、精准的数据支持，使评价结果更加可靠。同时也有助于减轻教师的工作负担，提高评价效率。

7. 成长档案评价

为每个学生建立成长档案，收集整理他们在不同阶段的作品和学习成果，形成记录他们成长轨迹的档案资料。通过分析成长档案可以更直观地了解学生在绘画技能、创造力等方面的进步情况并对其发展做出更为准确全面的评价。这种评价方式还有助于学生自我反思并制订下一步学习计划，促进学生的个性化发展。

综上所述，小学艺术课堂的评价与反思，是一个持续的过程，需要教师在实践中不断探索和完善。通过有效的评价与反思，教师可以全面了解学生的学习状况和需求，发现存在的问题和不足；同时也可以提升自己的教学水平，优化教学策略。未来随着教育理念的不断更新和教学方法的不断创新，小学艺术教育的评价与反思也将面临新的挑战和机遇。教师需要保持开放的心态，积极探索和实践更有效的评价方法与反思方法，以更好地服务学生的艺术学习和成长，为他们的全面发展奠定坚实的基础。

（五）观察简例

建筑艺术的美

《建筑艺术的美》是小学六年级《美术》课本上重要的一课，旨在通过欣赏和创作建筑艺术作品，培养学生的审美能力和创作能力。为了更好地提高教学效果，本案例将注重课堂观察评价的方法与实践，以更好地了解学生的学习状况和需求，优化教学方法。

1. 教学目标

本节课的教学目标是让学生了解建筑艺术的基本特征和风格，能够欣赏不同类型的建筑艺术作品，并尝试创作简单的建筑艺术作品。

2. 教学内容

教学内容主要包括讲解建筑艺术的特点、欣赏不同风格的建筑艺术作品以及学生创作实践等环节。

3. 教学过程

（1）导入阶段。

教师展示建筑艺术作品图片，引导学生观察并思考建筑的美学特征。

学生齐说："这些建筑好漂亮啊！"

教师说："是的，建筑艺术有着独特的魅力。今天我们就来深入学习《建筑艺术的美》。"

（2）新课讲授。

教师结合PPT演示，向学生介绍建筑艺术的基本特征和风格。

教师说："同学们，你们知道什么是建筑艺术吗？"

学生1说："就是关于建筑的艺术吧？"

教师说："没错，建筑艺术是关于建筑的设计、造型、装饰等表现美的艺术形式。今天我们要学习它的基本特征和风格。"

（3）实践环节。

学生开始进行创作实践，教师巡视指导。

教师说："同学们在创作过程中要注意构图的比例和透视关系。"

学生齐说："好的，我们会注意的。"

教师："很好，还要注意线条的流畅和色彩的搭配。"

学生齐说："明白了，老师。"

（4）互动讨论：完成创作后，教师组织学生进行互动讨论。学生展示自己的作品并分享创作思路和感受。教师引导学生从美学的角度评价同伴的作品。

教师说："同学们都完成了自己的作品，现在我们来互相欣赏并评价一下大家的作品。"

学生1说："我觉得小明的作品很有创意，色彩搭配也很漂亮。"

学生2说："谢谢夸奖，我会继续努力的。"

教师说："除了创意和色彩，我们还要注意作品的构图和线条表现哦。哪位同学来分享一下自己的作品？"

学生3一边展示作品，一边说："这是我设计的现代主义建筑，注重简洁和功能性。我喜欢这种风格的建筑。"

教师说："非常棒！现代主义建筑确实强调简洁和功能性。你的作品很有创意，线条也很流畅。其他同学觉得呢？"

学生4说："我觉得他的作品很有新意，给人一种现代感。"

学生5说："我也很喜欢这种风格，简洁而不简单。"

教师说："很好，同学们都很有鉴赏力。现在我们可以尝试给自己的作品打分。"

（5）总结评价。

在总结评价阶段，教师对学生的作品进行总体评价，并引导学生进行自我评价和同伴互评。同时，教师根据学生在创作过程中的表现和互动讨论中的参与度给予评价。评价以鼓励和肯定为主，激发学生的自信心和学习兴趣。此外，教师还可以组织学生进行自我评价和同伴互评。

教师说："同学们今天的作品都很不错哦！我很高兴看到大家对建筑艺术的热爱和探索精神。现在请同学们自己给自己的作品打分并简述理由。然后请同桌的同学互相打分并给出建议。"

学生6（自评）说："我觉得我的作品在构图上还有待提高，但创意还不错，所以给自己7分吧。"

学生7（互评）说："我给他的作品打9分，我觉得他的创意真的很好，如果构图再改进一下就更完美了。"

教师说："非常好！同学们都能客观地评价自己的作品和他人的作品。通过这样的评价方式，我们能够更好地发现自己的不足并找到改进的方向。希望同学们在今后的学习中继续保持这种积极的态度和探索精神！"

这节课通过让学生欣赏和创作建筑艺术作品，提高了他们的审美能力和创作能力。为更好地了解学生的学习状况和学习需求，教师优化了教学方法，在教授这节课时会更注重课堂观察评价的方法与实践。

4. 总结反思

课后，教师根据课堂观察评价的结果进行总结反思，分析学生的学习状况和创作能力。在此基础上，教师可以采取有效的改进措施，例如针对学生的不足之处进行个别辅导、调整教学内容和方法等。同时，教师还可以根据学生的反馈和评价进一步完善评价体系，使评价更加科学、客观和全面。例如："通过今天的课堂观察和评价，我发现大部分同学对建筑艺术的特点和风格有了初步的了解，但在创作实践中还需要加强。我会在下节课加强对创作技巧的指导，帮助同学们更好地展现建筑的魅力。"

综上所述，注重课堂观察评价的方法与实践对于提高小学六年级美术课的教学质量和效果具有重要意义。通过课堂观察、作品评价、互动讨论和口头表达评价等多种方法，教师可以全面了解学生的学习状况和审美观念，发现教学中的不足之处，并采取有效的改进措施。同时，总结反思也是关键环节，可以帮助教师不断完善评价体系和优化教学方法。在未来的小学美术教学中，教师应更加注重课堂观察评价的方法与实践，不断提高自己的教学水平和专业素养。

（六）课堂观察

初讲家乡的老房子（601班）

本课属于"综合探索"领域，通过对不同地域、不同民族、不同样式的老房子的图片赏析和讲解，让学生了解房子在我国历史文化中的作用。教学中要求教师帮助学生了解我国老房子风格的多样性和建筑材料的丰富性，从而让学生感受到老房子的文化和艺术特点；让学生感受家乡建筑物的特点与演变，了解各地建筑的特色，感悟建筑艺术的精美和劳动人民的伟大智慧，引发学生对建筑风格、建筑文化特征与变迁的探索。

因为601班大多数孩子是在城市中长大的，只有少数孩子听爷爷奶奶讲过家乡老房子的故事，因此大多对老房子没有多少感知。这就要老师从不同方面引导孩子们欣赏老房子的结构、故事、美感，再让他们用画笔表现自己最感兴趣的一部分。

通过课堂教学和观察，我发现601班的学生对老房子的认知度不够，表现热情并不是很高，需要他们加强对老房子的情感部分。

再讲家乡的老房子（602班）

相同的课题，不同的班级，学生反应是不一样的，那教学方式和语言的调整，自然在每个班也不一样。再讲相同的课题，让我有机会从不同的角度尝试不同的教法。

我特别喜欢和孩子们在语言上有互动，他们在课堂上的每一句提问或回答，都反映出他们对事物的理解和知识面，也反映出他们的关注点。

我请孩子们讲述他们对家乡的老房子的印象，一个孩子很快就举手站了起来，他的表现欲很强，我请他讲他家乡的老房子。

学生1说："我的家乡在武汉，老房子是两层花园洋楼……"我说："好的，你是在城市长大的孩子，下一个。"

学生2说："我们家的老房子很旧、很破，后来被拆了，赔了好多新房子给我们家！"

我说："好的。还有谁能说一下自己对老房子的印象？有请下一个。"

学生3说："我家乡的老房子是爷爷奶奶住过的，他们对这个房子非常有感情。我的家乡山清水秀，房子黑瓦白墙很美，屋前屋后绿树成荫，树下有菜园子。我们吃的菜都是爷爷奶奶亲手种的，在城市里很少有那么好吃的菜。"

我说："描述得很详细，很有画面感，谢谢你的分享。我们这一代小学生大多是在城市长大的，有谁看过或了解我国各地特色的民居呢？"

学生们开始讲解旅行时看过的民居与特点。

……

我请学生一一讲述PPT里出现的各地"中国民居"，请学生观察对比南北民居的区别与共同点，再请学生一一小结。

……

课后，我思考此次教学效果，部分小学生对家乡的老房子缺乏情感交流与联系，对老房子的价值的理解出现了偏差。作为教师应该正面引导学生，让他们理解人们对老房子的情感远比房子本身的价格重要得多。当然，家长们也要带给孩子正确的人生观和价值观。

美术中的比例知识

从五年级的第一课"肖像艺术"、第二课"画人像"到"绘画中的透视现象"，再到本课，每一课都有美术知识，五年级的孩子有一定的理解能力，对美术知识的接受度较高。然而美术知识的加入，让学生们在创作时无从下手，也让他们觉得要把美术学好非常困难。

"美术中的比例知识"这一课，从中国古代的丈山、尺树、寸马、分人的法则，到1∶0.618的黄金分割比例，再到人体的多种比例，让学生们探究美术世界的奥秘，增加对比例知识的兴趣。"美术中的比例知识"正是让学生了解比例知识的一节课，本课的教学目标是让学生认识黄金比例，能在生活中发现比例的美，会用比例知识分析、欣赏物品。本课程教学中让学生自己动手测量、计算，找出黄金分割比，从而提高学生自主学习的能力及发现问题、分析问题和解决问题的能力。通过本课的学习，学生们能够知道黄金比例并且会用比例知识进行绘画，课堂效果很好。

另外，本节课的难点是运用比例知识，创作具有比例美感的花瓶。在绘制花瓶时，学生要运用比例知识做一个造型美观的花瓶，还要考虑花瓶的图案设计，图案一般用刻印、剪贴、绘画的方法。但有的学生往往会顾此失彼，为了比例绞尽脑汁而忽视了花瓶的图案装饰；有的学生绘制的花瓶造型一般，但有美丽的纹饰；有的学生甚至没剪出花瓶或花瓶根本没图案；还有的学生不知道利用对称的原理来剪花瓶。五年级学生的动手操作能力是强的，那么他们的作品不尽如人意的原因是什么？是我的要求太了？是作业内容太难了？是创作的时间太短了？还是学生不够重视呢？……或许以上原因都有吧。

有少数同学，回答问题时的语言组织能力稍微弱一些，存在胆怯的心理。我在下节课须改变教学方法，克服本节课存在的问题，进一步让学生在相互交流中互相启发、互助互爱，增加学生的团队合作意识，提高学生感受美、表达美、评价美的能力。

二、从评价中反思：小学艺术课堂的改进 与创新

（一）目的与意义

评价是小学艺术教学的重要环节，它不仅是对学生学习成果的评估，更是对教师教学效果的反馈。评价的目的不仅仅是为了衡量学生的学习成果，更是为了发现教学中存在的问题和不足。通过对学生的课堂表现、实践作品和发展情况等进行观察和评价，我们可以了解到学生在艺术学习中的困难和需求，激发学生的学习动力，提高学生的学习兴趣和参与热情，为进一步改进教学方法和策略提供依据。因此，从评价中反思小学艺术课堂教学的改进与创新具有重要意义。

（二）方法与手段

1. 作品评价

对学生的绘画作品、手工艺品等进行评价，关注作品的创意、技巧运用和审美价值。

2. 口头表达

通过让学生口头描述自己的作品或表达对艺术的理解，评估他们的语言表达能力和思维逻辑能力。

3. 观察记录

在课堂教学中，观察学生的表现，记录他们的学习态度、合作精神等非智力因素的发展。

4. 问卷调查

通过问卷了解学生对艺术课堂的评价、对教师教学的满意度等，以便改进教学方法。

5. 档案袋评价

收集学生的作品、学习成果等资料，形成档案袋，全面反映学生的成长过程和学习成果。

（三）评价中反思

首先，从评价中反思，是小学艺术课堂改进与创新的关键所在。作为小学艺术教育工作者，我们需要深入理解评价的意义，充分利用评价结果，反思我们的教学实践，从而推动小学艺术课堂的持续改进与创新。

1. 目标是否达成

根据学生的作品和表现，反思教学目标是否达成。如果没有达成，需要分析原因并寻找改进措施。

2. 内容是否合适

评估教学内容是否符合学生的认知水平和兴趣，是否具有艺术性和教育性。对于不合适的内容，需要进行适当的调整或替换。

3. 方法是否得当

观察教师的教学方法和策略是否得当，能否有效地激发学生的学习兴趣和创造力。对于不当的方法，需要反思并寻找更有效的教学策略。

4. 学生是否积极参与

观察学生在课堂中的表现，了解他们的参与情况。对于不积极参与的学生，需要反思是教学方法不当还是缺乏针对性的引导。

5. 评价是否合理

评估教师对学生的评价是否客观、全面，是否关注了学生的个体差异和成长过程。根据评价结果，反思评价方式是否需要改进和完善。

其次，反思是改进的关键。只有通过反思，我们才能找到问题的根源，并提出有效的改进措施。在反思过程中，我们需要关注以下几个方面。

1. 教学内容的反思

我们是否根据学生的年龄和认知水平，选择了合适的教学内容？这些内容是否能够激发学生的学习兴趣和创造力？

2. 教学方法的反思

我们的教学方法是否得当？是否能够有效地引导学生进行艺术创作？是否有更好的教学方法可以尝试？

3. 教学环境的反思

我们的教学环境是否有利于学生的学习和发展？是否有必要改善教学环境？

4. 学生需求的反思

我们是否充分了解学生的学习需求和期望？是否能够在教学中满足这些需求和期望？

最后，基于反思的结果，我们需要制订具体的改进措施。这些措施可能包括调整教学内容、改进教学方法、改善教学环境、满足学生需求等。通过实施这些改进措施，我们可以使小学艺术课堂更加符合学生的学习需求，提高教学质量，推动小学艺术教育的持续发展。

（四）改进与创新

1. 调整教学目标

根据评价中的反思，重新审视并调整教学目标，使之更加明确、具体且符合学生的实际需求。

2. 优化教学内容

结合评价结果和学生反馈，对教学内容进行有针对性的调整或拓展，使之更加贴近学生的兴趣和认知水平。

3. 尝试新的教学方法

借鉴其他优秀教师的教学经验，尝试采用更多元化的教学方法和策略，以提高学生的学习兴趣和参与度。

4. 完善评价体系

在评价过程中注重学生的个体差异和全面发展，完善评价体系，使之更加科学、客观和全面。

5. 加强与其他学科的整合教学

积极探索艺术与其他学科的整合教学，培养学生的综合素质和跨学科能力。

6. 利用现代技术丰富教学手段

运用数字艺术、虚拟现实等技术手段丰富教学手段，提高学生的学习兴趣和参与度。

7. 营造积极的课堂氛围

努力营造一个积极向上、充满活力的课堂氛围，让学生在轻松愉快的氛围中学习成长。这种氛围可以通过设计有趣的互动环节、组织小组讨论等方式实现。

8. 拓展教学资源

积极寻找和利用更多的教学资源，如参观艺术展览、邀请艺术家进课堂等，以丰富学生的学习体验和创作灵感。

总之，从评价中反思是小学艺术课堂改进与创新的重要途径。只有通过评价和反思，我们才能深入了解学生的学习状况和需求，发现教学中存在的问题和不足，并采取有效措施进行改进。我相信，在不断地努力和探索中，我们能够为小学生提供更加优质的艺术教育。

（五）小学美术课堂教学的改进与创新

从小学美术教学课堂观察视角出发，关于小学美术课堂的改进与创新的分析如下。

1. 注重学生的主体性

蔡元培先生曾说："美育者，与智育相辅而行，以图德育之完成者也。"在美术教学中，要尊重学生的主体性，让学生主动参与、积极探索，培养他们的审美能力和创造力。

2. 培养学生的情感表达

美术是表达情感的艺术，教学中应注重引导学生表达内心的感受和情感。

3. 营造良好的教学环境

苏霍姆林斯基曾说："在人的心灵深处，都有一种根深蒂固的需求，就是希望自己是一个发现者、研究者和探索者。"为学生提供一个开放、多元、富有创造性的美术教学环境至关重要。

4. 鼓励学生的个性发展

在美术教学中，尊重学生的个性差异，鼓励他们发挥自己的特长和创造力，让每个学生都能在美术学习中找到自己的价值。

5. 提升教师的专业素养

叶圣陶先生曾说过，想要学生好学，教师先得好学，只有学而不厌的教师才能教出学而不厌的学生。美术教师不仅要有扎实的专业基础知识，还要不断学习新的教育理念和技术，以更好地适应和推动美术教育的发展。

6. 多元评价机制

在评价学生的作品时，应采用多元的评价标准，关注学生的创造性和进步，鼓励他们发挥自己的潜能。

7. 强化师生互动

孔子育人讲究因材施教。在美术教学中，教师应加强与学生的沟通交流，了解学生的需求和特点，对不同的学生采用不同的教学策略。

总之，从小学美术课堂观察的视角出发，推动小学美术课堂的改进与创新需要教师在教学过程中注重学生的主体性、情感表达、个性发展，营造良好的教学环境，提升自身的专业素养，并采用多元的评价机制，强化师生互动。同时，结合教育家的名言深入思考和实践，有助于我们更好地理解美术教育的本质和使命，为培养具有审美素养和创造力的学生作出积极的贡献。

（六）小学音乐课堂教学的改进与创新

基于小学音乐课堂教学观察，小学音乐教学作为艺术教育的重要组成部分，对于培养学生的审美能力和创造力具有不可替代的作用。在当代教育环境下，如何更好地提升音乐教学质量，实现音乐课堂教学有效的创新和改进，成为音乐教师和学者们共同关注的焦点。

1. 注重学生主体性的发挥

通过小学课堂观察发现，很多教师在教学中往往只注重知识的传授，而忽视了学生的主体性。这样的教学方式难以激发学生的学习兴趣，导致学生的学习效果不佳。因此，音乐教师在教学中应该注重学生的主体性，采用互动式、探究式等教学方法，引导学生主动参与音乐学习。例如，教师可以设计一些有趣的音乐游戏，让学生在游戏中感受音乐的魅力；还可以组织学生进行小组讨论，互相分享对音乐的感受和理解。通过这些方式，不仅可以提高学生的参与度，还能培养他们的合作意识和创新思维。

2. 创设良好的音乐氛围

创设良好的音乐氛围是提高教学质量的重要手段之一。教师在教学中可以利用多媒体等现代教育技术，为学生营造一个良好的音乐氛围，让他们在轻松愉悦的环境中感受音乐的魅力。例如，在教授一首新的歌曲时，教师可以先播放这首歌曲的伴奏视频，让学生通过视觉和听觉的双重刺激感受音乐的韵律和节奏；还可以在教授一首歌曲时，教师展示一些与歌曲内容相关的图片或视频，帮助学生更好地理解歌曲的内涵和情感。

3. 灵活运用多种教学方法

通过小学课堂观察发现，不同的学生对音乐的感受和理解能力存在差异。因此，教师在教学中应该根据学生的实际情况，灵活运用多种教学方法，以满足不同学生的学习需求。例如，对于一些基础较差的学生，教师可以采用分层教学法，针对不同层次的学生制订不同的教学目标和教学计划；对于一些对音乐感兴趣的学生，教师可以采用特长教学法，为他们提供更加专业和深入的学习内容。通过这些有针对性的教学方法，不仅可以提高学生的学习效果，还能帮助他们更好地发掘自己的潜力和特长。

4. 创新教学评价方式

教学评价是教学中不可或缺的一环。通过小学课堂观察发现，传统的教学评价方式往往只注重学生的知识掌握程度，而忽视了他们的实践能力和创新思维。因此，音乐教师在教学中应该创新教学评价方式，采用多元化的评价标准和方法，全面评价学生的学习效果。例如，教师可以组织学生进行音乐表演或创作活动，通过学生的表现评价他们的实践能力；还可以引导学生进行自我评价和同伴互评，培养他们的自我意识和批判性思维。通过这些创新的评价方式，可以更加客观、全面地反映学生的学习情况。

（七）观察简例

图形的魔术组合

《图形的魔术组合》出自小学六年级《美术》课本，旨在通过引导学生运用图形创意组合的方法，培养他们的创新思维和想象力。本教学案例将注重小学美术课堂教学的改进与创新方面，以更好地激发学生的学习兴趣和创造力。

1. 教学目标

（1）让学生了解图形创意组合的概念和作用。

（2）培养学生的创新思维和想象力。

（3）引导学生运用图形创意组合的方法进行创作。

2. 教学内容

（1）图形创意组合的基本概念和特点。

（2）图形创意组合的方法与技巧。

（3）学生实践：运用图形创意组合的方法进行创作。

3. 教学过程

（1）导入阶段。

教师展示优秀作品，引导学生欣赏并思考。

教师说："同学们，你们觉得这些作品好看吗？你们能看出它们有哪些特别之处吗？"

学生1说："它们很有创意！"

学生2说："这里面有好多不同的图形！"

（2）新课讲授。

介绍图形创意组合的方法与技巧。

教师说："图形创意组合就是将不同的图形巧妙地组合在一起，形成一个新的图案或形象。现在，我们来一起学习如何进行图形创意组合。"

学生1说："我们可以把圆形和三角形组合在一起！"

学生2说："我觉得方形和圆形也很配！"

教师问："看到这个图形，你联想到了什么？"

学生3说："我觉得它像一只飞翔的鸟。"

教师追问："那么，你能试着将这个图形与其他图形组合，创造出新的形象或场景吗？"

学生3说："我可以把它和云朵组合在一起，形成一只鸟在天空飞翔的场景。"

教师继续追问："非常棒的想法！除了与云朵组合，它还可以与什么图形组合呢？"

学生3说："还可以把它和河流、森林等图形组合在一起，形成一个鸟类栖息的自然环境。"

（3）实践环节。

学生开始创作，教师巡视指导。在这个环节，师生互动更为生动和有趣。

教师说："大家可以大胆尝试，不要拘泥于常规，让你们的想象力飞起来！"

学生1说："可是，我怕我的想象力不够好。"

教师说："别担心，你的想象力就像魔法一样，只要勇敢地释放出来，就能创造出令人惊叹的作品！你可以试试将不同形状的图形结合起来，看看会有什么奇妙的效果！"

（4）对话互动。

在实践环节，教师与学生进行对话互动，引导学生创作。

教师说："你画的天空看起来很美，云朵的形状很特别！你是怎么想到的？"

学生1说："我想到了棉花糖，就把它变成了云朵。"

教师说："真有创意！你还可以尝试用其他形状来表现云朵，比如心形、星星形状等。"

（5）展示与评价。

学生完成作品后，对作品进行展示和评价。首先让学生自我评价和同伴互评，发现作品的优点和不足。然后教师进行总结性评价，帮助学生进一步提高自己的创作水平。

（6）拓展与延伸。

教师引导学生思考图形创意组合在日常生活中的运用，布置一些拓展性的作业。

4. 活动设计

（1）创意拼图。

将学生分成小组，每组分发一些基础图形卡片，如圆形、三角形、方形等。小组内的学生需要发挥想象力，用这些基础图形拼凑出有趣的图案或形象。最后，每个小组可以选择一个最具创意的作品进行展示。这个活动可以帮助学生培养团队协作能力和创造力。

（2）故事画板。

教师给出一个简单的故事线索或场景，学生需要运用图形创意组合的方法绘制出相应的画面。例如，教师可以给出"森林中的动物"这一主题，学生需要画出他们心目中的森林和其中的动物。这个活动可以激发学生的想象力和绘画技巧。

（3）角色扮演。

选择一些典型的图形创意组合作品，让学生扮演其中的图形或形象，通过肢体动作和面部表情来展示作品的内容和意义。这种活动可以帮助学生更深入地理解图形创意组合的内涵，同时也可以锻炼学生的表演技巧和表达能力。

（4）即兴创作。

教师随机给出几个图形元素，让学生现场组合成一个新的图案或形象。这种即兴创作可以锻炼学生的反应能力和创造力，同时也可以帮助学生更好地理解和掌握图形创意组合的方法和技巧。

（5）作品分享。

在课程的最后阶段，邀请学生分享他们在图形创意组合实践中的心得体会和有趣的故事。这有助于培养学生的语言表达能力和批判性思维，同时也可以帮助学生更好地理解和掌握图形创意组合的内涵和应用价值。

5. 联想方法

（1）具象联想。

教师展示一个简单的几何图形，例如圆形。

教师问："看到这个图形，你首先想到的是什么？"

学生可能会回答："苹果""太阳""眼睛"等。

教师继续引导："非常好，这些都是非常具象的联想。那么，如果你把这个圆形与其他图形组合，或者改变它的颜色、大小，它又可以变成什么新的形象呢？"

（2）抽象联想。

教师展示一个比较抽象的图形，例如一个扭曲的线条。

教师问："这个图形给你什么样的感觉？"

学生可能会回答："动感""不安""兴奋"等。

教师继续引导："非常好，这是对图形的抽象联想。那么，你可以尝试用这样的图形来表达一个故事、情感或情景吗？"

（3）听觉联想。

教师描述或播放一小段声音，让学生用图形表达。

例如，教师说："这是一个深沉、悠长的钟声。"然后让学生用图形表现这个声音。

学生可能会画一个大大的椭圆或者用连续的曲线来表现钟声的回荡。

（4）触觉联想。

教师让学生闭上眼睛，用手触摸一个物体，然后尝试用图形描述它带给自己的感觉。

例如，教师让学生摸一个光滑的石头和一个粗糙的麻布，然后分别用图形来表达这两种触感。

（5）味觉联想。

教师让学生描述一种食物或饮料的味道，然后尝试用图形表达这种感觉。

例如，教师说："这是一种酸酸甜甜的水果。"然后让学生用图形表达这种味道。

通过这些方法，教师可以引导学生从不同的角度和感官对图形展开联想，从而激发他们的想象力。这种师生互动方式有助于培养学生的创意思维和解决问题的能力。

（八）课堂观察

人民艺术家——齐白石

五年级《美术》下册第一课《人民艺术家——齐白石》，是欣赏与评述类型的课。这种类型的课我喜欢请学生来讲，我参与讨论，我想看看五年级的孩子们是怎样看待艺术大师的。

课前（提前1天）请学生分小组搜集和整理齐白石老人的生平、作品、自题诗和名言等，可以向家人请教，或先讲给家人听等方式来预习。

课上，先请学生来讲齐白石老人的生平小故事，再让学生组成小组讨论：根据资料一起分析齐白石的作品与他想要表达的意境。

教师说："讨论完毕，请小组长推选一位代表来发言或小结。"

学生1说："齐白石是一位攀上了艺术高峰的雕花木匠，或者说是保持着匠人本色的人民艺术家。"

学生2说："在他那些精妙绝伦的艺术作品中，特别是他'衰年变法'之后的作品，分明映照着他的乡情、童心和匠人之气，这无疑都是其真心即本心的流露。"

教师说："生平小结很简洁明了，比我讲得好多了。在'衰年变法'上还有人想补充吗?"

学生1说："画中要常有古人之微妙在胸中，不要古人之皮毛在笔端。立足如此，纵无能空前，亦足绝后。"

学生2说："学古人，要学到恨古人不见我，不要恨时人不知我耳。"

学生3说："全删古法自商量，休听旁人说短长。岂识有人能拾取，丝毫难舍是王郎。"

教师说："整理得很好，你们明白这些话语和诗句的意思吗?"

学生齐说："我们边搜集，边一一查过，也在小组内讨论过。这些话语和诗句主要是讲齐白石在学习古人绘画上的想法和观点，既要学古人的精妙，又要有自己创新的画法。"

教师说："对，不懂就查。学习就是要知其然，还要知其所以然，这个自主学习的习惯很好。还有人想补充吗?"

学生4说："我搜到齐白石先生写的八虫诗，每一句都有虫字。"

（草虫册题记：从师少小学雕虫，弃凿挥毫习画虫。莫道野虫皆俗陋，虫入藤溪是雅君。春虫绕卉添春意，夏日虫鸣觉夏浓。唧唧秋虫知多少，冬虫藏在本草中。）

教师说："很有趣的诗，除了八虫，还有什么?"

学生4说："还有学艺的简介，还有对虫的评价，还有草虫在四季中的简单描写，很有趣味。"

教师说："他的代表作主要有哪些?"

学生5说："花鸟虫鱼等，主要代表有《虾》《十里蛙声出山泉》等。"

教师说："他画的小动物是不是非常逼真？"

学生5："乍一看很像，但很多小的细节做了取舍。"

教师说："是吗？他为什么这样做呢？"

学生5说："他晚年的主张是作画在似与不似之间为妙，太似为媚俗，不似为欺世。"

教师说："对，艺术贵在创新，更要很扎实的基本功或潜心专注的钻研，才可以有所收获。那我们后人都来模仿他的画可以吗？"

学生5说："学习一下是可以的。齐白石先生说过他的态度，'人骂之一笑，人誉之一笑'。"

教师说："是的，学习大师的作品和刻苦钻研的精神是没错的，但要想自成一派，肯定是不能模仿前人的，要自我创新，别出心裁。"

假如我是齐白石

昨天大家讨论得很热烈，但不能光说不练，实际操作才能证明学生学得有多深入或用心。

今天的课，换一个角度来讲：假如我是齐白石。这节课主要让孩子们感受国画工笔、写意两种画法，体验一下水墨画的韵味。

今天的课，先带领学生看齐白石先生画《虾》的视频，请学生认真观察再对比现实中的虾，说说相同与不同之处在哪里？

然后帮助学生回忆文字资料的介绍。请学生上台试一下，感受水墨在熟宣、生宣上的不同变化，如何掌控水和墨的浓淡。

我进行了分步的示范和讲解后，请学生来讨论小结，试试水墨比例变化后，在纸上会有什么样不同的呈现，接下来就是学生们开始艺术实践。工笔画要求孩子们细心地观察、严谨地造型，写意画则轻松许多。相比之下，孩子们更喜欢写意的"不可控性"与"随意性"。

学生们通过反复地摸索，知道了如何掌握水和墨的浓淡、分色、变化等，但对线条的流畅度、造型的自然与协调还需要不断地练习；后来学生们慢慢领会了要点，他们在下笔前会想好整幅画的布局、位置、对比等。

孩子们在实践中渐渐懂得：冰冻三尺，非一日之寒。齐白石老人的技艺是从一点一滴、一笔一画中摸索探寻出来的，并非一日之功。我们要静下心来、低下头认真学好基本功，才会有"胸有成竹"的挥洒自如。

孩子们的"水墨虾"体验作业展示出来后，很多作品虽有些细节显得笨拙，但也稚趣横生，孩子们开心得合不拢嘴。

艺术实践中，所有学生在体验过程中是快乐的，每一份作业都是一次快乐的记忆，更是学生对人民艺术家齐白石大师作品审美的再度感知与创新精神的传承。

三、小学艺术课堂中的教师角色与专业发展

新时代呼唤新的艺术教育，新时代需要新的艺术教育。小学艺术课堂就是新时代艺术教育的重要阵地与体现，小学艺术课堂中的教师角色与专业发展是艺术教育一个重要的议题。艺术教师作为艺术教育的实施者，对于学生的艺术素养和创造力的发展起着至关重要的作用。

（一）艺术教师角色

1. 引导者

在新时代教育理念下，小学艺术教师不仅是知识的传授者，更是学生艺术探索的引导者。小学艺术教师不仅需要教授学生基本的艺术知识和基础的艺术技能，还需要激发学生的创造力和想象力，引导学生探索和表达自己的艺术感受和想法。为了实现这一目标，教师需要不断提升自己的艺术素养和教学能力，不断地引导学生接触和了解各种新的艺术形式，激发学生的艺术兴趣和创造力，帮助学生形成良好的审美情趣与

正确的价值观。

2. 示范者

小学艺术教师通过自身的艺术实践和创作，可以向学生展示艺术的魅力、艺术修养和艺术创造力，激发学生的艺术兴趣和热情。同时，教师也可以通过与其他艺术家的交流和联合，引入更多更优秀的艺术资源和教学素材，丰富艺术教学课堂内容，不断提升艺术教学质量。

3. 合作者

艺术教育需要师生共同参与，因此教师也是学生的合作者。他们与学生一同创作、一同探讨，尊重学生的想法和创意，建立平等、和谐的师生关系，需要不断地关注学生的学习进展和学习需求，提供个性化的艺术指导和艺术支持。同时，教师也需要与学生建立良好的合作关系，促进师生之间的交流和互动，共同推动学生的艺术成长和艺术发展。

4. 创新者

新时代的教育环境鼓励教师进行创新教学。小学艺术教师需要不断地运用与更新现代教学技术，结合传统优秀的教学方法，创造更具个性化、适应性和包容性的教学方案、教学策略或教学方法，形成有特色的个人教学风格。

5. 研究者

为了应对艺术教育的快速发展和变化，艺术教师需要成为终身学习者。持续钻研、探索新的教育理念与教学方法，特别关注世界艺术发展与艺术教育的趋势，以便更好地指导学生自主学习与艺术探究，关注学生、关注课堂，生成有见地的个人教学主张。

综上所述，小学艺术课堂中的艺术教师扮演着多重角色，对于学生的艺术素养和创造力的发展起着至关重要的作用。为了更好地履行艺术教师的职责并推动学生的艺术成长，艺术教师需要不断提升自己的专业素养和能力，持续进行专业的发展。

（二）艺术教师专业发展

1. 提升艺术素养

小学艺术教师需要不断加深自己对各类艺术形式的理解能力和欣赏能力，这样才能为学生提供更高质量的指导。

2. 掌握现代教学技术

随着科技的发展，现代教学技术如数字艺术、虚拟现实等为艺术教育提供了新的可能。艺术教师需要不断学习这些新技术，以丰富教学手段。

3. 研究与实践结合

艺术教师的专业发展不仅在于理论学习，更在于实践。他们应积极参与艺术教育项目、观摩其他优秀艺术教师的教学活动，从中汲取经验。

4. 情感与价值观的引导

除了艺术技能，艺术教师还需要关注学生的情感和价值观发展。通过艺术教育帮助学生建立积极的人生观、审美观，是艺术教师专业发展的重要方向。

5. 团队合作与分享

与其他小学艺术教师合作，分享教学经验和资源，共同成长，是提升整个团队教学水平的有效途径。

6. 关注学生个体差异

每个学生都有自己的特点和优势。艺术教师的专业发展目标之一是提高自己的评价学生作品和指导学生专业技巧的能力，以更好地满足学生的个性化需求。

7. 持续反思与改进

教学反思是艺术教师专业发展的重要环节。艺术教师在每一堂课后都应审视自己的教学效果，寻找改进的空间，不断优化教学方法和策略。

8. 跨学科整合能力

新时代的教育理念强调跨学科整合。小学艺术教师需要具备将艺术与其他学科结合的能力，以促进学生的全面发展。

9. 心理素质与应对压力的能力

面对繁重的教学任务和不断变化的教育环境，教师需要有足够的心理素质和应对压力的能力。这同样是艺术教师专业发展的重要方面。

为了适应新时代教育发展的需要，更好地履行艺术教师的职责并促进学生艺术素养的全面发展，小学艺术教师需要持续精进自己的专业技能。只有这样，他们才能不断提升自己的教育教学水平，为培养具有创造力、审美力和全面发展的学生作出积极贡献。

最后，艺术教师的专业发展对于小学艺术课堂的质量和效果具有重要影响。艺术教师需要通过持续的学习和研究，了解最新的艺术教育理念和教学方法，提升自己的艺术素养和教学能力。同时，艺术教师也需要积极参与艺术教育领域的交流和合作，与其他教师共同成长和发展。

（三）观察简例

亲亲密密一家子

1. 案例背景

本案例是一节小学六年级美术课，主题为"亲亲密密一家子"。这一主题意在引导学生通过粉印纸版画表现家庭成员之间的亲密关系，培养他们的情感表达能力和创意思维能力。

2. 教学目标

知识目标：让学生了解粉印纸版画的基本原理和制作技巧，理解亲密关系的表现方式。

能力目标：培养学生运用粉印纸版画技巧表现家庭成员亲密关系的能力，提高他们的创意思维和表达能力。

情感目标：引导学生感受家庭成员之间的温暖和爱，培养他们的家庭观念和亲情意识。

3. 教学过程

（1）导入新课。

教师问："同学们，你们平时和家人在一起的时间多吗？你们觉得和家人在一起最快乐的时光是什么时候呢？"

学生齐说："多！一起旅游、一起吃饭、一起看电视的时候最快乐。"

教师说："今天，我们要用一种特别的方式来表达我们和家人的亲密关系，那就是粉印纸版画。"

（2）知识讲解。

教师说："首先，我们来了解一下什么是粉印纸版画。粉印纸版画是通过在刻好画的吹塑纸板上涂上颜料，然后用纸在上面按压，将颜料转移到纸上的一种绘画方式。在制作粉印纸版画的过程中，我们需要选择合适的纸张、颜料和工具，还要注意版面和纸张的湿度和松紧度。现在，老师给同学们展示一下粉印纸版画的制作过程。"

教师示范制作过程，并强调亲密关系的表现方式。同时，鼓励学生提出自己的想法和建议。

教师问："同学们，你们觉得粉印纸版画有哪些特点呢？"

学生1说："颜色比较鲜艳。"

学生2说："可以用不同的纹理表现不同的感觉。"

教师说："非常好，同学们观察得很仔细。粉印纸版画确实可以通过不同的颜色和纹理来表现画家的情感和创意。那么，在制作粉印纸版画的过程中，我们应该注意哪些问题呢？"

学生3说："要注意版面干净，不要涂太多颜料。"

学生4说："要选择合适的纸张，太厚或太薄的纸都不适合。"

教师说："很好，同学们提到了制作粉印纸版画过程中的一些细节问题。那么，现在我们来一起尝试一下，看看谁能够做出最有创意的粉印纸版画。"

（3）学生创作。

教师说："现在，同学们可以开始创作了。在制作过程中，要注意版画的印制技巧和色彩搭配。如果有任何问题或困难，随时可以向老师提问。"

学生开始创作，教师巡视指导，与个别学生交流，了解他们的创作思路和遇到的问题，并给予他们有针对性的建议和帮助。同时，鼓励学生发挥自己的创意，尝试不同的表现方式。

教师问："你为什么选择用粉红色搭配橙红色呢？"

学生1说："我觉得这两种颜色能够表现出我们家庭的温暖和爱。"

教师说："非常好，颜色的选择能够很好地表现出情感。如果你在细节上再注意一些，比如线条的流畅度和视觉中心细节，你的作品会更出色。"

教师说："你的画作很有创意，你通过哪些元素来表现家庭成员之间的亲密关系呢？"

学生2说："我用一家人为爷爷庆祝生日的场景来表现家庭成员之间的亲密，每个人物的表情和动作都不一样，都很有趣！"

教师说："非常好，你的观察力和表现力都很强。如果你在版画的层次感上再加强一些，比如通过叠加不同颜色的纸张来增加画面的层次感，你的作品会更丰富。"

（4）作品展评。

教师组织学生进行作品展示，每个同学都有机会向大家介绍自己的画作和创作思路。教师引导学生从创意、技巧、情感表达等方面对作品进行评价，并给予学生积极的反馈和建设性的建议。同时，教师也会分享自己的专业见解和评价标准，帮助学生提高审美能力和创意思维。

教师说："同学们，每个同学都完成了自己的作品，现在我们来展示一下。每个同学有1分钟的时间来介绍自己的作品和创作思路，其他同学可以提出问题和建议。"

学生1展示作品，并介绍："我画的是一家人在公园玩耍的场景，我想表现出家庭的快乐和和谐。"

学生2提问："你的作品中人物的动作和表情都很生动，是怎么做到的呢？"

学生1回答："我在画的时候想象了家人在一起玩耍时的情景，尽量让画面更加生动有趣。"

教师评价："你的作品很有创意和感染力，通过生动的场景表现了家庭的温暖和快乐。如果你在色彩搭配上再注意一些，作品会更完美。"

其他同学依次展示作品、介绍、提问和建议。教师和其他同学对学生的作品进行评价和建议，共同探讨如何提高粉印纸版画的制作技巧和表现力。

（5）拓展小结。

教师对本节课进行小结，强调亲密关系在家庭情感交流中的重要性，鼓励学生在日常生活中多关注和表达对家人真挚的爱。同时，教师也会对学生的表现给予肯定和鼓励，激发他们对美术学习的兴趣和热情。

4. 教学反思

在本次教学中，我通过引导学生运用粉印纸版画的方式表现家庭成员之间的亲密关系，培养了他们的情感表达能力和创意思维能力。在教学过程中，我注重与学生之间的交流互动，让他们在轻松愉快的氛围中学习和创作。同时，我也发现了此次教学内容的一些不足之处，比如部分学生在创作过程中遇到了一些粉印细节问题，导致有的作品效果不尽如人意。针对这些问题，我将在今后的教学中加强细节指导，并给予学生更多的鼓励和支持。通过这次教学反思，我深刻地认识到教学过程中的每一个环节都至关重要，只有不断地总结经验教训并改进教学方法，才能更好地促进学生的学习和发展。正如哲学家苏格拉底所说："教育不是灌输，而是点燃火焰。"艺术学科的教师就是带来艺术火种的人，他们点燃了学生心中的艺术之火。

（四）课堂观察

亲亲密密一家子

1. 课堂氛围与互动

在"亲亲密密一家子"粉印纸版画教学中，课堂氛围和谐、师生关系融洽。教师注重与学生之间的交流与互动，通过提问、讨论和指导，引导学生积极参与学习过程。学生在轻松愉快的氛围中表达了自己的想法和创意，形成了良好的学习共同体。

2. 教学目标与内容

教师明确教学目标，注重知识与技能、过程与方法、情感态度与价值观三个维度的整合。教学内容紧密围绕家庭成员之间的亲密关系，通过粉印纸版画的形式表现亲密关系。教师精心设计教学环节，从导入新课、知识讲解、学生创作、作品展示与评价到课堂小结，环环相扣，逻辑清晰。

3. 教学方法与手段

教师采用多种教学方法，如示范教学、任务驱动、小组合作等，旨在激发学生的学习兴趣和创意思维。同时，教师运用多媒体手段辅助教学，通过图片、视频等形式展示粉印纸版画的制作过程和优秀作品，帮助学生更好地理解和学习粉印纸版画。

4. 学生表现与参与

学生在课堂上表现出对粉印纸版画浓厚的兴趣和热情。他们积极参与创作，发挥自己的想象力，尝试不同的表现方式。在教师的指导下，学生逐步掌握了粉印纸版画的制作技巧，作品质量不断提升。同时，学生在评价与反思环节能够认真思考自己的不足之处，并提出改进意见。

5. 教学评价与反思

教师将过程性评价和总结性评价相结合，通过观察学生的表现、作品完成情况以及小组讨论等形式，及时给予学生反馈和指导。同时，教师对教学过程进行反思，总结教学经验教训，思考如何改进教学方法和提高教学质量。

6. 教学特色与创新

教师在教学中注重情感教育和人文关怀，引导学生感受家庭成员之间的温暖和爱，培养他们的家庭观念和亲情意识。同时，教师鼓励学生多思考，多尝试个性化的表现方式，培养学生的创新能力和实践能力。此外，教师还注重美术与其他学科的整合，如文学、心理学等，以拓宽学生的视野和思维方式。

综上所述，"亲亲密密一家子"粉印纸版画教学在小学美术课堂教学中取得了良好的效果。教师通过有效的教学策略和方法，激发了学生的学习兴趣和创意思维，培养了他们的情感表达能力和实践能力。同时，教师不断反思和改进教学方法，为提高教学质量和帮助学生发展奠定了坚实基础。

添 画 人 像

1. 教师角色与专业素养

在"添画人像"这堂课中，教师的角色与专业素养得到了充分体现。

（1）细心观察，调整教学策略。

教师时刻关注学生的反应，观察他们的创作过程。当发现学生添画技巧不足时，教师能够迅速调整教学策略，提供更具针对性的指导，确保学生能够顺利掌握技巧。

（2）耐心指导，激发学生潜能。

在观察中，教师不断发现学生的优势和潜能，鼓励他们发挥想象力，尝试不同的绘画风格和技巧。这种耐心指导和积极鼓励的方式，激发了学生的创造力和参与度。

（3）专业素养，确保教学质量。

教师具备扎实的专业知识和丰富的教学经验。在观察学生的过程中，教师能够结合自己的专业素养，为学生提供专业且有针对性的建议，确保教学质量和学生的学习效果。

（4）情感交流，营造和谐氛围。

教师在观察学生的过程中，注重与学生的情感交流。她以和蔼可亲的态度、温暖的语言与学生沟通，营造出和谐、愉快的课堂氛围。这种情感交流有助于增强学生的学习动力和自信心。

2. 学生表现

（1）初识添画人像的好奇与探索。

学生在开始阶段表现出对添画人像的好奇心。他们仔细观看教师的示范，尝试模仿并探索不同的添画技巧。这一阶段，学生的观察力和模仿能力得到了锻炼。

（2）技巧掌握与个性化尝试。

随着教学的深入，学生逐渐掌握了添画的技巧，他们开始在实践中探索个性化的风格和表现方式。部分学生大胆尝试创新，将所学知识与自己的创意相结合，形成了独特的添画作品。

（3）困难与挑战。

在实践中，部分学生遇到了困难，他们可能在技巧运用、线条流畅度或形象生动性方面遇到了困难。但学生展现出了积极面对困难的勇气，主动寻求教师的指导和帮助，努力克服障碍。

（4）作品展示与交流。

在作品展示环节，学生展示了自己的作品并与其他同学分享创作心得。他们从同伴的作品中获得启示，学生们互相学习、交流心得。这一过程锻炼了学生的表达能力和审美鉴赏能力。

（5）反思与成长。

课后，学生进行了自我反思。他们思考自己在添画过程中的优点和不足，明确改进的方向。这种反思有助于学生在未来的学习中不断成长和进步。

通过观察学生的表现过程，这堂课不仅培养了学生的艺术技能和审美能力，还激发了他们的创造力和想象力。学生在教师的指导下不断探索、实践、反思，实现了个人成长和艺术的融合。

（五）课堂观察

我们不生产画——少儿油画社团教学

我校少儿油画社团从2015年9月创办起，坚持每周五下午两节课的教学，对于热爱绘画的小学生来说是非常开心的。小学生学习油画写生，难度较大。先别说写生，不要把颜料弄到脸上、身上，都要我经常强调、叮嘱，但还是有个别孩子把油画颜料弄得满手都是。这就是在告诉我，每个孩子都是不一样的，要用不一样的方法去要求和引导他们。

和教高中生、大学生画油画不一样，在这个少儿油画社团，孩子们可以"画我所爱，画我所想"。不讲绘画理论、不讲思维模式、不讲绘画程序，讲完凡·高的绘画方式，再讲讲塞尚、印象派的表现形式，就可以开始了。在辅导他们时，我根据孩子的理解程度差异调整教学内容，让画得很开心、得意的孩子分享他的绘画心得。一个多月过去了，四次课后，第一张作品的呈现还算过得去，比我预想中的要好，没有雷同的作品，只有看得见的个性。有两个孩子提前完成了他们的作品，他们居然在第四次课上，用80分钟画定了一张四开纸大小的作品，效果令人惊讶！

看到孩子们的作品真的很开心，有的孩子已经达到小画家的水平，我为孩子们的艺术实践加油！

我告诉孩子们，如何提升审美能力，让作品有表现力和情感内涵，在于对绘画内容或对象的领悟，还有我们对生活的理解与热爱。我们少儿油画社团不生产画，我们只是快乐情感的表达者。

四、基于核心素养优化小学艺术课堂教学策略的探讨与展望

随着新时代教育改革的不断深入，核心素养已经成为小学艺术课堂教学的重要指导思想。核心素养强调学生的综合素质和跨学科能力的发展，培养全面发展的人，基于核心素养优化小学艺术课堂教学策略的探讨与展望对于小学艺术课堂教学策略的优化具有重要意义。

艺术课程的四个核心素养：审美感知、艺术表现、创意实践和文化理解，是相互关联、相辅相成的。

审美感知是艺术学习的基础，它涉及对艺术作品的形式、风格、美感等元素的感知和理解。艺术表现则是将审美感知通过艺术手段表达出来，它需要学生掌握一定的艺术技能和表现力。创意实践是创新创造能力的体现，它要求学生能够在审美感知和艺术表现的基础上，发挥创造性思维，进行艺术创作。文化理解则是对于艺术作品所蕴含的文化内涵和社会背景的理解，它有助于学生更好地理解和欣赏艺术作品。

这四个核心素养贯穿了学生艺术学习的全过程，从基础的审美感知到高级的创意实践和文化理解，它们相互促进、共同发展。未来小学艺术课程的学、练、展、评、考都要围绕这四个核心素养有序展开，以有效达成各学段学业要求。

（一）基于艺术学科素养的小学艺术课堂教学策略的探讨

艺术课程的核心素养主要包括审美感知、艺术表现、创意实践和文化理解。这四个核心素养为小学艺术教学提供了明确的方向和目标。

1. 审美感知与教学策略

审美感知是艺术课程的核心素养之一，主要指学生对美的感受和欣赏能力。为培养学生的审美感知素养，教师可采用以下教学策略。

（1）丰富审美体验。

通过展示不同类型的艺术作品，如绘画、音乐、雕塑等，引导学生感受其中的美。

（2）比较与讨论。

让学生对比不同作品，讨论它们的审美特点，提高学生的审美鉴赏力。

（3）实地考察。

组织学生参观博物馆、艺术展览等，让他们在真实的艺术环境中增强审美感知。

2. 艺术表现与教学策略

艺术表现强调学生的艺术创作和表达能力。针对这一素养，教师可以采取以下教学策略。

（1）提供多元创作平台。

为学生提供多种艺术创作工具和材料，鼓励他们尝试不同的艺术形式。

（2）个性化表达。

尊重学生的个性，鼓励他们通过艺术创作表达自己的思想和情感。

（3）技巧指导。

针对学生的艺术表现技巧进行指导，提高他们的艺术表现水平。

3. 创意实践与教学策略

创意实践强调学生的创新能力和实践能力。为培养学生的这一素养，教师可以采取以下教学策略。

（1）启发式教学。

通过提问、引导思考等方式，激发学生的创意灵感。

（2）项目式学习。

让学生参与实际的艺术项目，提高他们的实践能力。

（3）鼓励尝试与创新。

为学生提供宽松的艺术创作环境，鼓励他们大胆尝试和创新。

4. 文化理解与教学策略

文化理解主要指学生对不同文化的理解和尊重。针对这一素养，教师可以采取以下教学策略。

（1）跨文化教学。

引入不同文化的艺术作品，让学生了解不同文化的特点和魅力。

（2）文化背景介绍。

在艺术作品欣赏中，注重介绍作品背后的文化背景和故事。

（3）比较与探讨。

让学生对比不同文化的艺术作品，讨论它们的文化内涵和价值。

综上所述，基于艺术课程的四个核心素养，小学艺术课堂教学策略应注重培养学生的审美感知、艺术表现、创意实践和文化理解能力。通过丰富审美体验、提供多元创作平台、启发式教学、鼓励尝试与创新，以及跨文化教学等策略的实施，可以有效提高学生的艺术素养和综合能力，为他们未来的全面发展奠定坚实的基础。

5. 综合教学策略

为了提高小学艺术课堂教学的成效，除了上述提到的基于艺术课程的四个核心素养的教学策略外，还可以考虑以下几个方面。

（1）激发学生学习兴趣。

兴趣是学习的最好动力。教师可以通过生动有趣的故事、游戏等方式，吸引学生的注意力，激发他们对艺术的兴趣。

（2）创设良好的课堂氛围。

一个轻松、愉快、和谐的课堂氛围有助于学生放松心情，积极参与课堂活动。教师应该与学生建立良好的关系，鼓励他们自由表达自己的想法和感受。

（3）注重个体差异。

每个学生都有自己的特点和优势。教师应该关注学生的个体差异，针对不同学生的需求和特点进行教学，使每个学生都能在艺术学习中进步。

（4）整合其他学科资源。

艺术与其他学科有着密切的联系。教师可以将其他学科的资源整合到艺术教学中，如将语文、历史、地理等学科的知识融入艺术作品欣赏中，帮助学生更全面地理解艺术作品。

（5）运用现代教育技术。

利用现代教育技术如多媒体课件、网络资源等，可以丰富教学内容和形式，提高学生的学习兴趣和参与度。

（6）评价与反馈。

及时、客观、公正的评价和反馈有助于学生了解自己的学习状况，明确努力方向。教师可以通过作品评价、口头评价等多种方式评价学生的作品，同时鼓励学生进行自我评价和相互评价。

（7）教师专业的持续发展。

教师的专业素养对教学成效有着重要影响。教师应该持续地进行专业学习和进修，提升自己的艺术素养和教学能力。

综上所述，提高小学艺术课堂教学的成效需要教师在教学中注重培养学生的核心素养，激发学生的学习兴趣，创设良好的课堂氛围，关注个体差异，整合学科资源，运用现代教育资源，及时评价与反馈，以及教师持续发展自身专业。通过这些措施的实施，可以更好地提升学生的艺术素养和综合能力，为他们未来的全面发展奠定坚实的基础。

（二）基于核心素养的小学艺术课堂教学的展望

1. 个性化审美感知

在审美感知方面，未来的教学将更加注重学生的体验和感知。教师可以利用多媒体教学资源，如高清图片、视频和音频等，让学生从视觉、听觉等多方面感受艺术的魅力。此外，教师可以组织学生进行实地考察，如参观博物馆、艺术展览和剧院等，让学生身临其境地感受艺术作品的魅力。通过这些方式，学生能够更深入地理解和感受艺术的美，提高自己的审美感知素养。

2. 多元化艺术表现

在艺术表现方面，未来的教学将更加注重学生的创造性和个性化。教师可以提供多种艺术表现工具和材料，让学生自由选择自己感兴趣的艺术形式。同时，教师可以通过主题创作、命题创作等方式，引导学生发挥自己的想象力和创造力。此外，教师还可以采用跨学科的教学方式，将艺术与其他学科相结合，如艺术与科学的结合可以让学生通过艺术创作表达对科学知识的理解。

3. 合作化创意实践

在创意实践方面，未来的教学将更加注重学生的实践能力和解决问题的能力。教师可以组织学生进行小组合作，共同完成一个艺术项目或创作任务。通过小组合作，学生能够学会合作与沟通，提高自己的团队合作能力。同时，教师可以通过设置真实的问题情景，引导学生运用所学知识解决实际问题。此外，教师还可以引导学生发现生活中的问题，从艺术的角度提出解决方案，培养学生的创新思维和实践能力。

4. 全球化文化理解

在文化理解方面，未来的教学将更加注重学生对多元文化的理解和尊重。教师可以引入不同文化的艺术作品，让学生了解不同文化的特点和魅力。同时，教师可以组织学生参加文化交流活动，与其他国家的同学交换和展示各自的艺术作品。通过这些方式，学生能够拓宽自己的文化视野，加深对不同文化的理解和尊重。此外，教师还可以引导学生关注社会热点问题，从艺术的角度表达自己的观点和态度，培养学生的社会责任感和主人翁意识。

综上所述，基于艺术课程的四个核心素养：审美感知、艺术表现、创意实践和文化理解，小学艺术课堂教学的未来展望是个性化审美感知、多元化艺术表现、合作化创意实践和全球化文化理解。通过创新的教学方法和新技术的运用，以及与外部资源的有效整合，未来的小学艺术课堂教学将更加注重学生的全面发展与综合素养。这将有助于学生更好地适应未来社会的发展需求，让他们成为有创造力、创新精神和跨文化素养的优秀人才。推动构建人类命运共同体，建设更加美好的新世界。

（三）观察简例

神州风采——感受历史文化与自然遗产之美

1. 案例背景

随着人们对文化和自然遗产认识的深入，如何引导小学生更好地了解和感悟我国的文化和自然遗产，培养他们的文化自信和民族自豪感，成为小学艺术教育的重要课题。本案例旨在通过一系列的教学活动，让学生深入了解我国的文化和自然遗产，感受其独特魅力和深厚的历史文化底蕴。

2. 教学目标

（1）了解我国现有的世界文化和自然遗产的基本知识与背景。

（2）通过实地考察、小组合作和创意表达，培养学生的观察、思考和表达能力。

（3）培养学生对祖国文化遗产的热爱，树立保护文化遗产的意识，增强民族自豪感和文化自信。

3. 教学过程

（1）故事导入。

教师讲述一段关于我国某一文化遗产的故事或传说。此环节旨在激发学生的好奇心和学习兴趣，引导学生进入情景。

（2）实地考察（前置学习）。

学生自主参观当地的物质文化遗产景点。教师引导学生观察、感受这些遗产的独特魅力和历史厚重感，并提醒学生注意保护环境，树立可持续发展的观念。此环节旨在增强学生的感性认识和体验，帮助他们思考和理解。

（3）合作交流。

学生分组合作，选择一个文化遗产进行深入了解。他们需要搜集相关的图片、视频和文字资料，整理成简短的报告。在小组合作过程中，教师巡视指导，给予必要的帮助和提示。完成小组合作后，各小组派代表汇报成果，与其他同学分享交流。

通过小组合作与互动交流，培养学生的合作意识和探究能力，促进同学之间的交流和互动。同时通过互动交流，学生可以了解更多关于我国文化遗产的知识，拓宽视野。在讨论中碰撞出思想的火花，加深对文化遗产的理解和认识。教师对学生的汇报和讨论进行总结性评价，强调文化遗产的重要性和保护意义。

（4）创意表达。

学生选择一种有创意的方式（如绘画、诗歌、短文等）来表达对某一文化遗产的感受和认识。教师提供相关的绘画工具和材料，同时引导学生思考如何通过这种方式，传递保护文化遗产的理念，培养他们保护文化遗产与保护环境的意识。

（5）展示评价。

学生展示作品并分享创作心得和感受，学生相互评价与建议。教师对学生的作品进行点评指导，鼓励他们继续努力探索艺术创作的无限可能。通过创意表达，培养学生的创造力和审美能力，提高他们的文化素养，同时增强学生的情感表达能力和促进他们的个性发展。

（6）拓展延伸。

教师总结本节课的学习内容，强调保护我国文化遗产的重要性和意义。同时布置一些拓展性的作业，或引导学生进行课外的文化探索活动，如撰写小短文、拍摄照片等，以巩固和延伸学生在课堂上所学的知识和技能。通过课堂小结与拓展活动帮助学生梳理所学内容，激发他们进一步探究文化遗产的兴趣和动力，同时强调学生应该成为传承和弘扬中华民族优秀文化的使者，为保护文化遗产贡献自己的力量。

（四）课堂观察

神 州 风 采

1. 观察背景

本次课堂观察旨在深入了解小学六年级美术课堂的教学情况，重点关注在"神州风采"这一课程主题下，如何引导学生通过观察和创作来感受中华文化的独特魅力与文化自信。观察将重点记录学生的表现与教学成效，以期为进一步提升美术课堂教学效果提供参考。

2. 观察过程

（1）课堂导入阶段。

教师开始上课时，首先播放了一段介绍中国各地风光的视频。视频中展现了中国的壮丽景色和丰富的人文景观，包括长城、故宫、敦煌等著名景点以及民族舞蹈、传统音乐等文化元素。学生们全神贯注地观看视频，不时发出惊叹声，表现出他们对神州大地美景和文化的浓厚兴趣。

（2）素材欣赏阶段。

教师随后展示了一些与中华文化相关的美术素材，包括传统图案、民族服饰、古代建筑等图片资料。学生认真观看图片，并积极发言分享自己的感受和理解。教师引导学生观察这些素材的特点，探讨它们所代表的文化意义。学生们积极参与讨论，提出自己的见解，课堂气氛活跃，大家一起感受历史文化与自然遗产之美，感悟中华民族的文明与精神。

（3）创意绘画阶段。

学生开始进行创意绘画。教师提供了一些绘画工具和材料，并鼓励学生根据自己的想象和所学的素材创作。教师巡视指导，关注学生的绘画过程，针对学生的需求给予个性化的指导。学生们发挥想象力，尝试将所学元素融入自己的作品中，绘画过程充满创意和乐趣，增强了学生的民族自豪感与文化自信。

（4）作品展评阶段。

学生完成作品后，进行展示和分享。教师引导学生互相欣赏各自的作品，并鼓励他们提出建设性的评价和建议。学生们积极发言，相互评价作品，分享创作心得。教师对学生的作品进行了总结性评价，肯定了他们的创意和努力，同时提出了一些有益的建议和改进意见，提高了学生关注和保护文化与自然遗产的意识。

3. 观察结果

（1）学生表现方面。

在课堂导入阶段，学生对神州风采产生了浓厚的兴趣，积极参与讨论和发言。在素材展示环节，学生表现出认真观察的态度，能够总结出不同文化元素的特点。在创意绘画环节，学生充分发挥想象力，努力将所学元素融入自己的作品中。整堂课，学生的学习态度积极认真，表现出对美术学习的热情和投入。

（2）学习收效方面。

通过本节课的学习，学生对神州风采有了更深入的了解和认识。他们不仅学习了相关的美术知识和技能，还锻炼了自己的观察能力、想象力和创造力。同时，通过相互评价和听取教师总结性评价，学生对自己的作品有了更清晰的认识，为今后的美术学习提供了有益的反馈。整堂课的学习效果明显，达到了预期的教学目标。

4. 观察建议

根据课堂观察的结果，以下是对本次美术教学的建议。

教师可以进一步丰富美术素材的种类和内容，以更好地满足不同学生的兴趣和需求。教师还可以尝试引入更多具有地域特色的文化元素，帮助学生了解不同地区的文化特点。

在作品展示与评价环节，教师可以鼓励学生多讲述自己的创作思路和心得体会，可以组织学生进行小组讨论或互动交流，促进彼此之间的学习与成长。同时，教师还可以引导学生关注作品的创意、技巧和创新点，以激发他们的创造力和想象力。

第六章　教学日志篇

悠悠纸伞情①

12月22日，多云

"撑着油纸伞，独自彷徨在悠长、悠长又寂寥的雨巷……"温柔恬静的歌词、优美和谐的校园，一把把带有古朴韵味的素色兰竹骨白棉纸伞、天真无邪的孩子们，画面唯美又富有生机。

12月22日，冬至微寒，光谷实验小学第八届校园才艺展示正如火如荼地有序进行着。"悠悠纸伞情"的赛场选在了校园的篮球场，这里齐聚了四年级、五年级各班的绘画小达人们，他们略加思索，便成竹在胸地开始大显身手了。

可爱的姿势、专注的神情，孩子们认认真真地在伞面上绘画着自己喜爱的图案。在专业老师的指导下，大家充分发挥自己的艺术想象力和

① 本章所收录的教学日志，系作者在2014年9月至2024年8月期间所写。由于作者未能准确回忆每篇日志具体的年月日，故日志中的日期未作详细标注。读者在阅读过程中，如需了解日记的准确时间，敬请参照此时间段。特此说明。

绘画技巧，美丽纷繁的图案一一呈现在油纸伞上。或是一朵朵国色天香的牡丹，或是一簇簇风骨傲然的梅花，或是一枝枝圣洁的白荷，还有的是中国的传统书法、中国神话故事人物，更有卡通、漫画……

没有对寒风的畏惧，只有对艺术的热情，孩子们经过60多分钟的激情创作，一幅幅充满创意、充满想象力的纸伞作品呈现在了赛场上，整齐地陈列着。引来许多师生围观、欣赏、拍照，大家对孩子们的作品赞不绝口。

每一幅作品都很好地展现了孩子们的审美能力、想象力和创新精神，同时也表达了孩子们内心对艺术的热情追求，对心中美好事物的理解和向往。

丹青草木间

12月31日，晴

12月31日，伴随着2015年远去的脚步，第八届校园才艺展示节圆满闭幕，美术组别出心裁地举办了草木上的艺术展，以原生态的状态迎接新一年的到来。

一幅幅生动的风景创意写生作品，被精心地放置在了草丛中，一件件可爱的动物油画作品更是趣味地"身临其境"：小鸟藏于树杈，小兔、斑马立于草丛，海龟趴于石旁，虎鲸游于"学海"，火烈鸟站于"石湖"……更有四年级、五年级手绘的"悠悠纸伞"，水墨五彩、生机盎然；三年级、四年级的艺术纸盘彰显方寸魅力、无限想象；一年级、二年级的创意刮画天马行空、活泼可爱。真可谓：一花一叶一纸伞伞伞出彩，童真童趣童心声声声入画。

原生态的辞旧迎新，草木上的丹青水墨，为2016年的到来披上了节日的盛装，浓厚的艺术气息感染着每一位驻足观看的师生，语文组名师秦望喜老师点赞并赠联：

上联：水墨水彩画天地，下联：真情真意绘春秋。横批：美育英才。
对曰：
上联：枝头枝丫出新意，下联：草地草丛现生机。横批：返璞归真。

一起"充电"

1月6日，晴

1月6日上午，小寒不寒，美术室翰墨生香，美术组激情飞扬。美术组全体老师在美术室举行新年的第一次专题教研活动，也是本学期的期末教研活动，活动主题是纸伞创意绘画。

老师们热情高涨，组长袁伟老师对教研主题和意义进行简单讲解

后，大家就开始积极行动起来。准备画具，专注思考，然后开始胸有成竹地挥洒起来。大家充分发挥自己的艺术想象力和绘画技巧，水墨工笔、纹样创意、名画再绘、猴年图案等，色彩缤纷地呈现在各自的纸伞上。每一幅纸伞创意绘画作品都展现着老师们各自的兴趣爱好与职业素养，同时也表达着老师们对小学艺术教育的积极探索与执着的追求。

常言道：要给学生一杯水，教师要有一桶水。我们不仅要有一桶水，还要长年不断地更换新鲜的水，才能浇灌出各色不同的花朵。

学情反馈周

（一）

1月15日，多云

本学期美术课程结束，从本周五开始至下周三，是期末学情反馈的时间。三年级、五年级美术的期末学情反馈题目一样，学生可以任选一

196

题进行创作。

①　创意贺卡：新年贺卡。

②　设计：造型别致的椅子。

③　绘画：春节。

这三道题是平时学习过的，但这次不允许出现和平时作业一样的作品。重在考查学生灵活运用的能力、创新思维能力、动手能力。

今天上午505班练习，下午是507班、309班的练习时间。我分别告诉两个年级的孩子：两个年级的题目一样，要的是三年级、五年级的学生进行脑力大比拼，创意PK。看哪个年级组的创意多、有新意。

五年级的学生怕输！三年级的学生想赢！大家都积极地投入创作中，有的对照图画本上之前的作业进行再创作，有的直接用卡纸开始制作，有的细心认真地打着草稿，比平时做课堂作业专注多了。可40分钟毕竟太短了，大多数孩子的作业处在半成品状态。为了让学生的作品呈现最佳状态，我允许他们带回家去完善，但要独立完成，家长可以给参考意见，但听不听家长的建议，要他们自己定夺。

相信本周末，孩子们会出色地完成作品。

（二）

1月18日，晴

上周在"家校帮"、家长微信群里发布了期末学情反馈的通知，并于上周五进行了三个班的练习。

今天，一大早，部分"积极分子"把作品早早地交到了我的办公桌上，他们的脸上流露着迫不及待等我赞扬的神情。我摸着他们的头赞许地说："你们作品完成的效果不错，学习态度也很积极。但为了公平，请把作品带到教室去保存好，我来统一评价。"

今天评价的班级分别是505、507、309。

我先让孩子们讲述他们作品的创作过程和自己的想法，并进行自我评价，然后同学之间相互评价，要求既要看到同学的优点，也要指出其不足。最后，我对孩子们用心完成的作品都赞美有加，并对特别优秀的作品打出了最高等级的分数：A++，孩子们高兴坏了。

但客观来说，五年级的学生动手能力整体强于三年级，但三年级学生的跳跃性思维要优于五年级的。同样是关于创意贺卡，五年级的学生多采用了折、剪、贴、画等手法，让贺卡能独自站立，也较美观，但形式略单调，把市面上的贺卡形式作为了"标准答案"。三年级的学生则天马行空一些，各种形态都有，千奇百怪，色彩运用大胆，虽做工不如五年级精细，但创意十足，思维没有受到什么限制。

我向孩子们说明：美术作品没有标准答案，创意没有最好，只有更好，老师打的A++，是对你们用心创作的肯定与鼓励。虽是目前评价的最高级，但创意是没有止境的，我相信你们还有更好的创意没有表现出来。

（三）

1月19日，晴

受强冷空气影响，小学期末考试提前至1月20日，我的学情反馈也随之加快进度，我在一天时间内将学生作品收集齐后，对学生的作品进行整体评测。感受和昨天差不多，五年级的学生在创造性思维上相对三年级的学生来说，显得有些拘束，但整体做工还是要精细一些。

印象最深的是一个三年级小男生，交上来一个他昨晚用纸折的、拼装的大型战斗机，应该说是空中航母，上面还搭载了很多小型飞机和火箭炮，全是攻击性武器。虽然手工粗糙了一点，但足以看出他的喜好与用心。

我开玩笑说："你这是要去攻打哪个星球？我们保卫和平好吗？"

他笑说："老师你给我提个建议，看哪里还要修改一下？"

我说："整体看上去，主机外形边缘方正了一点，在空中飞行时阻力太大，飞行后容易会被空气撕裂，我建议主机外形处理成流线型。"

他睁大双眼看着我："'不明觉厉'，什么是流线型？对飞机飞行有什么好处?"

我说:"流线型通常是前圆后尖、表面光滑的形体，和水滴的形状有些相似。跑车的外形大部分都是流线型的，跑起来阻力小，自然就更快。"

他说:"老师你示范给我看一下。"

我随手拿起他作品上面的一架小飞机，将铅笔尖端伸进外形边缘有折痕的地方，稍稍往上拉，拉得纸面拱起来，再用手在外边挤压，让其边缘变成拱形的空心状，小飞机的线条整体看起来就更流畅了一些。示范完毕，我让他自己动手试一下，他成功了。看来他是一个接受能力强、反应快、爱动手动脑的孩子，如果将这个状态保持下去，未来应该是个科技型人才。

看着我给他打的满分，他又开始欢呼雀跃起来，引起一片喧闹声。

我说:"为何如此喧哗啊?! 悟空，为师教你法术，是让你拿来人前卖弄的吗?"(全班笑)

我对他说:"我也不责罚你，你回去吧! 把你的作品再细化一下。"

他低头回到自己的座位，又开始"加工"起自己的小作品了。

心细如发的小男生

1月20日，晴

监考过多年150分钟的高中语文、学科综合考试，现在监考小学的考试，我总感觉自己刚坐下一会儿，就要温馨提示:还有十分钟结束，请抓紧时间。

上午监考六年级数学，一个男生在考试时表现出来的细节让我感动了很久。

大家都在认真答题、打草稿，坐在二组第一排的那个小男生的草稿纸让我震惊了。只见其草稿纸上，题号清晰、字迹工整、算式排列整齐，像用尺子比着写似的。不仔细看，我以为他把平时用的练习本带进来了，细看，我的天啦！真的是令人难以置信！试卷上更整洁，没有一处涂改、一处擦除的痕迹。收卷时，我特意留下他帮我整理考场，准备观察一下他对公共卫生的处理情况。

我说："你留下帮老师整理一下考场好吗？"

他爽快地答应了。我边整理试卷边说："你把同学们没有带走的或掉在地上的纸捡一下就好了。"

他一边捡，一边摆正、对齐桌椅。

我问："你在草稿纸上都写得那么认真，是老师要你做的，还是你父母要你这么做的？"

他回答："老师和家长都有要求过。"

我追问："但这一组全是你们班的同学，就你一个人这么做啊。你这样做的目的是为了和老师对答案，还是为了老师的表扬呢？"

他笑着说："我喜欢这样，这样做可以让我很好地梳理思路。"

我说："你的数学成绩一定很棒。"

他又笑着说："还可以。"

我说："谢谢你，整理得很好！把你这个好习惯一直坚持下去，将来你一定会终身受益的。送你一句名言：追求卓越，成功将不经意地靠近你！"说完我很肯定地拍了拍他的肩膀。

他非常有礼貌地说了声："谢谢老师！老师再见！"

离开考场，我一直在想，这样心细如针、心思缜密的小男生真的很难得，如果能一直保持这种严谨的学风，多年以后，他一定能成大器！

后记：事实证明我的预感没有错。6年后，当他拿着北大的录取通知书来看老师时，他居然还记得我在他六年级期末数学考试结束后说的那句话，说我当时对他的认可与鼓励对他的帮助极大。

我来当学生

2月23日，晴

开学第一周的第一课：欣赏《着衣母婴卧像》，这个雕塑是亨利·摩尔在1983年创作的。今天在503班和504班上这节课。

"今天，我来当学生，你们来当老师。提前预习了的，或了解艺术家亨利·摩尔的同学，请上台来将自己知道的内容讲给大家听，或带领大家一起学习，怎么样？"

孩子们的表情告诉我，他们很高兴；他们的眼神却告诉我他们很担心，不知道要怎么讲。

他们集体小声讨论着，就是没有人愿意站上讲台讲述。

我坐在学生的位置上，举手问："老师！你们怎么还不开始讲啊？"

学生齐说："怕讲错。"

我说："我保证不打你们！"（学生笑）

我又说："你们在语文课、数学课上当过老师、讲过课吗？"

学生齐说："当过、讲过。"

我说："那美术课为什么不敢讲？"

学生齐说："因为语文、数学有标准答案啊，所以好讲。美术没有标准答案，不知道怎么讲。"

我说："这么神奇？！好吧，答案可以在课本第1页下面的文字中找，这样可以了吗？"

学生齐说："So easy！"

我说："老师开始讲吧，我都等不及了。"

终于有学生开始大胆地讲述了，最后大家一起讨论了最后一问：他为什么把母亲的身体和大地联系起来？

小组小结：

① 母亲哺育子女，就像大地滋养万物，所以大地可称为万物的母亲。

② 母爱是伟大的、是无私的、是奉献的。我们要学会感恩，报答母亲。

下课后，我反复思索如何改进学生的学习效率：

① 加强学生自主学习的力度。

② 引导学生发散思维。

③ 提前收集学生已知的美术信息。

④ 加强学生前置性学习与准备。

学生讲恐龙

2月24日，晴（授课班级：309和310）

看到三年级的小学生们一提到恐龙就滔滔不绝，我决定今天让他们来讲讲《美术》下册第1课《恐龙世界》。

"今天我想请几位小老师来讲讲他最了解的恐龙，说说它的特点、习性、生活环境等。"还没等我说完，小手都举了起来。三年级的学生比五年级的学生活跃一些，更有表现欲。

"那就一个人讲一种恐龙，不能重复前面同学讲过的品种。另外请几个小老师在黑板上画自己最了解的恐龙，并标注名称，当作给主讲老师的配图。小老师开始讲吧，我来做笔记。让我们一起走进神秘的恐龙世界，感受大自然的神奇，探究生命的奥秘。"

小老师们一个个根据收集来的恐龙图片、书籍，讲得头头是道，看上去自信满满。他们既天真无邪又认真专注。

小老师们讲完了，我布置了随堂练习：

"把你最喜欢的恐龙画出来，一定要抓住恐龙的主要特征，例如，体型较大、后腿粗而有劲、尾巴粗长、身体线条呈流线型等，看谁画得又快，又生动形象。小老师也要来和大家一起比赛——开始。"

再看黑板上，已经画满了大大小小的恐龙。

全体同学都投入自己的恐龙世界，有的同学用超轻黏土捏出了自己喜爱的恐龙。

艺术实践结束，我们一起来评价同学们的作品，讨论了下面几个问题：

① 是不是突出了所画恐龙的主要特征？

② 线条疏密安排得合理吗？色彩搭配得美吗？手工制作细致吗？

③ 有没有添加背景环境？

④ 整体效果如何？

大家都畅所欲言，各抒己见，开心至极。

我虽然看了很多关于恐龙的电影、相关资料，但自己了解的恐龙，还不及三年级的孩子们细致、翔实。有几种恐龙的名字，我连听都没听过。看来，向学生学习是必须的，也是快乐的。

听 Ellen 上课

3月4日，晴

今天上午没有课，去听了我校外教 Ellen 的区级展示课。虽然这是我第三次听她的公开课，但我还是感受很深，也不断地反思自己的教学内容和效果。

Ellen 是一位年仅20出头的英国女孩，大学刚毕业，年轻、漂亮、有活力，课堂的氛围轻松、诙谐、有感染力。小学英语的全英文教学，她把讲授、游戏、问答、唱歌、猜词、画图等方法运用自如，把一些上课令老师感到头疼的孩子都调动得能积极参与课堂学习，整个课堂氛围欢乐无比。

她那招 "one by one"，看似简单重复，却照顾到了所有的孩子，没有一个学生被忽视。每一个学生都能感受到老师在平等地对待自己，因为老师会与每一个学生互动。另一招是猜词画图，老师任意想一个单词，只在黑板上画几条线，提示线条由几个字母组成。学生从26个字母中任意竞猜，猜中一个就把该字母写在其相应的线段上，猜错就画一笔简易卡通线条。当卡通火柴人和绞刑架画完，学生们还没猜出，则老师胜；反之，则学生胜。学生们对这个游戏乐此不疲。

这堂开放式教学课，从笑声可以感受到，孩子们是开心的；从参与度可以看出，孩子们是很充实的；从同学们相互交流可以看出，他们的学习效率很高；从目前的课堂表现可以看出，同学们平时学习保持率也很高。

这么年轻的外教，一个初出大学学堂的英国女孩，不会中文，照样把中国的小学生全英文课堂"盘"得团团转，让孩子们全身心地投入课堂学习。我想，抛开她的岗前培训不提，这与她接受的英式教育是息息相关的，她传达给我的是她所受的教育反馈，以及她的教师给她留下的深刻记忆与影响。当然，课程的成功也离不开她和她的指导老师辛苦的课前付出。

听完课，我不由得想起《走进美国课堂》一书中提及的观点：教给学生多少知识不是最重要的，最重要的是在课堂上为学生打开一扇知识的大门，培养学生对知识的渴望，让学生的想象力在知识的海洋中翱翔。还让我想起了美国缅因州的国家训练实验室提出的学习金字塔的理论，我要学习的真的还有很多，很多。

《我的书包》1

3月10日，多云（授课班级：509、508、310）
连续2天上的课的内容都是大师习作欣赏，多少会让小学生觉得乏味，没有活力。五年级的课我选择了设计与应用领域的"我的书包"这一主题；三年级的课我选择的是"威武的盾牌"这一主题。

这样的内容似乎点燃了他们脑中的烟花，新的想法呈"井喷"之势，根本停不下来。不需要我讲，同学们就提供了很多创意，正好我可以学习魏书生老师的"懒"教育法，让学生们一个一个来讲，我来听一节课。五年级的学生们的想法千奇百怪，把做一个书包讲得像要造航天飞机、航空母舰一样，什么自我保护、上天入地等高科技都要配备到书包上。从这里也能看出五年级的孩子的兴趣点以及他们关注的方向。

学生们画出来的作业更是五花八门，各种神奇的书包都有，看来五年级的孩子们在设计创作方面的热情还是很高的，他们充满童趣的梦想和幻想给作业增添了想象力。三年级的同学在设计上比五年级的同学要稍微弱一点，但稚嫩的线条画在他们设计的盾牌上时一点也不含糊，主题鲜明、色彩对比强烈、造型大胆。不过色彩方面他们还要加强练习，过多的颜色容易破坏画面美感。但这一点恰好证明了孩子们的本真与稚拙之趣。今天学生的表现明显比上周的欣赏课要积极、主动多了，他们争先恐后地表达自己的想法、有主见、有思想。看到每一张都不同、生动的作业，我想这两节课的目标应该达成了。

少儿油画社团

3月11日，多云

今天下午是学生社团活动时间。社团活动是全校学生最开心的时刻，他们都在自己喜爱的社团活动室活动。

这是本学期的第一次社团活动，我们社团的主题是少儿油画创意写生。我首先重点强调注意事项与安全事宜：第一是使用安全，油画的调色油、松节油千万不要溅到眼睛里，也不要溅到身上，更不能到处洒，也不能甩笔，以防伤到同学；第二是注意卫生，不要在自己画布、调色板以外的地方画画，那是不道德也不卫生的行为，既要注意个人卫生，也要注意公共卫生。接着我把上学期的优秀作品拿给同学们集体欣赏与回顾，然后讲解本学期的计划和本次写生训练的要求，最后学生们开始专心地按要求练习起来。

上学期我们学习了风景、动物、植物、静物的基础表现方法，本学期我打算先巩固基础，一步一个脚印，让同学们在学期末开始了解人物的创作表现。

去年我向小学美术教育专家请教过，专家开出良方：在写生中不失童趣、童真的表现，会让作品更生动、更有灵性、更有味道。本学期我会着重从这方面去引导，让孩子们不仅画得开心，而且能体现自己本真的思想和情感。

少儿油画的教学并不注重专业技法与理论，重在让学生体验新的画法带来的不同感受，直接地表达他们对事物的喜爱，让画面呈现出儿童的本真与乐趣。

《我的书包》2

3月14日，晴（授课班级：505、507、309）

这一课属于设计与应用学习领域，重在引导学生想象、设计出自己喜欢的书包，形式题材不作限制，讲求创新，设计要求：美观、实用、科技、环保。

备课时，我分析了学生可能遇到的问题，例如，学生可能会把书包的外形设计得千篇一律、缺乏创意。教学中，我激励学生大胆创新，表扬有创意、与众不同的学生作品，鼓励学生大胆表现。我在黑板上画范画，边画边鼓励学生，作品要突出个性、与众不同。再通过情景设置，让学生讲出自己的真实感受，学会表达自己的真情实感。全班学生基本都能在一节课的时间内完成本课作业。

不足之处：由于我只重视激发学生的创新，忽略了书包的实用功能，忽略了对周围事物的理解与观察。要引导学生在观察事物的同时，发现书包本身的特征与功能。

改进措施：在讲解书包时，应该让学生自己讲出书包的实用性，再引导学生讲出怎样设计一个适合自己的书包。这样学生在创作时才可能会将实用性和创意结合起来。

晨写30分

3月18日，晴

7点40分，清晨的阳光刚刚洒向校园，"晨写团"的成员已在大家约定的位置集合，围着一棵开着小花的小桃树开始安静地写生起来。认真地观察、细心地描绘、专注的神情、流畅的线条，让经过的师生都感叹，这些清晨画画的孩子真可爱。

孩子们经常会自嘲似地提问，"老师，我画的形不准！怎么办？""老师，我画的树好丑！怎么办？"

我说："形不准没有关系，因为树不会怪你；画得丑也没有关系，因为树也不会怪你的。你能发现自己哪里画得不准、哪里画得丑就是最好的收获，这样说明你的观察力又提升了。我们写生的目的不是为了画得像，而是通过你的作品传达你对这棵树的喜爱之情，或你喜爱它的哪一点，你就画好哪一点，这样作品就是成功的！我

们贵在能坚持画下去，每天30分钟，让我们约好，画遍校园的每一处，这样你的审美能力和绘画水平都会有一个很大的提高。"

30分钟很快就过去了，孩子们看着自己的作品，有的表示还算满意，有的表示准备下次再来好好画。

8点10分，孩子们收拾好画具，有序进教室晨读。

"晨写30分"，我们周一再见。

《手提袋的设计》

3月21日，多云（授课班级：505、309）

今天，五年级的"晨写团"完成了小桃树的写生，还用彩铅上了淡淡的颜色，他们画得投入，晨读的铃声响也没有听见。今天是三年级"晨写团"的第一天行动，他们表现得很好，工具齐全，安静写生，全用签字笔直接绘画，作品的最终呈现一点也不亚于五年级学生的铅笔描绘。明天，我们五年级的"晨写团"也开始用签字笔或勾线笔直接画，训练果敢流畅的线条表现手法。

今天505班级的课是一节设计与应用课，也是这一学期美术组"听常规、建规范"活动课，我讲的内容是"手提袋的设计"。这一课时重点启发学生的想象力与创新力，然后才是强调美感。这节课我使用趣味的方式引导学生的跳跃性思维和逆向思维，让他们跳出框架。我没有和学生讲解如何制作手提袋，只要他们画出与众不同的手提袋即可。学生作业呈现得并不太完美，但令人感到高兴的是，同学们设计出的样式没有雷同的，他们都能大胆地设计出自己想要的手提袋。散点式启发、提问、交流，让学生轻松地展开想象与进行灵活的创作，给足时间让他们开心地"瞎画"，再教他们如何在身边找到灵感，找到参照物等。没有标准答案、没有预设的问题，只要是学生用心设计的、别出心裁的作品，都是值得称赞的作业。

油菜花开

3月25日，晴（社团活动）

今天上午没有课，下午主要是创意写生社团的油画课程，为了完善上次的"油菜花开"。

学生们的这次绘画课程是在我的引导下完成的，他们作品呈现的效果还算过得去，但还是有些大同小异了。虽然只是一次习作，但也暴露出了他们被束缚住的想象力，这和我的引导也有关系。所以我想，如果我在课程开始的前十分钟不引导他们，可能会让他们的画面效果更丰富、更活跃一些。下次我一定要尝试这类命题式创作。

这次的活动课，孩子们也在思考如何构图，这一点是可喜的，同样是蓝天白云，画法有很多种，有点、有拖、有扫、有揉，画出来的天空也各有不同。画面的主角油菜花的表现大致上还可以，整体色调也还行，只是大部分学生在大面积相同色的处理上还不太灵活，略显平淡。

为完成这张8开纸大小的作业，我们共花了3节课的时

间——120分钟。相比之前，同学们的速度有提高，不过于拘泥细节，大面积色块的处理更大胆了一些。不过很多同学的构图方式、用色、用笔、趣味等还有很多需要改进的地方，需要我一一跟进。

《色彩的纯度》

3月29日，小雨（授课班级：503、504、310）

人民美术出版社出版（简称人美版）的《美术》课本五年级下册中的《色彩的纯度》，主要内容是美术色彩知识，其中有纯度概念、对比色概念、色相环的认识和渐变的技法。对于五年级学生来说，要理解这些内容有一定的难度。怎样才能做到教师讲得少而学生能理解这些内容，并让学生在两个课时里能快而好地完成作业呢？

根据五年级学生直观形象思维为主的特点，我想到了做实验。实验演示可以让学生看到最直观的结果，是帮助学生理解掌握美术抽象知识的好方法。我设计了实验演示的方法让学生们可以感受色彩纯度的渐变。

开始时，教师首先在一个透明的塑料杯子里倒入一些红色的颜料水，再倒入一点绿色的颜料水，两色混合就会变成灰色，并且红色和绿色用量不同，产生的新颜色的深浅也不同。

通过实验演示，学生可以一目了然地感受到颜色混合的过程及效果，并产生极强的欲望，想自己也来试一试。趁着学生的热情，我引导他们在调色盘里尝试调试颜料，当然在此过程中也要随时强调水分的控制。我对学生说，要像冲调果汁一样，颜色要调匀。学生把自己调好的色彩在白纸上涂抹成条状、波浪状、锯齿状等形状，课堂气氛十分活跃。

接着，我又把内容引申，语气一变："噢，同学们，色彩的渐变是很有讲究的，不是随便地往里面加颜色，而是要加它们的对比色。"我在黑板上写上了板书——对比色。大屏幕上出现"色相环",这对学生们来说又是一个新事物。由色相环引出对比色,直观易懂。学生在色相环中很快学会了找对比色,用小手指着、眼睛看着。最后,我又对学生提出更高的要求,选择自己喜欢的任何一种颜色,找到对比色,再一点点地加进去,渐变的效果就出来了。

一节课下来,学生都掌握了色彩渐变的方法,教师也通过实验演示解决了教学中的难点问题。

不足之处是,学生们在做练习时,色块涂得不太均匀,分割手法相对不成熟,在以后的学习中我要多强调构图知识。

大美武汉·巧绘园博

3月29日,小雨转阴

3月29日下午2点,小雨初歇,"大美武汉·巧绘园博"东湖新技术开发区初赛作品展评活动在我校如期举行。

武汉市教科院美术教研员蔡老师、武汉教育电视台胡主任和记者一行、我区美术教研员南老师及  初赛评委老师们,都按时到达作品展区,各位老师从我区各校选送的3000多幅参赛作品中认真细心地选拔出了72幅优秀作品,并进行了现场分析与点评。

少儿油画社团有多名学生的作品入选,社团还在展区中心进行了现场油画创作表演。

　　蔡老师对创意写生社团学生的作品满意度很高，给予了很高的评价和肯定，并对入选作品作了细致的分析与讲解。

　　武汉教育电视台对此次活动进行了实录采访，并在少儿频道做专题报道。

《精细的描写》

3月31日，星期四（授课班级：509、310、508）

　　《精细的描写》是人美版《美术》五年级下册第6课的内容，属于"造型与表现"领域。此节课旨在通过对比帮助学生抓住线描描写的特点，并通过观察老师的演示，突破用笔、用线进行描写的特点，层层递进，突出重点，解决难点，落实线描的绘画方法。整节课的氛围轻松愉快，学生在自由愉快的氛围中学会学习、乐于学习、快乐学习、自主学习，把一节原本很复杂的技能课变得轻松愉快，学生在老师的鼓励下灵活掌握了知识与技能。我把这节课设计成了一节写生课，通过本课的学习，学生能够发现线条的美感，进一步学习写生及用线进行精细描写的方法，学生的观察能力、线造型能力及绘画的组织能力都得到了提高。同时我还引导学生在小组学习探究中相互交流，培养他们的合作与探究意识。

　　这是一节线描课，学生以往接触过线描，但是因为平时画得比较少，所以技法方面还不熟练，不知道如何用线进行精细的描写。在授课时我注意引导学生通过对物象的观察与分析，发现物象中线的美感，学习如何用线进行精细的描写。为了使学生下笔时能心中有数，我启发学生想象生活中线条丰富的物品，并让学生将目光转移到教室内，要他们学会观察生活。另外，我注意加强画法示范，解决学生构图不饱满、缺乏美感的问题。但是我忽略了对构图定位方法的讲解，大部分学生在设计画面时仍很随意，构图不合理的作品大量存在。用线条造型表现遮挡关系是学生易出现错误的地方，所以教师必要的点拨是不可少的。初教时我给漏掉了，后经上级老师的指导，复教时，我抓住了以上几点，使教学效果变好了。

总之，我认为自己在教学中之所以会出现一些问题，就是没有吃透教材，今后还要不断地努力改进。

《我们的社区》1

4月1日，多云

周五上午，我把三年级本周的课程"我们的社区"重新整理了一下。

1. 教学目标

（1）认识社区环境和社区设施，懂得要爱护社区的公共设施。

（2）交流自己参加过的社区活动，激发学生参加社区活动的意愿。

2. 教学重点

认识并熟悉社区环境和设施。

3. 教学难点

激发学生参加社区活动的意愿。

4. 教学准备

（1）设计调查表。

（2）要求学生在大人的带领下参观社区，认识社区的一些设施。

5. 教学过程

由教师引导提问。

1）介绍自己的社区。

（1）我们每个人都有自己可亲可爱的家，那谁愿意来说说你的家住在哪儿呢？

（2）你和哪些小伙伴住得比较近？一群人生活的相对集中的区域，这里有各种服务设施和管理机构，这就叫社区。简单来说，社区就是我们生活的地方。（板书课题：我们的社区）

（3）每个人都介绍一下你和谁住在同一个社区大家庭里。

① 看着课件自己练习着说一说：我家居住的社区叫（　　）社区，我就是（　　）社区的小居民。

② 和四人小组的同组小朋友练习说。

③ 听到自己社区名字的同学就起立，跟自己同社区的小居民打个招呼吧！（出示大概地图）

④ 同一个社区的小居民们都坐到一起来，并且带上你们的"小居民"卡。

> **过渡**
>
> 　教师说："小朋友们，我们在社区这个大家庭中生活，每天的生活都离不开它。"

2）小组交流社区的环境。

（1）每个社区推选出一两名最佳"小导游"，在全班介绍自己的社区。（实物投影，颁发导游证）

（2）我们一边听着小导游们的介绍，一边看着这些图片。教师提问："小朋友们有没有什么想说的？"

小结、过渡

教师说："在小导游们的带领下，我们欣赏了咱们生活的社区里的优美的环境，那么我们社区里还有什么呢？接下来就要发挥你'小眼睛'的能量，看看我们生活的大社区。"

3）我们的社区设施。

（1）（出示书本图片），在我们生活的社区里，还有这些地方，让我们来叫叫它们的名字。

（2）在我们生活的周围区域，有没有这几处地方？

（3）你们社区里、家附近还有哪些设施呢？

（4）你最喜欢的是哪个地方？为什么？

（5）这些设施给人们带来了哪些方便？

（6）是啊，社区的设施为我们的生活带来许多的便利，给我们提供了周到的服务。那我们应该怎样保护这些设施呢？我们可以做的有哪些？

（7）当我们看见有人破坏社区的公共设施时，我们该怎么办？

（8）小结。

4）我们的社区活动。

（1）说说自己或家人参加过哪些社区活动。

（2）现场社区"小达人"展示。

5）总结、延伸。

孩子们，今天老师和大家一起认识了我们居住的社区，欣赏到了社区的美好环境，感受到了社区设施带给我们的便利，还分享了社区活动带给我们的幸福与快乐。回去后，老师希望你做生活的有心人，用心关注我们社区里有哪些人为我们的便利生活付出了艰辛的努力，让我们下节课再来交流。

通过展示社区的丰富活动，唤起学生对所在社区的热爱和作为社区人的幸福感。有表现力的孩子可以画自己生活的社区里的场景，或绘制社区导游线路图。

《我们的社区》2

4月5日，多云转阵雨（授课班级：530、504、310）

503班和504班今天上的课的主题是"精细的描写"，学生们的整体表现还不错。男生的优秀习作相对较少，有几个同学表现得很细心，画得也很细致；女生的优秀习作相对较多，大部分女生都静心观察、细心地描绘、学以致用。

310班今天上的课的主题是"我们的社区"，需要学生完善作业。

小学三年级学生对于自己居住的小区，都比较熟悉，只是还没有更深入的了解。我在这堂课上的任务就是引导学生在自己熟悉的环境中发现美、认识美，并创造美。

把住在同一社区的学生分为一个小组，一起描绘自己社区的生活景象，他们都显得十分高兴。

在做作业时，学生需要注意处理画面中的前后关系，有一小部分孩子喜欢把房子画成一排，没有前后或者遮挡的层次感。有的孩子没有整体布局意识，很容易把房子或者人物画成单个的，画面中的物体之间没有关系。

通过优秀作业展示，学生明白了画社区需要考虑以下几点：自己想抓住社区的哪些特征？想表现社区的哪些地方？画建筑物时，要注重建筑物之间的遮挡关系、前后关系、疏密变化、高低变化等，如果有颜色还要有主色调。

这节活动课，大部分学生都能画出近景、中景、远景的社区活动景象。在上这节课前我充分调动了学生的兴趣和积极性，讲解示范如何画好社区生活，让学生做到心中有数，脑中有一个框架，以便为自己的设计打好基础。

大部分学生都能画出让人较满意的作业，只是在线条的掌控能力上还有待加强。

小结如下：

（1）从局部入手抓住事物的特点符合儿童认识事物的习惯。这样降低了学习难度，能很快把学生带入学习重点。

（2）在画面中加入人物的表情、特征等，既能调动学生的绘画兴趣，又能使画面鲜活起来。

（3）把装饰实用美术的活动加进课程，帮助学生发现绘画与生活的关联，拓宽了学生的思路。

（4）教育孩子热爱自己的社区、热爱生活，发现身边的美，提高他们的审美意识与能力。

手指画家：艾里斯·斯科特（Iris Scott）

9月28日，晴

今天我们一起来认识一位"神奇"的画家，请大家认真观察她的作品，看看这些作品中有哪些神奇之处，又有哪些共同点呢？

学生1说："色彩鲜艳、明亮、纯度高。"

学生2说："好多小点点、小色块。"

学生3说："有的小点点、线条感觉像是滴上去的，或者甩上去的。"

学生4说："有的地方有点像点彩，有的地方又有点像波洛克的滴流。"

我说："是的，大家观察得很细心。我们之前认识的油画家，一般都是用画笔或调色刀在画布上完成作品的，像达·芬奇、凡·高、毕加索等等。当然也有例外，有些画家画画时不接触画布，用笔将颜料直接甩上去或滴上去，或是直接将颜料倒上去，让颜料在画布上流动，美国现代画家波洛克使用的就是这种画法。

"而这位画家，不是用笔完成作品的，而是用手指蘸颜料涂上去的。美国画家艾里斯·斯科特作画时从来不用画笔和调色刀，而是使用最传统的绘画工具：她的手指。

"她的画布满厚重的油彩，色彩饱满，她总是能捕捉到瞬间的美，如正在甩掉自己身体上的水的小狗，梦幻的城市风光和平静安详的户外景象。她说，她和颜料之间没有隔阂，她能感受到一切细微的差别。她能用手指自如地涂抹厚厚的颜料，而这是画笔绝对不可能做到的。用手指作画的方式给每幅画都赋予了不同的特点，当把差不多100种颜色结合在一幅作品上时，你就不难发现这幅画会多么的令人着迷。"

丰收季节，创意无限
——美术创意写生社团举办外出写生活动

10月9日，晴

金秋十月，天朗气清，风和日丽。我们创意写生社团的部分孩子在家长的自发组织下，快乐地向咸宁刘家桥村进发了。

金秋的刘家桥好像一个天生丽质的大家闺秀，深藏在群山的环抱之中，保持完好的明清古民居群落古朴典雅、疏密有致，青山、秀水、翠竹、古树、栈道、廊桥、田园浑然一体。

可爱的孩子们看到青山环绕、清泉潺流、古屋成群、古桥飞架、古木参天、风景秀丽的景色时都欢呼雀跃起来，争先恐后地拿出画具选好位置，积极地观察、细心地构图、用心绘画起来。随后，老师还与家长们利用此契机组织了"创意大自然"活动，让大家上山沿途发现和收集有趣的树叶、种子、果核等自然物，利用这些自然物开始联想，进行创意制作。老师耐心细致地引导、讲解，学生的作品完成后，现场开展小组自评和互评活动，让孩子们在与大自然亲切对话的同时，也感受到写生的成就感和快乐。

创意写生社团正在通过各种活动让孩子们在生活中学习、在快乐中学习、在大自然中学习。创意无限，梦想无限！

户外采风，开阔视野

10月17日，晴

10月17日下午2点，天气晴朗。创意写生社团继上次外出写生之后，又一次在社团老师的精心组织和周密安排下，有序进入"关山春晓"小区，进行了两个课时的快乐写生体验。

时近霜降，小区内依然绿树成荫。小区里小桥流水、石木亭台，紫红色的睡莲静静平躺在水面上，瘦弱的细荷小心地挺立在残败的荷叶间，在蓝天白云倒影的映衬下煞是好看。

老师带领大家迅速找好位置，就选景、透视和表现技法等知识做了简要讲解，并快速示范，将实践经验和课堂理论知识相结合，指导学生，帮助学生及时改进写生技巧和创作思路。孩子们写生的兴趣极高，他们迅速按老师的方法开始了，那么认真、那么投入，都想用自己的画笔认真地记录下这最真实、最美的景象。池中几尾红鲤鱼也时不时地游到岸边，想看个究竟，和孩子们一起分享秋天的宁静。

孩子们在老师的指引下，不知不觉顺利地完成了小区园林景点写生作业，开心极了。他们都很惊讶，时间怎么过得这么快呀?！写生活动顺利结束，孩子们依依不舍地离开小区，返回校园。此次小区写生活动，是创意写生社团进行艺术实践教学的重要环节，对学生的创造力及审美能力的提高非常有效。这次活动既拓宽了专业教学领域，又使课堂教学得到有效的延伸。同学们在对自然风物的切身感受中提高了艺术修养和审美能力，对风景的观察力和感受力也进一步加强了，为今后的艺术创意打下了良好的基础。

搭建创意平台，展现绘画魅力

10月30日，晴

10月30日，我校创意写生社团特意整理了本学期第一阶段创意写生习作，选出部分优秀学生作品和老师示范作品一起进行了首次汇报画展。

这次展出的师生作品共40幅，作品的主题围绕"自然、快乐、创意"，孩子们用灵巧的双手、缤纷的色彩绘制了一幅幅充满创意的儿童作品，展出的作品精彩纷呈、形式多样，有蜡笔画、线描画、刮画等。孩子们用手中的画笔从不同层面、不同角度尽情描绘了多彩的自然世界。作品充满了童真与想象，处处闪现着智慧的光芒和创意的火花，表达了学生们内心的感受，展现了他们天真烂漫的童心，也饱含着老师对学生的爱，让学生感受到在光谷实验小学的学习充满着快乐、阳光、活力。

此次为期十天的画展给孩子们提供了更好施展才华的空间，为孩子们提供了一个展现自我的舞台。

感受潮流艺术 再现传统魅力

11月14日，晴

受武汉教育电视台"阳光课堂"的邀请，11月14日下午2点，我们光谷实验小学创意写生社团的全体成员，都来到了武汉教育电视台设在群光广场的"糖果达令"阳光课堂现场。

袁老师带领学生参观并讲解这个曾经风靡好莱坞、火爆我国台湾的"糖果达令的艺想世界"——糖果装置艺术特展，由30万颗糖果打造的糖果卢浮宫、艺术博物馆、六大主题展区组成了一个梦幻的创意王国。在这里，埃菲尔铁塔、悉尼歌剧院、故宫都是用一颗颗常见的糖果打造的，糖果玩偶和马戏表演也都是糖果加身，就连世界名画也都能用色彩各异的糖果再度诠释。孩子们在这个糖果王国，感受人文、历史、地理与魔幻交融的彩色世界，开阔了孩子们的眼界，也提高了他们对美的感受力。

回到阳光课堂，袁老师引导同学们将参观后的感悟运用到绘制蕴含中国传统文化的老房子上，比如北京老宅门、江南水乡、安徽宏村等。接着他讲解了我国传统民居的基本结构及特征，快速地进行了示范，一下子就开启了孩子们的创意思维，大家都积极地在事先带来的废纸箱上创作起来。首先画出自己所见所想的有中国特色的老房子，然后进行装饰剪贴，最后把房子剪下来进行接龙游戏，组合成"中国传统民居村"进行作品展示。

孩子们用画笔和创意把一张张废旧的纸箱变成了具有传统文化气息的艺术作品，心里美极了。面对电视台的摄像镜头，他们纷纷说出自己的创意与心愿，开心极了，充分体验到了阳光课堂的创意乐趣。

这次活动虽然只有两节课的时间，却让孩子开阔了视野，激发了他们的想象力，体验了快乐，更环保地再现与感受了中国传统文化的艺术魅力。

满满的全是爱 才艺节"亲子写生"

——记校园"才艺节"之亲子现场肖像画比赛

12月19日，晴

12月19日中午，冬日暖阳。光谷实验小学"才艺节"之亲子现场肖像画活动如期举行，现场温馨感人。

一年级至三年级每班一名学生及他们的家长齐聚蓝厅。孩子和家长开心地隔桌对坐，各自高兴地拿出画具，摩拳擦掌，等待比赛开始。随着老师们发下统一的画纸，一声令下，孩子们都快速地在画纸上开始构图、起稿，一个个像小画家一样，时而用可爱的大眼睛耐心地观察自己的家长模特，时而用轻巧的小手细心地勾勒家长的特征轮廓，时而用浅浅的微笑表达自己的喜悦。家长们也非常配合地面对着孩子，保持着微笑，频频点头、赞美自己的孩子，他们脸上洋溢着满满的爱。

一会儿，作品都完成了，一张张充满童趣、童真的写生画像呈现在家长们的面前，许多画作上面写着"我爱妈妈""我爱爸爸""我爱我家""爱你十万年"……家长们都高兴得合不拢嘴，几位感性的妈妈甚至流下了开心的眼泪。

这次"才艺节"之亲子现场肖像画

活动，在快乐幸福的氛围中圆满结束，学生作品近期将在校园展出，相信此次活动让孩子和他们的父母有了一次全新的感受，更是孩子的成长记忆宝库里难忘的珍宝！

去除浮华　回归本真
——记武汉教育电视台"阳光课堂"录制

11月15日，晴

初到小学，我有诸多不适。在学校领导的关心和指导下，我快速适应了小学美术课堂和教学教法。18年的高中美术教学经历在这里成为过往回忆，一切由零开始，我用"空杯"心态开始全方位地用心学习，在这里我见到了同事们敬业、谦逊与优秀的一面。

无论旁听哪一节课都让我受益很多，无论参加哪一次活动都让我感悟良久。在组长和同事们的鼓励和帮助下，我顺利完成了武汉教育电视台"阳光课堂"的三次录制任务，从不同角度展现了我们学校孩子们的创意风采以及学校"认同教育"的办学理念与特色。

为录好这三堂课，我先去参观了"糖果达令的艺想世界"艺术展，卢浮宫名作、埃菲尔铁塔、自由女神像、狮身人面像、热带雨林、童话城堡……让我顿感"世界那么大，我想去看看"。

艺术展的展品虽琳琅满目、五彩缤纷，但都以西方现代表现艺术点彩主义为主，那我们的"阳光课堂"该何去何从？

我认为童年应该融入大自然，望得见山、看得见水、记得住一点点乡愁。六年级《美术》课本上册第17课《家乡的老房子》正合我意，既能利用已有的资源，又能体现湖北民居的特色。

老旧的房屋、斑驳的砖墙、乡间的小道、古老的石桥，从桃红柳绿的春意盎然，到铄石流金的夏山如碧；从天高云淡的秋水长天，再到银装素裹的冬日暖阳……这些老一辈人的家乡记忆，对现如今居住在高楼林立的孩子们来说，是再陌生不过了。然而这些"老古董"却承载了一个地域的历史记忆和文化内涵，让孩子们了解家乡传统的民居建筑，能够让他们汲取传统文化的养分。在我们的"武汉伢"们心目中，他们的家乡又是什么样的呢？

遵循新课标的要求，美术课并非单纯绘画技法的学习，而是重在培养学生的人文精神、创新精神。我首先让学生利用课余时间亲眼看看家乡的老房子，并收集相关的图片或资料，让学生们观察随着时代的发展、社会的变迁，家乡的老房子是否也在发生着改变？在教学中引导学生学会欣赏、评述、分析不同时期的老房子及运用线描的绘画方法表现老房子的沧桑变化和美感。

在教学中，遵循以学生为主体的原则。先让学生分享图片、资料、故事，着重引导学生观察老房子的外形特点，组织学生自行探究老房子的屋脊、门窗，柱子等造型特征，使学生通过自身的观察、老师的简单讲解，对这些房屋的特点有了更深的了解，升华学生的情感，帮助学生了解老房子的昨天和今天，让学生能真正触摸城市的脉搏，品味城市的精神，并身临其境地感受特殊的城市气氛，产生相应的情绪，并用美术的形式表现出来，这是本课的立意所在。用临摹或记忆画的形式将老房子表现在画面里，是记录学生体验的一种美术活动。

通过分享交流讨论，学生不仅了解了家乡老房子的特征，还对湖北各个时期的老房子建筑变化有所了解。通过对周围老房子的写生或记忆画的练习，让学生感受家乡老房子别具风格的古朴美，从而增强学生对家乡的热爱之情。

展示与评价时，孩子们拿着自己的作品接龙了一个"家乡老房子村落"。面对电视台的镜头，孩子们对作品的概括与互评能力超乎我的想象，他们侃侃而谈、说得头头是道，内在的自信、成就感溢于言表。由教师再来小结或总结都是多余的，我们只用开心地为他们点头鼓掌即可。

我发现，其实只要找到孩子们的兴趣所在，他们就会乐意去学，课堂就成了轻松愉悦的学堂，孩子们天马行空的想象力是超越成人的。教师在课堂上很多时候学学魏书生老师"民主与科学"的"懒"，在方式方法上稍加引导，学生们的作品就易于呈现了。

我喜欢去除浮华、回归教学的本真。学生在老师的引导下静心学习，细心探究，同样能获得许多的快乐和成就感。

共绘九宫奇景　同访通山民居
——记武汉市中小学美术骨干教师九宫山采风交流

4月24日，晴

4月22至24日，春意盎然，天公作美，这几天的天气一直很不错。在湖北省教育考试院的精心组织下，来自全市各区的美术教研员和中小学美术骨干教师一行36人，来到了鄂赣交界处的湖北著名的"民居之乡"——通山县，进行为期二天的美术教师教研活动及写生交流活动。

活动主站是九宫山。这里，自然景观与人文景观交相辉映，宗教氛围与文化内涵融为一体，既有江南山峰之奇秀，又具有塞北岭岳之雄伟。海拔1230米的云中湖，湖中最高海拔和最低海拔落差有420米，为中国落差之最。

三天的写生交流活动中，老师们的热情高涨，纷纷积极地投入描绘自然景观的活动之中。老师们的表现形式多样，有速写、有水粉、有丙烯、有油画、有摄影等，表现手法也不拘一格，时而大气磅礴、时而精雕细刻，远近虚实、节奏韵律、随类赋彩，九宫山的云中湖、金鸡谷、石龙沟、铜鼓包等美景跃然纸上。老师们交流作品的形式更是灵活，线上QQ、微信的互动，线下作品指导研讨，市教研员和区教研员都对老师们的积极热情给予了很高的评价，对作品的分析和探讨更是细致入微、公正中肯，给老师们提出了许多宝贵的修改意见和改进建议。

返程途中，大家一起参观了周家大屋、宝石村、刘家桥古民居，这些明清民居建筑风格上融合南北，连贯东西，而又自成一体；建筑技艺上独特精湛，三雕（木雕、砖雕、石雕）艺术题材广泛，构图新颖、体现了古代汉族劳动人民的卓越才能和艺术创造力，堪称明清时期汉族民居建筑奇葩，令人神往。

活动结束后，老师们收获满满、意犹未尽，都希望多多举行这样的教研活动，既能让大家相互学习、共同提高，又能拓宽视野、陶冶情操，对我们中小学美术的教育教学以及教学研究有着很大的推动和促进作用。

《学画农民画》

12月6日，多云

1. 教师自我评价

（1）优点：通过教学展示，整体感觉目标已经达成，突出了重点、突破了难点，活动设计合理、有序，能充分发挥学生的主体作用。变教为学，寓教于乐，整体效果良好。

（2）缺点：在导入环节有些简单，激趣方式做得还不够好。在展学环节，还应更好地面向全体学生，展示不同个体差异的学生的真实想法。

2. 反思问题

（1）对教材理解和处理还不够深刻，应在课前做足功课，充分准备。

（2）对不同学生的差异性作业，评价要走心、入心，尊重与感受学生内心的真实想法。

（3）对课堂教学流程的节奏感把控不够、课堂流程的逻辑性不够强，需要加强这两方面的锻炼。

3. 教学重构

（1）在导入部分，将农民画的故事性增强，提高学生的兴趣点后，再让学生欣赏画和思考农民画的特点，让他们自己发现特点、分析特点。

（2）向学生介绍经典的农民画，对比分析农民画中的形象和生活中的形象，帮助学生了解农民画的造型特点。认识农民画中的花纹和色彩是这节课的难点，我通过出示许多农民画作品供学生欣赏，并让学生以小组合作的方式研究、讨论农民画的花纹和色彩的特点。同时总结农民画的定义（同学们发现农民画的花纹是生活中常见的花草、动物等形象，农民们用自己熟悉的形象绘制作品；色彩方面一般都比较艳丽，对比鲜明，很喜庆，体现了农民对美好生活的向往）。

（3）结合书本上的作品《山间蜜糖果》，让学生了解改画和添画的基本方法，为下一步的绘画环节打下基础。

（4）在"展学（展示评价）"环节，充分尊重学生内心真实的想法，让他们说出真情实感。

4. 反思阐述

这节课属于"造型与表现"领域，本课的目的是通过欣赏课本的图版和美术作品，了解农民画的特征和艺术形式。培养学生改画、添画的能力。通过讲授法、欣赏法、观察法、实践法等多种方法的融合，使学生感受到生活与美息息相关，以及发现农民画的乡土气息和独特的审美情趣。本节课的重点是调动学生的主观能动性，让学生参与赏析，提高学生的审美能力和兴趣；难点是使学生感受到生活与美息息相关，根据自己的想法改画、添画。

我平时对农民画了解得比较少，自身的认识不够，所以只能多多学习和了解，让我可以在课堂中灵活地运用所学引导和启发学生，令学生信服。在课前学生探索阶段，我要密切关注各组学生的进展情况，提供及时的帮助和指导。有些学生的热情很高，但选择的内容太过庞杂，教师应在先肯定其热情的前提下，巧妙地引导他们选择一个合适的主题。在学生的探究过程中，教师的帮助要适度，上课前要对各组学生的调研情况有所了解，这有利于教师在课上更好地掌握时间，调动课堂气氛。

因为学生有一定的绘画能力和理解能力，所以，开阔学生的思路，适当地引导学生思考就能够让学生画出好的画来。

针对学生的不同个体差异性，我们也要尊重学生的真实想法和感受，正确引导他从自己理解的角度去表现或表达真善美。做到真正面向全体学生，因材施教，教人求真。

我看《疯狂动物城》

1月16日，小雨

看完《疯狂动物城》，我记得兔子的执着与拼搏，记得狐狸的圆滑与机灵，记得树懒的缓慢与"笑果"。我现在记下一些当时的感受。

（1）兔子朱迪是电影的主角，从它身上能够看到很多人真实人生的影子。它的梦想是当一名警察，让大家的生活变得更好。在周围的动物看来，它根本就是痴心妄想，于是它遭到了来自其他动物的嘲笑和打击，包括它自己的父母。在世俗的眼光中，兔子只能在农场种种胡萝卜，而保护世界和平这种事情是交给那些体型巨大或者生性凶猛的动物来做的。但是兔子朱迪并未被这些世俗的眼光束缚，而是坚持了自己的梦想，一定要当一名警察。

在我们现实的生活中，有多少人的梦想被扼杀在了别人的眼光、父母的期望中。真正能够坚持自己的梦想，不被他人影响的有几个人呢？可是兔子朱迪做到了，它克服了重重困难，以优异的成绩从警校毕业，成了一名真正的警察。很多人可能会认为这是一个老套俗气而且有一些理想化的故事。因为现实与梦想的差距，大家都知道，我就没能坚持自己的梦想，选择了一条别人期望的道路。这其中的痛苦与煎熬，我想只有自己才懂。有时候我们在面临选择的时候，应该问问自己是愿意享受别人赞许的眼光，还是顺从、安抚自己的内心。

我经历过一个不算很大的挫折，但明白了一个道理：人生是自己的，所有的路应该自己选择，这样你才会有继续走下去的动力。如果一味地按照别人的意愿生活，久而久之你就会觉得自己是行尸走肉，毫无生气。

此外，自己选择了某条路就要有能力承担后果，自己对自己负责。不管我们选择哪条路，我们都可以生活得很好，只要我们努力获得自己想得到的，放弃当初所放弃的，仅此而已！

（2）狐狸尼克，一开始它以骗子的身份出现，因为它小时候曾被别的动物误解，周围的动物觉得狐狸就是狡猾不可信的，所以它选择了做别人眼中的坏人来保护自己。这件事告诉我们一定要善待周围的人和事，有时候，你小小的一个表情，或者简短的一句话，可能会对别人造成很大的影响，甚至可能是一辈子的影响。

（3）兔子朱迪抓到狮子市长之后以为自己成功了，却发现自己将肉食动物的生活打乱了，让它们的生活变得很糟糕。它非常沮丧、难过，主动离开了心爱的警察岗位。当现实与自己的梦想再一次发生冲突的时候，它选择了自己的内心。虽然兔子朱迪的梦想一直是当警察，但是它发现自己当初想做警察的目的是让大家生活得更好，它没有做到，于是它选择了放弃。其实，有时候放弃比坚持更难。

勇气，是兔子朱迪身上最宝贵的财富，也是很多人缺少的品质。兔子朱迪在一条别人都不看好的路上，勇敢地走了下去并且走得很好；它遇到困难之后并没有放弃，而是面对困难，发挥自己的优势打败它；在伤害了朋友之后，它会勇敢地道歉并寻求朋友的原谅；当发现自己做错了事情，它敢于承担相应的责任，并且最后抓住了真正的幕后黑手。

兔子朱迪的勇气、责任与拼搏，是令人学习的地方。

会动的线条与色彩
——教学反思

4月9日，多云转晴

人美版《美术》课本五年级下册第4课《让色彩动起来》的内容属于"造型与表现"领域，是色彩教学系列的一部分。

教材中编入了法国画家安德烈·德兰的《威斯敏斯特大桥》，这幅作品运用了大量的对比色，表现了画家对城市清晨的强烈感受。画中无论是树木、道路、汽车、行人都有一种动感。野兽派画家的艺术共性是色彩明朗、笔触粗犷，不为旧的画理所囿，大胆施彩。这幅作品正是画家时断时续地追随野兽派的代表作。教学过程中，通过此幅作品引导学生感悟对比色在绘画作品中的强烈、活泼、跳跃的美感。

课本中选择了一些运用对比色画的图案，这些作品可以帮助学生理解对比色在画面上的作用。课本还选入了几幅学生作品，有助于学生对课题的理解，启发学生创作构思自己的作品。由于学生对如何用对比色表现画面的动感缺少感性认识，教学中采用直观教学，充分利用多种教学手段，引导学生观察、体验和感悟。学生在创作过程中，除了运用对比色这种方法让画面产生动感之外，教学中注意引导学生有意识地使所画的内容也有动感，使颜色与表现的内容一致，增加动感效果。

人美版《美术》课本三年级下册的第3课《会动的线条》的内容也属于"造型与表现"领域。本课以会动的线条为拓展点，让学生感受艺术表现的多样性，培养创新精神，拓宽学生的视野。本节课通过多媒体课件的引导，让学生感受、观察、思考、尝试、判断，想象、表现，使学生知道会动的线条有曲线、折线、长短不同的直线的组合，培养学生对动感线条的表现能力。

这节课的内容有利于启迪学生的智慧，激发他们的想象力。本节课的教学设计，着重引导学生感受线条之美，感受大自然的美好。引导学生在实践中学会自主学习，学会积累美术素材，从而提高他们的美术素养。让学生在不断地自我创造中体会到线条变幻无穷的魅力，并通过不同的线条组合，体会动感线条的丰富表现力，理解造型美。通过教学，学生了解了线条丰富的表现力，学生在观察、分析、尝试怎样使线条动起来的活动中，对美术造型活动产生了较浓的兴趣。在教学中根据教材，引导学生通过观察、分析多媒体课件中的线描画面，体验动感线条的作用和种类，感悟动态的美。在教学中培养学生观察、分析、动手表现的能力，从而通过欣赏古代的和现代的作品，扩展学生的思路，用线条进行创作表现。学生思维较活跃，课堂气氛轻松愉快，作品完成情况较好。在教学中以学生为主体，注重对学生审美能力、自主探究能力的培养。学生在学习过程中发挥了主观能动性，积极探索，积极发言。

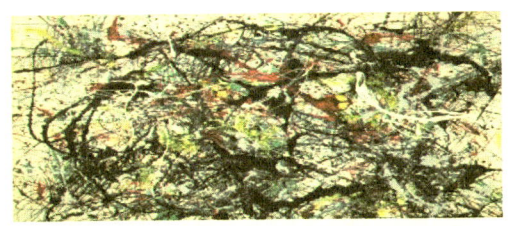

在这节课里，我强调让学生自己发现线条，主要用到的方法有观察、对比、尝试、归纳，等等。这其中最主要的是观察，因为绘画的内容都建立在观察的基础上，观察的对象有欣赏的作品、自然界的图片。学生对线的动感比较容易理解，但如何表现出既有动感又有一定美感的作品有一定的困难。我想，在以后的教学中应

加强引导学生对线描画中如何用线条的分析理解、多用一些时间探讨在造型中如何更好地运用线条曲直等的变化手法进行表现。

三年级课本的《会动的线条》与五年级课本的《让色彩动起来》从形式与内容看基本一致，都有一个共同点：动。令我最先想到的是凡·高的作品和波洛克的作品。一个是后印象派，一个是抽象派，他们两人的作品都生动地展现了线条的律动和色彩的灵动。

在图片的选择和示范解读上，我也进行了由表及里的分解。三年级的学生偏重于线条的表现；五年级的学生偏重于色彩的表现。从他们完成的作品看，三年级的学生工具都很齐全，作品的线条、色彩都很漂亮；五年级有部分学生的工具带得不齐，画面呈现显得略弱了一些。整体上看，学生的学习与领悟力都不错，学习效果基本达成，在创意上还有待加强。

《大嘴怪》

4月11日，小雨（授课班级：505、507、309）

原计划在课堂上用吹塑纸刻印，然后用水粉颜料制作粉印纸版画。不过这样需要很多学具，所以我先试用方便易操作的刮刮纸，试行之后，我感觉还可以，学生作业都表现得大胆、轻松、流畅。

1. 教学目标

（1）充分发挥想象力，运用夸张的方法创造一个大嘴怪。

（2）学习刮画的绘画技巧。

2. 教学重难点

运用夸张的方法表现大嘴怪的特点。

3. 教学准备

相关课件、刮刮纸等。

4. 教学过程

1）激趣导入。

（1）教师引入主题：今天，老师带大家逛逛动物园。请同学们一起参观各种动物，边看边想一个问题，它们都有一个怎样共同的特点？

（2）揭题"大嘴怪"。

2）创设情景。

（1）听故事想象：大嘴怪是什么样子的？

（2）老师出示v形的大嘴怪、u形的大嘴怪、长方形的大嘴怪、圆形的大嘴怪。学生观察这几个大嘴怪，他们共同的特点是什么。

（3）老师小结：夸大嘴巴，缩小身体，这样大嘴怪的形象就出来了。那同学们，你的大嘴怪是凶恶的还是善良的？它的大嘴巴有什么本领呢？

3）潜心创作。

（1）同学们，你们刚才想象出了很多大嘴怪的形象，你们想不想把它画下来呢？下面我们来了解一种新颖的表现形式：刮画。

（2）老师介绍：刮画是一种新型的绘画方式。刮画纸上层是黑色，下层是彩色或者别的单一颜色，刮去上层便露出下面的颜色，色彩靓丽，对比强烈，有良好的视觉效果。这节课我们先学习用点和线在刮刮纸上作画。强调一点，黑色的涂层刮掉后就没有了，所以大家在画画时一定要小心，千万不要画错。

（3）学生自由作画，老师巡视辅导。

4）交流评价。

请完成作业的学生按"穷凶极恶、作恶多端"的大嘴怪和"外貌丑陋、心地善良"的大嘴怪进行分类，将自己的作品贴在黑板上，全班互相说说自己最喜欢哪一幅。

5）拓展延伸。

同学们，这节课你们充分发挥想象力，用刮画表现了各种各样的大嘴怪。下节课，我们再学习用点、线、面相结合的方法来学习刮画。

5. 教学反思

本节课属于"造型与表现"领域，是一节想象创作课，设计以激趣、想象、创作为主，激发学生大胆地想象。在设计"大嘴怪"这节课时，把教学重点定为"如何把嘴巴画大、形象画怪"，教学难点定为"创造思维的发散性"。

在教学重难点定好之后，通过多媒体课件，从大自然中找出大嘴巴的动物，突出特点，再与想象中的大嘴怪进行对比，从而开阔学生的视野，丰富学生的想象力。在课堂中为孩子们营造一个自由的创作空间，从大嘴怪的外形、本领、性格、生活环境等方面引导学生进行自由想象，如："你想象中的大嘴怪是什么样？""你的大嘴怪生活在哪里？""它是善良的还是凶猛的？""它的大嘴巴有哪些奇特的本领……"引导学生想象，创作出灵活多样的形象与构图形式，感受乐趣。

本次教学也存在一些不足：学生作品不够精致。原因是我没有明确地提出作业要求，只追求学生的想象力。

《奇思妙想》1

4月14日，晴（授课班级：509、310、508）

1. 教学目标

了解绘画中的奇异组合，以线描的形式将写实的、记忆的、想象的生活物品进行奇异组合。培养学生的想象力、表现能力及发散思维和逆向思维。

2. 教学重点

绘画中奇思妙想的内涵及表现方法。

3. 教学难点

如何将不同事物进行巧妙的重组，构成一幅有新意的画。

4. 教学过程

1）引入新课。

（1）欣赏导入：在电脑中利用PS技术，将书中的作品《比利牛斯山之城》中的巨石和背景分开。

① 课件演示：先出现巨石的画面。

教师说："今天，老师想请同学们看一张图片（展示巨石图片），猜猜看这是什么?"

学生齐说："石头。"

教师说："现在你看到的是一幅画的局部，根据这个局部画面想象一下这块巨石会出现在什么地方?"

学生猜想讨论。

② 课件演示：在巨石后方出现天空和大海的背景。

教师说："谁来说说看到这幅作品后的感想？有哪位同学能用自己的方式讲解这幅作品吗?"

学生谈感受。

（2）教师小结：一块巨石飘浮在蓝色的大空中，飞越大海，这是一幕多么神奇的景观！看了这奇特的画面，我们不得不佩服作者的想象力。今天，就让我们一起来奇思妙想，设计出有趣而新奇的作品！

2）揭示课题：奇思妙想的世界。

（1）奇思妙想的建筑。

① 课件出示：鸟巢。

教师说："这幅图大家都很熟悉吧？它就是举世瞩目的2008年北京奥运会主会场——鸟巢，你们觉得它巧妙在哪儿呢？"

学生思考并回答。

② 课件出示：奇特的房子。

教师说："其实世界上神奇的建筑还有许多，有几个建筑，老师觉得很不错，大家一起来看一看。"

让学生欣赏世界上其他神奇的建筑。

教师说："同学们，你们喜欢这些有着奇思妙想的建筑吗？这些有创意的建筑有哪些奇特的地方呢？"

学生思考并回答。

（2）生活中的奇思妙想。

课件出示：造型奇特的园艺作品、电话亭、旋转门、车身广告画、超市广告宣传画、灯泡创意等。

教师说："奇思妙想除了运用在建筑上，还广泛地运用在生活中、广告中，你们看。"

学生欣赏并思考老师展示的作品。

（3）绘画作品中的奇思妙想。

课件出示：《英国人在莫斯科》《池塘》《帆船》《树》。

教师说："老师这里有一些奇特的作品，你们想看吗？好，我们一起看看吧。"

学生欣赏教师展示的作品。

教师说："欣赏了这么多作品，你们发现这些画面的奇妙之处了吗？"

235

学生讨论，可举例子说明自己的观点。

（4）教师小结：原来，将几种不相关的物体重新组合，也是一种奇思妙想。

3）艺术实践。

（1）创作方法。

老师：画家把自己异想天开的创意以绘画的形式表现出来，作品不仅奇妙而且有趣。要想设计出这样的作品，除了丰富的想象力之外，方法也很重要。

① 课件出示：《大象》。

教师说："这幅画奇怪在哪呢？"

板书：切割和添加的方法。

② 课件出示：《蒲公英上的城堡》。

教师说："这幅画奇怪在哪呢？"

板书：夸张的方法。

③ 课件出示：《公寓式梅维斯头像》。

教师说："这幅画奇怪在哪呢？"

板书：移位的方法。

教师说："原来，运用移位、切割、添加、夸张等方法能够设计出这么神奇的作品。真是太不可思议了！"

（2）欣赏作品。

教师说："这里还有一些同学们的作品，咱们一起来欣赏吧。"

① 课件出示：作品一。

教师说："谁能说出它是由什么组合的？"

学生观察并回答（吉他穿上了衣服、鞋子，戴上了帽子）。

② 课件出示：作品二。

教师说："这幅作品有什么'奇思妙想'呢？"

学生思考并回答（台灯的联想）。

③ 课件出示：作品三。

教师说："它是用什么绘画方式绘画的？线条怎么画得美呢？"

学生观察并回答（注意到线条的粗细和疏密）。

进一步为作画铺垫，解决难点，培养小组交流能力和学生的想象力（即对作品的分析能力）。

（3）布置作业。

① 作业要求。

运用线描的方法，把生活中的物象巧妙地组合，创作一幅有趣的、富有想象力的创造性作品。

教师说："欣赏了这么多特别的作品，你有什么奇思妙想呢？"

学生思考。

教师说："接下来，就请同学们来展现你们的奇思妙想吧。"

② 学生创作，教师巡视辅导。

（4）作业展评。

① 举行"奇思妙想"作品展。

② 学生介绍自己的作品。

（5）小结拓展。

教师说："今天我们用手中的画笔表现了自己的奇思妙想，同学们一定非常开心。在这节课的最后，老师祝愿大家，在学好知识的基础上，长大以后都能实现自己心中的奇思妙想！"

《奇思妙想》2

4月15日，多云转小雨（授课班级：509）

《奇思妙想》出自人美版《美术》课本五年级下册。

这节课要求学生根据自己的想象，把生活中的物品以写生的形式创作一幅有趣的、富有想象力的线描作品。

如何培养学生的创造性思维？我努力从五个方面来尝试。

1. 启发联想，培养学生的发散式思维

发散式思维不是思考时定点深入，沿一条路走下去，而是要注意在设计时按照事物的不同类型，从不同角度、多层次地思考比较，优选出理想完善的构思。它能培养人的思维的多向性、灵活性。从视角形象入手，创设良好的情景，激发学生的兴趣，通过合理的引导启发，丰富其想象，使其思路畅通，产生奇思妙想，从而产生强烈的创作欲望。

2. 另辟蹊径，培养学生的逆向思维

逆向思维是突破常规性顺向思维观念，利用与顺向思维相对立的思路，对事物进行超越和反思，常常给人一种新颖的感觉，有时还能取得奇特的创造效果。教师可以在美术教学中有效地培养学生的逆向思维能力，帮助他们更加全面和深入地观察、思考，培养他们的表达能力。这对于学生未来的学习和个人发展都具有重要意义。

3. 捕捉灵感，提高学生直觉思维

直觉思维是指未经逐步分析，迅速对问题的答案作出合理的猜测、设想或突然领悟的思维，是非理性的灵感思维。灵感是突现的、不落俗套的构思，没有灵感、没有瞬间的意识飞跃，便没有艺术大师，便不会有千古流芳的佳作。不是所有人都会随时出现灵感，灵感只会常常出现在那些勤于思考的人的脑中。我们可以通过以下的途径，加速灵感的产生，增强直觉思维能力。

（1）培养正确的观察方法，提高学生的观察力。

"比较，比较，再比较"是观察事物的正确方法，掌握正确的观察方法能快速地抓住事物的本质特征。

（2）训练脑、眼、手的结合，提高学生的判断能力。

很多学生平时只注重作画，而不重视动脑，导致这种学生的作画水平难以有较大的提高。

（3）把握瞬间，珍藏平时的想法。

灵感在潜意识中完成，平时要让学生时刻注意接收来自潜意识中的信息，"机不可失，时不再来"。

4. 触类旁通，培养学生的侧向思维

侧向思维也称旁通思维，是不同领域之间的互相交叉、相互渗透，让人有意识地变换视角、扩大视野，由此及彼，从其他领域的事物中得到灵感，从而产生全新的设想。在教学中要创设良好的教学情景，启迪学生的智慧，充分发掘学生的潜能，发挥他们的主体能动性，使他们既有常情常理的意识，更有触类旁通、翻陈出新的精神。

5. 放眼世界，培养学生的辩证思维

虽然我的学生只是小学生，但我会让他们了解辩证思维。通过对比国内外的优秀作品，对这些作品进行观察、思考、判断等，对各国各流派的作品的发展过程有正确的认识。寻找个性和共性（也就是个别和一般、特殊与普通）、绝对与相对、事实与现象、内容与形式、原因与结果、必然与偶然、可能与现实、全局和局部、具体与抽象、有限与无限、量变与质变、正面与反面、美好与丑恶等辩证法，全方位打开思维、拓宽视野，完成与众不同的作业和作品。

《别致的小花瓶》

4月20日，中到大雨（授课班级：309）

1. 设计理念

根据三年级学生的特点，我注意运用实物引发孩子们的好奇心，启发他们探究奥妙的兴趣。通过引导学生利用所给材料，自己动手创作，体验生活，促使孩子们增强操作意识，体验成功的喜悦，分享快乐，让孩子们在轻松愉快的氛围中学习美术，增强学生的审美能力和创造能力。

2. 教学目标

（1）了解小花瓶的制作方法，在设计制作中体会其美感。

（2）在创作实践中，使学生逐步形成设计意识。

3. 教学重点、难点

本课的教学重点是掌握小花瓶的制作方法；制作出富有创意的小花瓶是本课的难点。

4. 教学方法和手段

我采用的教学方法：讲述法、实践法等。通过引入魔术，激发学生的兴趣，教师示范，引导学生动手操作、交流作品，教师要及时评价。

5. 教学过程

（1）引入魔术，激发学生的兴趣。

教师说："今天，老师跟大家来上这节课，心里很高兴，我还给你们带来了一个朋友。"

引导学生观看。

教师说："大家都知道，这是一个废旧的饮料瓶，下面老师给大家变个小魔术，请大家把眼睛闭上，等老师喊到数字3再睁开。"

学生按照教师的要求睁眼、闭眼。

教师说："你们看它漂亮吗？"

学生回答。

教师说："现在我们再仔细看看，这个瓶子是用什么材料包裹的？"

学生回答。

教师说："那又是用什么材料来装饰的？"

学生回答。

教师说："这些材料都是我们身边常见的物品，花瓶的形态各异，装点美化着我们的生活，今天我们就一起来学习制作别致的小花瓶。"

（出示课题——"别致的小花瓶"）

（2）教师示范，了解制作方法，引导操作。

教师说："那咱们大家一起来研究一下，这个花瓶是怎么制作的，谁来猜猜？"

（找2—3个学生回答）

教师说："下面老师给大家示范一下，看你们猜对了没有？"

教师示范，边示范边讲解制作方法及步骤。

教师说："你们看，一个别致的小花瓶就这样问世了，如果再装饰一些漂亮的小图案，那就更好啦！可以用豆子把它装饰成波浪形的图案，也可以装饰成其他图案。"

（3）欣赏不同图案装饰的花瓶。

（放课件）

教师说："大家要仔细看，看看你最喜欢哪一个？"

教师边欣赏边讲解颜色的搭配、材料和图案组合。

（找2—3个学生回答）

教师说："那你们想不想也做一个别致的小花瓶呢？"

学生回答。

（4）学生制作。

教师说："老师想先问问大家，你们都想做什么样的花瓶呀？谁来说说？"

（找2—3个学生回答）

教师说："老师相信你们做出来的小花瓶一定很漂亮，看看哪组做得最别致，最有创意。"

学生开始制作。

（5）作品评价。

教师说："你最喜欢谁的作品？"

（找2—3个学生回答）

教师说："老师认为这个花瓶很有特色，这是谁做的？快来说说你是怎么做的？"

学生回答。

6. 总结

教师说："今天我们一起学习了制作小花瓶。那老师想知道，如果用这些小花瓶做装饰，你们觉得放在哪里比较合适？说说你们的理由。"

（找2个学生谈感受）

7. 拓展——欣赏不同材料制作的花瓶

教师说："这节课，我们一起尝试了绘制花瓶的乐趣，其实，我们身边还有很多不同的材料制作的花瓶，我们一起来欣赏。"

巧手绘园博，油画显风采

4月23日，小雨

4月23日上午8点，天空中飘洒着小雨。我校创意写生社团成员507班的林书涅同学、南校区一年级15班的李栋同学，参加了由武汉市园博园和武汉市教育局等主办的武汉市"巧手绘园博"绘画比赛的决赛。

这次参加全市决赛的80名小选手，是从上个月举办的初赛中挑选出来的。林书涅同学是全场唯一采用油画的方式现场写生的小选手，展现了光谷实验小学与众不同的风采。

决赛写生范围限定为园博园的湖北园区。入园后，小选手们纷纷在湖北园内挑选满意的景致，开始写生。林书涅选择了融合水景、花境、建筑于一体的荆州园景色，她支起画箱、用心观察，然后在画布上定位取舍，轻轻勾勒出草图，接着快速地大面积铺天空、背景、前景。可是比赛才开始不久，刚停歇的小雨骤然加大，园中处处是家长撑伞、孩子作画的温馨场景，还有一些小选手"躲"进了屋子里。林书涅的妈妈撑起了两把伞，一把遮住孩子、一把遮住画，可是调皮的雨滴还是不住地跳落到画布上。林书涅同学克服了在雨中画油画的困难，调整好心情，细心地调色、对比，一笔笔地描绘雨中荆州园一角的景色。

比赛快结束时，天空再次放晴了，林书涅也完成了她的作品。前景是紫色、黄色的鸢尾花，隔着涟漪重重的水面，对岸有一座水榭，背景是树林和灰蓝的天空。问起对这幅作品的自我评价，林书涅挺有信心地回答："还不错！布局饱满，色彩鲜艳，主次分明。"

这次的比赛，不仅锻炼了学生的写生能力，还提高了学生的临场应变能力，更考验了学生的细心与耐心。对学生来说，收获的不仅仅只是一幅作品，更多的是比赛过程中的快乐体验。

期中学情反馈1

4月25日，多云（授课班级：505、507、309）

本周我对自己任教的五年级、三年级班级进行期中学情反馈，一来测试学生掌握所学的知识的情况，二来检验学生在40分钟内按命题进行创作的能力。

今天让3个班的学生练习了，感觉效果还不错，绝大部分学生能学以致用，并能活学活用，表现很佳。每个班还是有极少数学生需要帮助。

惊喜有三，第一个惊喜是，一个平时表现很调皮的学生，听说今天要测试，整节课都在认认真真地画着，并不时举手提问，我被这个"小调皮"的反常感动到了，也很奇怪。这个"小调皮"平时坐都坐不住，怎么一说要练习就和换了个人似的？难道说他是个很重视考核结果的孩子，那这是他的一个闪光点。

第二个惊喜是从今天的练习中，可以看出哪些孩子对现场绘画很有把控能力，可以作为现场绘画比赛的选手培养。

第三个惊喜是我发现了几个画得很精细的学生，其中一个是我封的"左手画家"，他是一个左右手写字、画画都很棒的孩子。平时他的作业我也看了，但没有今天的棒。这几个学生可以作为选画比赛的选手培养。

下面，我挑选了几张作业给大家分享一下。505班的题目是"精细的描写"，507班的题目是"提袋的设计"，309班的题目是"威武的盾牌"。

期中学情反馈2

4月26日，阴转小雨

本周为美术期中学情反馈，今天授课的班级为503、504、310。

503班的题目是"精细的描写"，504班的题目是"提袋的设计"，310班的题目是"大嘴怪"。我感觉学生的作业整体还行，只是学生要在40分钟内把握时间，使画面更完善、更精致，还需要多多练习。

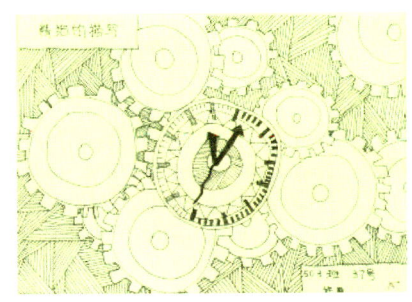
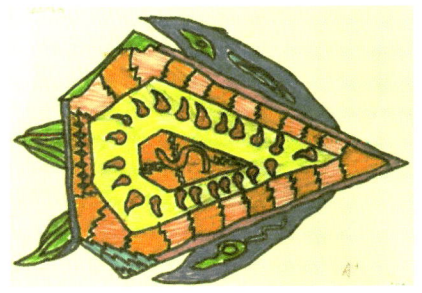

期中学情反馈3

4月27日，多云

今天进行了随堂练习的班级为501、502、506。

501班、502班的题目是"精细的描写"，506班的题目是"我的书包"。有的作品有童趣、有的作品很有想象力、有的作品很精细、有的作品很大气，学生们能够不拘一格地表达自己的真实想法，我觉得就很好了。

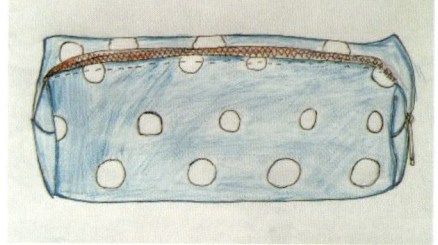

卡通——动起来的漫画

5月17日，晴

1. 教学目标

欣赏多种形式的漫画卡通作品，认识漫画卡通的一般表现规律和特点。

学习绘制有特点的卡通造型作品。

培养学生的创新精神与审美判断能力，体会创作卡通的乐趣。

2. 教学重点

本课的重点是让学生对卡通、漫画、动漫、动画等概念有比较明确的界定，理解它们之间的异同。通过欣赏和评述活动，让学生梳理和归纳自己的生活经验，从而对卡通有一个较全面的认识和理解。

3. 教学难点

运用卡通造型手法进行创作。

4. 教学准备

铅笔、水彩笔、彩色铅笔等。

5. 教学过程

（1）导入新课。

上课了，教师请一位学生帮忙关门。

假想一：学生不太明白老师的意图，但还是把门关上了。

假想二：学生很高兴地站起来，跑过去关上了门。

① 教师根据那位学生的反应谈论感想，打开课件。

② 全班一起欣赏两个人物卡通作品。

作品一：一个学生高兴地站起来。

作品二：一个学生跑过去关门。

（2）引导学生分析。

① 卡通为什么叫动起来的漫画？

② 卡通在哪些方面的表现是"动"？

（3）引导学生分析"表情之动"，教师及时归纳学生分析整理的造型信息。

（4）查找资料，小组归纳。

① 你找到多少种卡通的表情？

② 这些表情都代表了人物的什么心情？

③ 表情为什么这样夸张？不画得这么夸张可以吗？

④ 我们在画夸张的表情时应注意什么？试着画一下。

（5）引导学生分析"动态之动"，教师结合实例分析并示范几个卡通作品，例如：孙悟空奋力挥棒、机器猫无奈垂手、《花木兰》中的小蟋蟀奔跑逃命等。

（6）卡通与漫画有什么区别？教材中向我们展示了不同时代、不同国家的卡通漫画作品，它们都有哪些艺术特色？

6. 体验创新

选择一个自己最喜欢的卡通形象，创作出它下一场景的动作表情变化。

7. 作品展演

组织"卡通动漫表演剧"活动，充分展现小学生的角色表演能力、口头表达能力和即兴创作能力等。

8. 拓展小结

欣赏用不同材质制作的卡通艺术作品，拓宽学生视野与创作思路。

可爱的小动物

5月19日，小雨

为了筹备校园艺术节美术作品展，少儿油画社团的孩子们中午也不休息了，挤出时间来到油画室，开始安静地完善自己的作品，让我有些感动。本来我想打扫一下画室，看到孩子们在认真绘画，我也不好意思去打扰他们了。

通过近几次在社团活动时间里的练习，学生们的油画作品有了较明显的进步，从开始画得乱七八糟的到现在像模像样。从白天鹅、灰天鹅到黑天鹅，从小刺猬、小猫、小狗到小鸡、小鸟、小兔，从国宝熊猫到长颈鹿、树袋熊等，孩子们根据自己的喜好选择所画的动物种类，呈现出来的作品画面五花八门。

值得一提的是我们的郭同学，每次来都穿戴整洁得体，且多次身穿白连衣裙，偶尔戴个小皇冠，我送雅号"油画小公主"。每次社团活动结束后，她的衣服、手、油画笔杆都干干净净的，我非常惊讶地问她："请问你是怎么做到的？这么神奇。"

有几个同学，不是手上、身上就是脸上，甚至头发上都会沾有油画颜料。有一个同学在参加完社团活动后浑身上下都沾满颜料，我送雅号"色彩爱好者"，我也非常惊讶地问她："请问你是怎么做到的？这么神奇。"

我相信这一期动物主题的油画作品会很好看。

亲子同绘提袋 共倡绿色环保

5月20日，晴

5月20日，在这个充满爱的日子里，第九届"绿色咏叹调"校园艺术节美术项目正式拉开帷幕。四年级、五年级的"环保购物袋亲子手绘DIY"活动如期在红厅举行。

在活动现场，四年级、五年级每个班各派一名学生代表和家长，共18位学生和18位家长，共同合作完成环保购物提袋的手绘任务。从起稿构图开始，选色、绘画、调整，在观察与绘画、交流与协作的过程中，他们亲密地配合着，场面温馨暖人。

伴随着时间的脚步，一件件精美的手绘作品展现在我们面前，有聪明的小狐狸、可爱的小松鼠，还有淘气的小花猫，更有神秘的海洋世界……最后，孩子和家长一起用大拇指蘸上颜料，在作品上用大拇指的指纹印出一个漂亮的爱心并署名。孩子们和家长都对自己的作品喜爱至极，都拍照合影留念。

今天的手绘活动，学生和家长们亲密无间地合作，既体现了浓浓的亲情爱意，又充满了无限的绘画乐趣，更让他们体会到了活动倡导的绿色环保的重要意义。光谷实验小学第九届"绿色咏叹调"校园艺术节在快乐的氛围中画上了圆满的句号。

童心童画，生态美展

5月31日，晴

5月31日，为了庆祝"六一"儿童节，也为了提供更多空间给孩子们施展才华，为孩子们提供一个展示自我的舞台，这次"六一"儿童节，我们在报告厅内准备了精彩的节目汇演，在报告厅外展示精美的学生作品。本次学生作品展示，主题是节能环保，呼吁大家一起保护自然生态。

一进校门，就可以看见人行道两边的树上挂满了孩子们变废为宝的吊饰手工制品，有色彩斑斓的小鱼、可爱的小灯笼、中国传统纹样等样式，创意十足、富有趣味与个性。名师路上，立体纸艺社团的纸杯、纸盘手工品有运载火箭、变形金刚、动物、人物等样式，形式各样、各具特色。动感天地外，创意写生社团的保护动物主题的油画作品，大到长颈鹿、斑马，小到猫咪、刺猬，更有天鹅、大雁、熊猫、考拉，作品内

容丰富，表现手法各不相同，共同表达了"保护环境，爱护生命"的主题。印象水彩社团的水彩作品颜色通透、韵味十足。多元版画社团的作品黑白分明、创意十足。水粉拓印社团的作品色彩鲜明，对比强烈。作品展从不同层面、不同角度尽情展现了孩子们缤纷的童心世界，充分体现了孩子们别样的童心、童真、童趣。这次展览吸引了许多师生和家长驻足欣赏，他们在孩子们的作品前流连忘返，对孩子们的作品赞不绝口。看着家长们脸上幸福的笑容，看着孩子们和自己的作品自豪地留影，我们美术组全体教师无比欣慰。

　　眼睛是心灵的窗户，孩子们的画作就是孩子们内心情感的再现。一幅幅童趣盎然的作品充分展示了小朋友们出色的绘画技巧和优秀的手工技能，同时也饱含了老师们的辛勤汗水和努力付出。这些作品让家长们感受到孩子们在学校的生活充满着阳光与活力，更让家长们了解了学校担起的社会责任与担当。

稚子念师恩，手绘桃李情

9月8日，晴

9月8日，为迎接即将到来的教师节，二年级、三年级的同学给自己最喜爱的老师们献上了一份特别的礼物。

他们花了两天的时间用自己稚嫩的双手画出了心中最喜爱的老师，在美术组老师的巧手布置下，孩子们的作品汇聚成两块满载心意的展板，出现在光谷实验小学的校园里。

"送给我最喜欢的袁老师！""祝陈老师每天都开心快乐！""夏老师，我们爱你。""张老师，我一定好好学习天天向上。"孩子们对默默耕耘在三尺讲台

上老师的美好祝福和爱都写在画上了，这一句句的祝福让每一位驻足观看的老师都感到温暖。

桃李吐芳蕊，学校遍丹青。恰逢佳节之际，看学子们挥舞着画笔，描绘师生间的深情，感谢老师们从教尽全心。这只是感恩教师节活动的一部分，一幅幅美丽的图画标志着武汉市光谷实验小学"感恩教师节"

活动正式拉开帷幕。心血育桃李，辛勤扶栋梁，在此我们共祝愿天下所有辛勤的园丁：教师节快乐！

《建筑艺术的美》

9月12日，晴（授课班级：607、609）

《建筑艺术的美》出自人美版的《美术》课本六年级上册，是典型的欣赏与评述课。根据目前六年级学生的感知能力与审美能力，孩子们对建筑艺术的了解还真不少，他们去过的著名景点很多，对一些著名的建筑也有一点了解。课堂上很多时候我都在听学生讲他们的见闻，有的同学讲得根本停不下来，看起来还沉浸在旅游的快乐回忆中。

在孩子们讲到关键处不知道用什么词形容时，我会帮助他们接上两个稍专业点的词，他们感觉很贴切，就会点头表示认同，仿佛老师也和他们一起去看了似的。没去过的孩子则在观察课件PPT中建筑的特点，我给学生的任务是比较中外建筑的异同。

建筑在拉丁文中的意思是"巨大的工艺"，说明建筑的技术与艺术密不可分。故宫正是一个巨大的建筑艺术瑰宝。

建筑的艺术语言和表现手段非常丰富，包括空间、形体、比例、平衡、色彩、装饰等许多因素，正是它们共同构成了建筑艺术的造型美。

建筑的技术美与艺术美是相辅相成的。卓越的技术为艺术的展示提供了巨大的空间，同时人们对于艺术的高要求也进一步促进了技术的发展。正如悉尼歌剧院，正是技术美与艺术美的完美结合。

因中外地理位置的差异、文化与政治的差异，造成中外建筑在表现形式上的差异，但整体的设计理念与思路却似乎有相同之处。

所以我在引导学生欣赏、比较中外建筑艺术之美的同时，也要求他们透过表象分析内在的异同。简言之，知其然更要知其所以然。

为了让学生对建筑艺术的美有初步的了解，丰富学生的人文知识、审美能力，培养学生善于探索、善于质疑的素养。根据本课的教学内容及教学特点的需要，我采取了情景法、启发式教学法、赏析教学法、演示法、讨论法等教学方法。

1. 情景教学法

"作者胸有境，入境始于亲"，教师只有在教学过程中想方设法为学生创造一个具体、生动、形象的情景，并通过恰当的方式把学生完全带入这个情景之中，才能让学生在具体的情景下有效地学习。上课时，我充分利用多媒体信息技术，创设融形、声、画为一体的优美的教学情景，开阔学生的视野，努力营造一个民主、和谐、宽松的教学情景，以唤起学生的情感共鸣，增加他们的学习兴趣，教师则只用在关键之处作出精要的点拨或总结。这样，学生就在轻松愉快的氛围中自主高效地掌握了新知识。

2. 引导式教学法

这种教学方法适合高年级的学生，他们已经具备了一定的知识。因此，学生欣赏建筑艺术时，我会注意引导他们感受艺术的形式美，艺术与生活、艺术与环境的关系。

3. 赏析教学法

赏析、品味中外优秀的建筑艺术，从而加深对建筑艺术的理解，提高学生对建筑艺术的鉴赏能力。

4. 演示法

欣赏著名建筑3D动画成型影片，引导学生观察这些建筑在建造时设计的巧妙、工序的繁杂、技术的精湛。

5. 讨论法

根据观察，小组讨论，中外建筑在哪些方面存在不同？在哪些方面又有相同之处？完成学习任务单，总结作答。

融"素养"于美育学法

——《建筑艺术的美》教学感悟

9月14日，多云（授课班级：602）

小学六年级的学生对建筑是有一定认识的，但对建筑艺术的美，因年龄与知识面结构所限，就只知其一，不知其二了，但他们在课堂上总是知无不言、言无不尽。针对孩子们的这份"爱表现、爱搞笑、爱接茬"的参与热情，融合我校于2016年提出的"六大素养"：健康体魄、自主学习、阅读习惯、意志品质、善于质疑、审美情趣，我采用了四种教学法相结合，引导这帮顽皮的"小猴子"去一探究竟。

1. 质疑探究法（善于质疑）

学起于思，思源于疑，疑则诱发探索。爱因斯坦也曾说过：提出一个问题往往比解决一个问题重要。因此，我把学生善于质疑、释疑作为教学过程的重要组成部分。我抓住教学中的疑点和难点，设计具有针对性和启发性的问题，启发并鼓励学生思考探索、大胆想象、各抒己见，逐步解疑释惑，让学生体验学习美术的欢乐和成就感，进而激发学生学习美术的兴趣，增强他们学习美术的信心。

2. 自学尝试法（自主学习、阅读习惯）

古语有云"授之以鱼，不如授之以渔"。新世纪的文盲不是不识字，而是不会学习。美育更是如此，自主学习和用心阅读是美术教学不可缺少的一部分。所以在欣赏前，我放手让学生自学，用心阅读，读文字、"读"图片。把学习的主动权还给学生，鼓励他们多思多问，让他们自己学会思考、学会分析，不断培养他们的自主学习能力和良好的阅读习惯，用心感悟美之所在。

3. 互学合作法（意志品质）

我们培养的是新世纪的人才，健康体魄是前提，他们不仅要有互相学习、团队合作的精神，更要有诚信友善、积极向上、博采众长、勇于创新等优秀品质。因此，我在教学时，给学生提供较多的讨论、交流的机会，让他们集思广益、相互提问，在知识方面相互补充，在学习方法上互相借鉴，达成对建筑艺术之美的赏析。

4. 展学评价法（审美情趣）

美没有统一标准，但在中外建筑艺术的美上却有着异同。通过前三个教学法，基本上可以对本节课进行归纳小结了。各小组选派代表进行评述，表达本小组对中外建筑艺术的审美观点，然后开始互评、提出不同的看法进行辩论。在热闹的"争论"中，我请"大众评审"举手表决，提升学生的整体审美情趣与审美能力。

美没有对与错，更没有标准，美育却有着明确的对错与标准。所以我在美育教学上，融合"六大素养"，更加有利于展现学生学习的主体性，更加有利于达成美育的三维目标，更加有利于体现教学方法的实效性。

《图形的魔术组合》

9月20日，晴（授课班级：603、608、606）

《图形的魔术组合》出自人美版《美术》课本六年级上册，属于造型与表现的学习领域。

本课通过学习和了解20世纪初的两位外国画家如何利用物象进行组合，改变常规的思维方式进行创作所产生的艺术效果，并学习了夏加尔的表现方法，将生活中看似没有关系的物象组合在一起，变成一幅奇妙的作品。通过学习活动，培养学生对学习美术的兴趣及创新意识。

今天的课堂中，三个班的学生都表现得非常活跃，积极融入课堂氛围，不断地举手提问。我请大家先讨论再回答，实在不会回答的，我再来解答。有些学生的提问真的很有挑战性，比如：夏加尔为什么要那样画人物、动物？夏加尔的画怎么看上去很幼稚？从哪里看得出他是艺术大师？这样充满质疑、挑衅的提问，最好让孩子们自己回去找寻答案，然后下一节课请他来分享。在他们眼中，只要是我不回答或"回答不上来"，他们就特有兴趣一探究竟，有一股想要"青出于蓝"的冲劲，我就做个"顺水人情"，请他们去完成这个问题，让他们的表现欲得到释放。

夏加尔这个现代绘画大家，他的作品风格游离于印象派、立体派、抽象表现主义等一切流派。他的画采用梦幻、象征性的手法与色彩，内容表现多为超现实主义。夏加尔仿若是真的看到过绿色的牛、马在天上飞，躺在紫丁香花丛中的爱侣、同时向左和向右看的两副面孔、倒立或飞行的头颅、中世纪的雕塑。

一个完全画自己想象中画面的画家用作品表现自己的情感，我无法真正传递他的想法，还不如让童真的学生去找寻大师童真的一面，这种做法也许才是最合适的。

《线描画中的黑白对比》1

9月21日，多云（授课班级：602）

《线描画中的黑白对比》出自人美版的《美术》课本六年级上册，属于造型与表现的学习领域。

　　线描画对六年级的学生来说并不陌生，很多学生在幼儿园时就已经接触过。线描画以点、线、面的疏密排列组成画作，其独特的魅力深受学生的喜爱。但仅在意识上对线描画有认识和了解还是不够，为了让学生更清晰地了解线描画，在教学中，我设计了作品欣赏环节，准备了大量图片资料（图片资料是我个人平时积累创作和收集的一些线描范画）。让学生通过多媒体欣赏线描画，在欣赏中感受线描画的独特魅力，并让他们产生画一画、创作一幅的兴趣。

　　在教学中，我在本课注重引导学生学习、了解线描画中的黑白对比知识，感悟黑白对比的美感，初步了解怎样运用线描的语言表现美感。我重点强调线描黑白对比图案的表现形式：线条的粗细、疏密排列以及线条形式的丰富多变，点、线、面的合理安排，图案设计、分布的方法。对此，我还在黑板上创作示范图，对步骤进行分解、分析，学生因此对相关知识掌握得很快，学生学习兴趣浓厚，基本都能完成一幅具有

黑白对比效果的作品。少数学生在线条的粗细、疏密排列，点、线、面合理安排方面还有欠缺，画得不够认真，仍需加强指导；大多数学生的作品很出色，让人惊喜。

总结本课教学的成功要点：

（1）范图的选择、范图欣赏和对范围的黑白对比分析。

（2）创作的示范、课堂示范和构图步骤分析。

不足之处：讲课中总感觉自己的语言不够严谨，学生在最后创作的时间上还不够充分，如果有充足的时间，相信学生的作品会更加优秀。

一堂课既有优点也有不足，个人认为整个教学环节的节奏还是比较紧凑的，知识的渗透也是循序渐进的。主要通过对大量作品的欣赏，让学生对线描画有了清晰的认识，并积累了相关的美术知识，因此我觉得一堂美术课中"欣赏作品"是很关键的，学生会在欣赏的范画中找到创作灵感，在欣赏范画中积累知识，有了一定的知识储备，学生的专业创作水平才会逐步提高。

《线描画中的黑白对比》2

9月22日，晴（授课班级：605、601）

积极响应学校教学常规月，今天我在605班上了一节"常规课"——线描画中的黑白对比。

课程开始时，我用电影《魔兽》的30秒视频片段导入，学生的注意力一下子全集中到了这里。然后我从引出电影中人物形象的设计原画开始，说到我喜欢对着这些设计原画学习，这些线描稿用黑白对比来表现人物形象的神态与动态。我问学生，想不想学这种线描的表现方式，他们都说喜欢想学，那接下来课程就正式开始了。

通过让学生回忆之前学过的线描手法，请学生回答、示范线描画画法。接下来，学生们自学2分钟，熟悉内容，分析线描作品《门神》是如何表现黑白灰的。

细致观察《斗鱼》线描作品。

（1）这幅作品除了线条以外，还运用了哪些绘画语言？

（2）画面中是如何通过点、线、面的组织排列，体现黑、白、灰的对比的？

小结：在作品中，仅用线条和点表达黑、白、灰关系显得很单一，只有它们彼此穿插、灵活运用，才能创作出一幅好的作品。

教师示范，给同学们现场演示线描人物与花卉的组合，讲述画黑白对比时经常使用的几种方式。接下来是学生的艺术实践，可学生的表现还是不尽如人意。最后在学生作业展评环节，有些同学显得有些拘谨、放不开。

反思自己的这节课，讲述与示范共花了22分钟，我感觉自己讲的时间有点长，且没有讲解到位，所以有的学生在自己画画时还是有些无措。重点与难点把握住了，但学生并没有完全突破，导致教学目标达成得不太理想。

下节课一定要及时改进、及时调整，准备还要再充分一些，争取把常规课的质量再提升一个台阶。

《下雨了》教学旁听

9月23日，晴（授课班级：201、604）

今天上午201班的第一节课，上的是《美术》课本上册第6课《下雨了》，授课人是叶老师，听课的有全组美术教师及分管领导。

叶老师从激趣导入到新授等环节，都有让学生参与、表现，很能激起学生的学习兴趣和热情，大家都争先恐后举手抢答，课堂氛围很轻松、很活跃，课堂效率很高。在艺术实践环节，孩子们也积极地思考，细致地构图、描绘。看着孩子们专注投入的神情，真的很有代入感。最后的作业展评环节，孩子们更是踊跃，积极上台展示、讲述自己作品中的故事。

听完叶老师的课，我感觉她对教材理解得很清晰，对低年级学生的学情也掌握得很好，投放的问题有效。整节课学生们情绪高涨、兴致勃勃，充分体现了学生的主体和教师的主导作用。最后的环节让学生展示作品，调动了学生的积极性。

叶老师这节课上得很好，学生们上课的积极性和参与率极高，特别是叶老师能抓住儿童的心理特点，创设一定的情景，让学生自主学习、思考。这些亮点值得我学习！

第四节课在604班上，主题是"线描画中的黑白对比"，学生对老师现场示范画画有很大的兴趣，但在自己画时有些抓耳挠腮。于是我将作业难度分为七级：人物、动物、怪物、植物、静物、字母、数字。学生可以选择其中任一项创作线描画，可举手求助、可现场讨论。我要求作品画面体现强烈的黑白对比、有节奏感的变化、有一定的情绪表达即可，这样学生做起来就能轻松一些了。

《各种各样的形》教学旁听

9月26日，晴（授课班级：107、607、609）

今天上午第二节课是在107班听组内李老师的常规课，这节课的主题是"各种各样的形"，整体感觉很好。

一年级从开学到现在是第五周，学生能积极参与美术课堂，就已经很不错了。虽然孩子们都很喜欢美术，但真的要在40分钟内听讲、完成作业，还是有一定难度的。

通过导入与新授，学生学会了使用各种形状分解物象的方法，他们发现和了解了生活中的物象可以用不同的形状概括，初步掌握了观察和概括不同物象的基本方法，学习运用剪、撕、卷的方法创造出各种形状，利用各种各样的形状表现自己喜欢的物体。这节课培养了学生的观察概括能力和造型表现能力，让学生通过学习初步树立关注生活、热爱生活的情趣。在作品展示环节，学生都很踊跃，且自我表达很有童趣、充满童真。

循循善诱，让学生学习起来毫不费力，充分发挥了学生的学习主动性，教学设计很好，引导得也很到位，同时还让学生体会到了学习与生活的联系。

德国教育家第斯多惠说过，教学艺术的本质不在于传授知识和本领，而在于激励、唤醒和鼓舞。这句话的核心在于对教育对象的信任及对其内在价值的高度肯定。

六年级的学生，在绘画创作上没有一年级、二年级的学生那么大胆、天马行空，他们受到了多方面的约束。所以我在讲授"线描画中的黑白对比"这个主题时，除了放大宽度、降低难度，还引导学生们看大师的抽象画作品，让学生感受绘画不需要规则。没有规则其实更好，孩子画画时没有那么强的目的性，他们凭性情、靠灵感，为宣泄、好玩、好奇而画画，所以孩子们的画才纯真可爱、烂漫自然。以至于让很多大师弯下腰向孩子学习，苏东坡就曾感慨"天真烂漫是吾师"。

《线描画中的黑白对比》3

9月27日，晴（授课班级：606、608）

今天在606班、608班上课时，我试着将难度纵向变为七级，从难到易依次为1. 人物，2. 动物，3. 怪物，4. 植物，5. 静物，6. 字母，7. 数字。

让学生自由选择其中一项，用线描画表现黑白对比，不用拘泥于形式，旨在表现自己喜欢的、擅长的事物。

重点引导：线描黑白对比图案的表现形式。线条的粗细、疏密排列以及线条形式的丰富多变；点、线、面的合理安排；图案设计的方法。

在本次美术教学中，我采用了一种直观又有很强互动性的教学方式。我首先在黑板上将绘画的步骤一一分解并详细分析讲解给学生听，这种教学方式有效地吸引了学生们的注意力，让他们能够迅速掌握绘画的基本技巧。

　　在教学示范过程中，我不仅展示了绘画的步骤，还强调了黑白对比效果的重要性，并解释了如何通过线条的粗细、疏密排列以及点、线、面的合理安排来增强作品的视觉效果。这种直观的教学方式让学生深受启发，学生纷纷表现出浓厚的学习兴趣。

　　在随后的艺术实践环节中，大多数学生都能够根据老师的指导，独立完成一幅具有黑白对比效果的作品。这些作品在构图、线条运用和黑白对比方面都表现出了一定的水平，展现了学生对所学知识的掌握。

　　然而，我也注意到少数学生在线条的粗细、疏密排列和对点、线、面的合理安排方面还不够专业。他们在绘画过程中显得较为拘谨，缺乏一定的自信和创新精神。针对这一问题，我认为可以通过个别辅导或小组讨论等方式帮助学生克服心理障碍，提高他们的绘画技能。

　　总体来说，本次美术教学取得了良好的效果。这次采用的教学方式直观、生动，能够激发学生的学习兴趣和创造力。我也注意到了学生的个体差异，对不同学生的不同需求进行了有针对性的指导。我决定在今后的教学中继续发扬这种优点，并不断探索新的教学方法和手段，为学生打开一扇通往更多创意实践的大门。

　　展评时，孩子们的真实感受体现了六年级学生对线描画的认知，孩子们善于质疑的能力和审美情趣皆有提升。

《画汽车》教学旁听

9月29日，小雨（授课班级：106、601、605）

今天上午的第一节课，我听了我组新老师讲的常规课，他讲的是人美版的《美术》课本一年级上册第4课《画汽车》，这节课是让学生通过对汽车的回忆、观察，把自己所见所闻、所想所思表现出来，从而培养学生的造型表现能力和创造能力。整体教学设计力图体现学生由兴趣出发到回忆生活中的事物，再到概括事物的特征，最后运用这些特征表现自己的创造性思维。

老师画空的立交桥引导学生观察画面中缺少了什么，创设情景，引出课题。然后请学生说生活中有哪些种类的汽车，调动孩子们参与课堂互动的积极性，同时也考察了学生平时的观察力和注意力。接着请同学们讨论和概括汽车的外形特征，帮助学生了解汽车的外形及结构特征，启发学生在合作、探究的气氛中讨论不同汽车的共同之处。为了激起学生创新的意识，让学生欣赏设计师设计的各种具有创意的汽车，教师展示了几种多功能汽车的相关资料，其中的海陆空多功能汽车，一下子把学生的注意力全部吸引了进来，他们大开眼界、非常惊奇、兴奋不已，一下子激发了学生的创作欲望。此时，让学生画汽车，鼓励他们画出心中最美的、最想要的汽车再合适不过了。

从孩子们的课堂作业表现来看，这种教学模式充分说明了艺术教育的重点不在传授，而在于鼓励和唤醒。孩子们的思维被打开后，不受任何条条框框的束缚，所以完成的各种汽车造型都是可爱的、令人欣喜的。至于作品的美感，这个以后会慢慢跟进，目前阶段是不让孩子们的思维受到限制。

整堂课思路清晰，环节设计合理，重难点突出。每个人都能积极地参与课堂，课堂效果较好。

　　我今天给601班和605班上的是第4课的第2课时（指《美术》课本上的第4课，需要2节课完成教学，这是第2节课），601班的课堂纪律明显改善，学生们都在认真地思考、设计、绘画，作业完成得不错，学生的积极性很高，两个班都有得分A++的作业。看来将作业难度分成七个级别，对提升每个学生的绘画表现力是很有帮助的。

《茂密的花》教学旁听

9月29日，小雨（授课班级：208、604）

　　今天上午，我在208班听我组年轻老师的常规课这节课的主题是"茂密的花"。课堂组织有序、环节设计合理、教学效果好。

　　亮点1：开课的热身小游戏"反向快速反应"不错，把孩子们的注意力集中到课堂上来了。

　　亮点2：用一个词形容图片上的花。孩子们的词汇量和观察力都不错，快速引出课题。

　　亮点3：时间控制合理，把课堂还给学生，让学生有充分的时间完成自己的作品。

　　亮点4：作业展评时的借形成画，把深色卡纸中间挖剪成旗袍形、扇形、高跟鞋形等画框，让学生感觉自己的作品瞬间变成了美丽的装饰图案。

　　从这节课的效果来看，充分说明了老师在备课时有细心地思考，在课前有认真地准备，所以教学的三维目标达成度很好，教学效果值得大家借鉴和学习。

　　我今天在604班上的是第4课第2课时，让学生安静细心地完成手上的线描作业，再评价和展示，打出了两个A++，学生整体的作业情况完成得还不错。一张好的线描作业可以看出学生的细心、认真、严谨的学习态度，这对于其他学科来说，也有很好的促进作用。

《添画人像》1

10月8日，多云（授课班级：601、605）

添画人像，顾名思义是在已经完成好的作品上，"改编"出另一半人像的效果。不再是以往人物写生课中，学生画一个完整人像的模式，而是在教学过程中以欣赏为主线，采用评析、讨论、创作、展示等多种形式进行美术教学。

画人像对于小学生来说始终是一个高不可攀的山峰。当他们看到书本中的人像作品的左半边用的是素描表现形式、右半边用的是色彩表现方式时，当看到老师画好的人像作品时，大部分学生抱着羡慕的表情欣赏后就打起了退堂鼓。一个是因为画人像本身难度很大，另一个是因为怕自己的另一半头像画不好而破坏了画面的完美。

看着学生们为难的表情，我索性先来个"趣味添画"，我把添画的范围扩大：可以添画动物、卡通等形象的另一半，而且原来的一半可以直接用现成的图片。学生眼前一亮，四处寻找图片资料，或者画自己拿手的卡通形象。其次，我将自己画的小女孩的头像从中间一分为二，取一半进行添画，并且添画时改变了原画的表情，破坏了原来完美的形象。全场哗然后，学生们露出"我也可以"的表情，就这样每个学生都找到了自信和兴趣，接着，他们就画出了各具特色的添画作品。

我要求孩子们回到家里后，将家人照片中的头像用PS拼接一下，一是探究人物五官的比例关系，二是观察亲人的年龄变化与五官变化的关系。

学生在各种类型的作品欣赏中对比学习、交流，了解了不同画种表达同一张人像的方法，观察人物脸型、发型、五官的特点，并能抓住人物的主要特征进行再创作。学生在对比参照中，较为轻松地完成了基本造型的塑造。造型能力得到了较好的提高，思维空间得到扩展。再反观毕加索和现代抽象绘画作品，学生们对艺术又有了新的认识，审美情趣得到提升。

《生活中的暖色》教学旁听

10月10日，晴（授课班级：406、607、609）

今天上午旁听了杨老师的常规课，她讲的是《美术》课本四年级上册第2课《生活中的暖色》。

杨老师对课堂的轻松驾驭，说明她对学情和教材都有较好的掌控力，和学生互动流畅。学生们在回答问题时，常有"语出惊人"的时刻，四年级的学生对色彩基础知识了解的程度令人惊讶。学生们在这节课上的表现非常好，积极配合老师的教学，一起讨论并进行艺术实践，启发的效果很好。

我经常思考小学艺术课堂里教师的讲授内容要如何取舍？老师不讲的话，学生会不会做？会不会画？会不会去思考？实践证明，造型与表现、综合与探索的很多课程教师不讲，学生通过自学课本就知道怎么思考与绘画了，教师只需要在审美情趣、情感态度与价值观上加以引导即可。

一节美术常规课的效果，不在于表象，而在于学生参与教学活动的真实反应。也许学生的绘画技法还不够成熟，但他的认识与表达已经反映出他对这节课内容的正确理解。

听完评课讨论，我再次想起德国教育家第斯多惠说过的经典名言，教育艺术的本质不在于传授知识和本领，而在于激励、唤醒和鼓舞。我想，美术教育应该如此，小学美术教育更应如此。

607班、609班今天上的课的主题是"添画人像"，我采用了学生自学的方式进行，让学生们自学教材5分钟后，再向我提问，我来解答大家的疑惑、鼓励质疑（问答时间控制在5分钟）。在辅导作业时我发现，这节课的效果比我常规教学的20分钟还要好。

《添画人像》2

10月11日，晴（授课班级：603、606、608）

今天，我继续让学生自主学习理解"添画人像"，发现不同班级、不同学生的反应也各有不同。

课上我分了三组学生来分类完成目标。

第一组：了解人物头像的基本结构和特征。

第二组：学习人物头像的画法，运用发散思维添画人像。

第三组：训练学生的发散思维，激发学生的想象力。

第四组：学生讲解、分析重点，欣赏和了解人物头像的表现方法，学习利用已有的头像的一半创造性地添画另一半。

所有学生共同讨论突破难点：发散和想象，运用不同方法参与学习。

学生们的作品整体看来还是不错的，作品基本都不拘一格，大胆地表现了自己想要的效果。创意有了，但细节还有待加强，画面效果还是粗糙、随意了些，需要他们在后期的学习中慢慢提升。

《添画人像》的质疑问答

10月12日，多云（授课班级：602）

我经常鼓励学生在我的美术课堂上要善于质疑，向我发难，提升审美情趣。今天在学生艺术实践中，有学生向我提出问题。

学生问："好好的一张画，为什么要添画？"

我答："好问题，你这是在质疑教学目标！我们这节课有三个教学目标，第一个是认知目标：了解人物头像的基本结构和特征。第二个是技能目标：训练学生的发散思维能力。第三个是情感目标：培养学生勤于思考、敢于尝试的好习惯。"

学生问："我们五年级时就学过'画人像'了啊（潜台词：已经讲过人物头像的基本结构和特征，且画过三庭五眼了）。"

我答："五年级讲的'画人像'是基于写生基础的训练。六年级的添画人像是对人物形象再表现、再创造，表现形式与手法不同于之前单一的一种表现形式。"

学生问："添画后的作品要比原作美吗？"

我答："这个有难度！一般情况下会比原作丑，毕竟是课堂实践，时间有限、能力有限。"

学生追问："明知道比不过原作，那为什么还要画呢？"

我答："明知山有虎，偏向虎山行！我们画的目的不是为了比美，也不是为了添画而添画，而是要大胆创新、敢于尝试。培养我们的观察能力、对比能力、创新能力以及审美能力。"

《中国画的笔墨情趣》

10月13日，阴转小雨

今天上午，我去第三初级中学旁听了一节美术常规课，课程主题是"中国画的笔墨情趣"。老师为了防止单纯欣赏与讲解理论会让学生觉得乏味，选取了实物写意让学生直观感受笔墨的变化与韵味。

首先，老师先快速示范了两张水墨画作品，一张表现的是虾，另一张表现的是螃蟹。然后简要讲解了墨分五色、中锋用笔、侧锋用笔等国画专业基础知识。接着以画螃蟹为例，分步示范并讲解画法，并让学生跟着老师的节奏一起感受用笔和用墨。从学生的专注度可以看出学生的学习氛围，从学生的笑容中可以感受到他们初学国画的快乐。虽然有的学生画出的螃蟹显得生硬、笨拙，但作为第一次尝试水墨画的人来说，用这种没骨法小写意的技法画螃蟹，能画出形就很不错了。

老师的耐心讲解与细心辅导，让学生在一节课内既了解了中国的水墨画特点与基础常识，又体验到了水墨画小写意的乐趣，更直观地感受到了水墨画及用笔的韵味。

初中美术的课堂教学与小学美术教学的区别在于难度增加、教学方式更注重理论知识传授、教学目标更注重综合素质培养，以及教学评价更注重学生的思考和分析能力。但两者也有共同点，都是为了培养学生的审美能力和创造力，让他们更好地理解和欣赏美术作品。同时，教师在教学过程中需要根据学生的实际情况和教学目标选择合适的教学方法，以提高教学质量和效果。

少儿油画社团，实力再现作品展

10月15日—10月16日，晴

东湖新技术开发区中小学生秋季运动会在光谷第二高级中学如期举行，同时举办"运动与艺术"首届中小学美术作品展，给运动健儿们加油助威，传递"我运动，我快乐"的运动精神。参加展出的中小学校有20多所，作品共600余件。光谷实验小学的美术特色社团用自己的实力让作品再现作品展。

光谷实验小学挑选了22件美术作品代表学校亮相展厅，向全区再次展示了我校独有的社团特色与魅力。袁老师指导的创意写生油画社团，首开全省少儿油画教学先河，引领学生无技法式直抒胸臆，用油画展现儿童的心理世界。每一件作品都原创于我校高年级学生之手，并且每一件作品的笔触与表现方式都不一样，真实再现了每一个孩子对艺术的不同感受与审美情趣。张译方老师指导的魔法彩泥社团，将彩泥与运动巧妙地结合，让作品不仅充满动感和童趣，还有层次丰富的浮雕感，再施以"魔法"让作品变得或古拙、或艳丽、或仿真，有很强的吸引力。新竹路校区张镱群、梁欣老师指导的艺术创想社团，作品呈现出我校低年级学生天马行空的想象力和生动可爱的表现力、视角独特、色彩丰富、构图饱满、造型大胆，透露着童心、童话、童真，传达出孩子们内心对运动的喜爱，享受艺术表现运动所带来的快乐。

少儿油画作品的魅力吸引着各级领导、师生的目光，并驻足欣赏。参展的作品受到了参观者的一致好评与赞扬，作品中洋溢着孩子们的热情、快乐，这种情感传递给了每一位参观者。

《亲亲密密一家子》1

10月17日，多云（授课班级：607、609）

今天在讲课程主题"亲亲密密一家子"前，我就在想六年级的孩子们看到这么亲昵的家庭亲子照片，会有什么样的反应？当然这节课也反映出家庭教育的重要性和必要性。

我出示了一张爸爸和妈妈同时亲孩子脸蛋的照片，创设家庭亲情的情景，目的是激发学生的爱父母之心，培养学生丰富的情感世界，万万没想到这张照片竟引来了学生激烈地争论。一方学生说这样的亲密动作只在自己二年级前出现过，以后再也没有过了，很是怀念（这是感性的一方）；另一方学生说这是在镜头前的摆拍、作秀（这是理性、质疑的一方）。这两方学生的想法充分反映出不同的家庭环境带给孩子不同的思想，在学生们的争论结束后，我引导他们如何理解父母的爱以及如何表达自己的爱。接下来我让学生讲述自己最难忘的一次家庭趣事，然后鼓励他们把这一场景描绘下来，看谁的作品更能引起大家对亲情的共鸣。

现在的小学美术教育不再是一种单纯的技法训练，而是一种文化学习，更是人文素养与美术素养的学习。美术本来就是一种重要的文化行为，是在思想的表达、情感的交流中产生并发展起来的。

在本课教学中我通过出示大量图片创设情景，在有限的时间里利用多媒体极力增加课堂的信息量，让学生产生强烈的情感体验。注重培养学生良好的观察和探究习惯，在具体的教学中我没有过早地用技法、技能去规范学生，而是采取启发、引导的方法。如我在教学中让学生通过触摸、刻、划吹塑纸，感受这种新型材质不同的质感，同时结合自己的范画引导学生观察、比较、分析、主动探究粉印纸版画与普通绘画的不同之处，进而激发学生强烈的创作欲望。课后拓展引导学生欣赏、感悟不同种类版画的不同肌理之美，整堂课学生学习积极主动，学习兴趣浓厚。

这节课有一些不足之处，如：

（1）受材料与场地所限，只能让学生从绘画表现开始第一步。

（2）在学生展示作品的环节中由于时间关系，没有给学生提供尽可能多地展示作品的机会。

（3）对学生的综合评价和过程评价还有待进一步提高。

《亲亲密密一家子》2

10月19日，小雨（授课班级：602）

要学生在教室里感受粉印纸版画很困难，因为粉印纸版画所需的工具太多，而一节课的时间有限。如何上好这堂常规课，只能删繁就简，以绘画的形式来表现自己一家人的亲密画面。

在动笔之前，全班一起看PPT上一家三口的亲密合影，讨论3个问题：

（1）最近我们家在什么时候出现了照片上的情景（父母同时亲孩子的脸）？

（2）你喜欢父母如何和你亲近？

（3）你会如何亲近父母？

给我感受最深的是学生们对第1问的回答，有的说是最近7年，有的说是最近5年，有的说是最近1年，有的说是最近1月，还有的说是最近1周。全班有90%的学生是前3种回答，有5%的学生是第4种回答，有3%的学生是第5种回答，回答每天都有的仅有2%的学生。这种答案的比例可以反映出大部分家长在家庭教育里，表达亲情的方式随着孩子的成长而变得越来越含蓄。

在学生想用画笔表现亲情时，大部分学生感觉无从下笔，部分调皮的男生选择用火柴人来表现父母。这时就需要第2问、第3问来引导他们了，学生们画出自己心中的场景后，果不其然，看到自己画的父母，他们都"笑抽"了。

只要是学生敢于画出来的，我都给予了很高的评价，因为一是原创、二是想象、三是质朴、四是心声。每一张作业看似简单，但反映出了孩子们心里真实的想法与审美。

《亲亲密密一家子》3

10月20日，小雨（授课班级：601、605）

课前我让学生准备与家人的亲密合影，课堂上通过介绍全家福照片来导入本课。

通过回忆家庭趣事或全家一起外出旅游的小故事让学生感受家庭的温馨、甜蜜，适时地对学生进行了情感教育：爸爸妈妈都很爱我们，我们也应该关心他们、爱他们。

通过欣赏、观察让学生了解到，一家子的亲密要从适当的距离、亲密的动作、充满感情的眼神和表情来表现。为了拓宽学生的思路，接着我们欣赏了关于动物家庭的图片，让学生了解除了人类，动物们也有自己亲密的家庭和温馨动人的时刻。

在学生进行艺术实践时，六年级孩子的脑海里还不能对家庭人员的画面形成一个整体的形象，有的学生想到了却不知从何下笔，根据这些孩子们的情况，我适当地降低难度，缩小了表达对象的范围。我在PPT课件上展示了几个可爱的动物的图片，同学们可以对着写生，不过要注意适当地改变它们的动作，让它们成为亲亲密密的一家子。

一堂课下来，孩子们都能通过把握人与人之间的距离、亲密的动作、表情表现出亲亲密密的一家子了。但有个学生画的孩子的形象，与爸爸、妈妈没有多大的差别。其实孩子和成人的区别可以通过身高来体现，但这个错误不能说明这个学生不注意观察生活，因为在我提醒他后，他马上就知道了，这说明孩子在画画时也会粗心。

在德育渗透方面，可以提醒同学们养成良好的学习习惯，画完每一步后要观察一下画面的比例，还可以让同桌互相交换、互相欣赏对方的作品，及时提出改进意见。

在表现亲亲密密一家子的同时，也要让画面有一定的美感，有故事性、趣味性，给观众传达出你的情感和审美。

《亲亲密密一家子》4

10月21日，小雨（授课班级：604和油画社团）

上午，我在604班上课，课的主题是"亲亲密密一家子"。

开始上课后，我让学生先欣赏一段《让爱常住我家》的视频歌曲作为导入，看完视频后，让学生说说有什么感想？有什么话想说？（创设情景，听到好听的歌曲、看到温馨的场景，给学生创设有浓浓亲情的情景，为后面的教学做好铺垫）这时出示本课的课题。

课前，我早已要求学生从家里带一张和家人的亲密合影（过生日、旅游途中、劳动时、吃年夜饭等场景都可以），这样有助于培养学生收集资料的能力。上课时，我问学生谁愿意展示自己带的照片，并讲述和家人在一起时的快乐时光。在学生讲完后，我适时教导学生，父母和其他亲人那么爱我们，我们也应该关心他们、爱他们。

展示完照片后，我带领同学们做了一个亲情小游戏，小游戏的规则是请三个学生分别扮演爸爸、妈妈和孩子。首先让三个人离得很远，让其他学生说说这三个人之间的感觉是什么样的。再让三个人拥抱在一起，让其他学生说说他们这时的感觉又是什么样的。我在旁边说："瞧，这一家子多甜蜜、多和谐。"（通过比较，使学生感受到人与人之间的距离，他们的眼神、动作等在画面中的作用）

游戏做完后，我说："世界是个大家庭，爱是没有物种之分的，我给大家带来了一组表现亲情的图片，让你们欣赏。我们可以发现动物也像人类一样有着家庭和亲情。"接着我展示了一组表现动物间亲情的图片，在欣赏图片时随机让学生参与讨论，让学生发表他们的想法。

看完动物的图片后，我给学生展示了一组粉印纸版画作品，并提问：同学们能不能看出这些作品是用什么制作出来的？引出答案——粉印纸版画，再展示我提前准备好的粉印纸版画的范画（当然是表现亲情的），让学生看，这时出示吹塑纸，并且用课件介绍什么是吹塑纸？

我说："光用吹塑纸当然是不行的，你们想不想知道一幅完整的作品是怎样画出来的？下面老师演示给大家看看。"这时我演示画法步骤，边演示边讲解（课件出示画法步骤，让学生在自己制作时对制作步骤能够更加清晰明了）。

讲解完粉印纸版画后，就到了学生的练习部分，这时我说："同学们想不想亲自试试粉印纸版画呢？"我提出了作业要求：第一，用粉印纸版画的方法，描绘一家子亲亲密密的情景。第二，根据自带的照片构思画面，作品也可表现动物间的亲情。

我强调作画时应注意的事项：第一，刻版要用力；第二，颜料要厚，水分要少；第三，对印时不可错位。学生开始创作，我巡视辅导。学生的创作时间大约为20分钟，在他们创作的过程中我会播放温馨的轻音乐。

展示评价时，我设计了三种评价方式：学生自评、学生互评、老师点评，给学生充分的展示空间。

最后就是总结和课后延伸。结合感人的亲情图片，我建议同学们用今天学习的粉印纸版画为亲人制作一张贺卡来表达对他们的爱。

下午是学生最喜爱的社团活动时间。

今天我们油画社团的活动内容是第3课"秋"，第三次邻近色训练，作品主要以黄、橙、少许绿、极少生褐、白、蓝等色彩来表现秋天的景象。难度可能比前两次训练加大了一点，学生在两节课内只完成了基本色调，画面还需要再调整。

《画家凡·高》

11月2日，小雨（授课班级：404）

1. 教学过程

1）导入新课。

我在课上播放了风云气象卫星的最新云图影像，请全班学生认真观察云图的变化，同时，屏幕的右下角画中画中显示一幅世界名画《星月夜》，两者竟然有很多相似之处。这让人不禁感叹，究竟是大自然创作了艺术作品，还是这位画家早就拥有了一双创世者的眼睛？大家知道这位伟大的画家是谁吗？这位画家就是著名的艺术大师凡·高。

设计意图：激发学生的兴趣，提高学生的积极性，并且为欣赏《星月夜》作品做铺垫。

2）新课教学。

（1）在舒缓的背景音乐下，我结合教材提出问题："同学们对凡·高了解多少？"

学生回答后，我再通过多媒体播放凡·高的生平资料，并对学生提问，问他们从中得到了哪些信息。最后师生共同总结。

设计意图：这一设置主要使学生养成自学及提炼文字信息的能力，培养学生主动、大胆提出有意义的问题的能力。同时，可以让学生了解

凡·高的生平经历，为后面赏析作品积累素材。

（2）展示凡·高的两幅自画像，我引导学生观赏并思考："这两幅作品给你什么感觉？"学生回答，教师总结（不真实、严肃、神秘等感受）。

教师分析这两幅作品的形式，让学生感受它们的风格与情感。教师引导学生观赏，并小组讨论"这两幅自画像有什么共同点？"

学生交流回答，教师总结（构图：大方饱满；色彩：明亮热烈；笔触：奔放粗犷）。

设计意图：学生可以养成自学及提炼文字信息的能力，培养学生主动、大胆提出有意义的问题的能力，同时通过了解凡·高的生平经历来欣赏凡·高的作品，有利于学生理解凡·高的作品，而且也为后面赏析作品积累素材。

（3）展示《星月夜》，引导学生欣赏并尝试从构图、色彩、笔触三个方面进行分析。

学生交流回答，教师总结（俯视构图，色彩饱满，对比强烈，线条奔放有力，笔触厚重有力）。

设计意图：通过对人物画与风景画的欣赏，可以深入地了解凡·高的作品，并且提高学生的分析能力、欣赏作品的能力，以及提取画面信息的能力。在信息整合过程中，可以提升学生的语言表达能力与审美判断能力。

2. 巩固提高

师生共同按作画的时间顺序给《唐基老爹》《吃马铃薯的人》《向日葵》《阿尔附近的吊桥》等作品排序，接着让学生从作家生平，作家的生活经历对其艺术风格的影响，作品的色彩、构图、笔触、情绪、线条等不同角度进行分析。最后我总结凡·高作品的艺术特点：色彩对比强烈、明快，线条扭曲、流畅、奔放，构图饱满等。

设计意图：帮助学生更系统、全面地了解画家的一生及主要作品，同时师生互动，可以沟通感情，有助于增强教师对学生的全面了解。可以检验学生是否真正掌握了本节课的内容，并且要求学生以文字的形式呈现他们的分析结果，可以提高学生用文字描述美术作品的能力，真正实现美术与其他学科，尤其是语文、写作等方面的结合，实现新课程改革的要求。

3. 小结拓展

请学生总结主要内容：凡·高生平、其主要作品及艺术特色。教师引导学生小结：学习凡·高对艺术的执着，但是更要学会在逆境中调整自己，做一个健康乐观的人。

第七章　少儿油画社团教学课例

少儿油画社团为了明确教学方向与思路，老师与学生一起写生与探讨，最终整理出不同系列的作品，分为静物篇、风景篇、动物篇、人物篇。既是对学生往期作品的回顾与反思，也是对今后教学的探究。

发现生活之美——画静物油画

1. 教学目标

（1）引导学生仔细观察生活中的静物，发现它们独特的美。

（2）教授学生基础的油画技巧和步骤，使学生能够熟练地表现静物的形态、色彩和质感。

（3）培养学生的观察力和创造力，以及对美的感知能力。

2. 教学准备

（1）油画布或油画纸、油画颜料（包括基础色和特殊色）、调色盘。

（2）油画笔（包括不同大小和笔尖形状的笔）、松节油或调色油。

（3）旧报纸或布（垫在画架下）、纸巾或抹布（用于擦除多余的颜料）。

（4）多种静物（如陶罐、水果、花卉、花瓶、生活用品与学习用品等）。

3. 教学过程

1）导入新课。

（1）展示几幅著名的印象派、后印象派画家的静物油画作品，引导学生感受生活中静物的美。

（2）引导学生思考生活中常见的静物，并讨论这些静物独特的美感。

2）观察讨论。

（1）将准备好的静物摆放在教室中，让学生围坐观察。

（2）指导学生从形状、色彩、质感、光影等方面仔细观察静物。

（3）引导学生观察静物的形状是怎样的，有哪些独特的线条和轮廓？静物的色彩有哪些，不同色彩间是如何搭配和过渡的？静物的质感是什么样的，是光滑的还是粗糙的？光源来自哪里，静物的哪部分被照亮了，哪部分处于阴影中？

（4）小组讨论，分享观察结果和感受。

3）示范讲解。

教师：选择一种静物边示范边详细讲解。

构图：首先确定静物的位置，注意画面的平衡和层次感。可以运用"三分法"或"黄金分割点"这两种方法构图。

起稿：轻轻用铅笔勾勒出静物的轮廓和主要结构。

色彩铺设：从静物的暗部开始上色，逐渐过渡到亮部。注意色彩的搭配和过渡，以及光线对色彩的影响。

质感表现：使用不同的笔触和颜料厚度表现静物的不同质感。笔触的轻重、快慢和方向都会影响画面呈现的效果。例如，光滑的表面可以用细腻的笔触和淡淡的颜色表现，而粗糙的表面则可以用粗犷的笔触和厚重的颜色表现。

光影处理：根据光源的位置和强度，在静物上添加高光和阴影，增强立体感。

教师讲解时，可以强调色彩搭配和构图的重要性，以及油画颜料的特性（如覆盖性强、不易干燥等）。

4. 艺术实践

（1）学生选择自己感兴趣的静物进行创作。

（2）教师巡视指导，及时给予鼓励和帮助。对于在作画时有困难的学生，教师可以给予具体的指导和示范。

（3）教师提醒学生作画时注意构图和色彩搭配。

（4）教师鼓励学生尝试不同的笔触和色彩表现静物的质感。

温馨提示：

观察：在绘画前，仔细观察静物的形状、色彩、质感和光影效果，为创作做好准备。

构图：注意画面的平衡和层次感，避免画面过于拥挤或空旷。

色彩：尝试使用不同的色彩搭配和过渡方式，用来表现静物的色彩变化。

耐心与细心：创作一幅油画需要一定的时间和耐心。在绘画过程中，要保持细心和专注，不断修正和完善作品。

5. 艺术展评

（1）将学生的作品摆放在教室集体展示，让学生们相互评价，说出各自作品的优点，并给出建议。

（2）邀请学生分享自己的创作过程和感受。

（3）教师点评学生的作品，肯定作品的优点，提出改进建议。

6. 小结拓展

（1）总结本节课学习的重点和难点，如构图、铺色、质感表现和光影处理等。

（2）强调观察生活、发现美的重要性，并鼓励学生多观察、多实践、多创新。

（3）引导学生通过搜索网络资料或阅读图书，欣赏不同风格的静物油画作品，如莫奈、塞尚、凡·高等大师的作品，从中汲取灵感和技巧。

（4）鼓励学生观察并分析这些作品中静物的形态、色彩、光影以及构图等元素，思考绘画大师是如何通过这些元素表达情感和作品主题的。

7. 课后反思

经过这堂"静物油画——发现生活之美"的课程，我发现了学生们在探索和学习油画技法过程中表现出的浓厚的兴趣和积极的态度。然

287

而，在教学过程中，我也发现了一些值得反思和可以改进的地方。

1）教学内容与效果。

在本次课程中，我成功地引导了学生观察生活中的静物，并让他们感受到了静物独特的美。通过示范和讲解，学生们基本掌握了油画的基础技巧和步骤。在创作过程中，他们能够将所学的技巧运用到自己的作品中，表现出了较好的学习效果。

然而，我也发现了部分学生在构图和色彩搭配方面还存在一些问题。他们过于注重表现细节，忽略了整体画面的和谐与平衡。在今后的教学中，我需要更加注重构图和色彩搭配的教学，引导学生们从整体上把握画面的美感。

2）教学方法与手段。

在教学过程中，我采用了示范、讲解、讨论和实践等多种教学方法。这些教学方法能够有效地激发学生的学习兴趣和创造力，使他们更加主动地参与学习。同时，我也利用多媒体设备和实物展示等教学手段，使学生们更加直观地了解油画技法和静物特点。

然而，我发现部分学生在自己实践时缺乏自信和耐心。他们往往因为一时的困难而放弃创作，或者过于追求完美而陷入纠结的状态。在今后的教学中，我需要更加注意学生的情感和心理状态，鼓励他们勇敢面对困难，保持耐心并建立信心，享受创作的过程。

3）学生表现与反馈。

在本次课程中，学生们表现出了较高的学习热情和创造能力。他们积极参与讨论和实践，勇于尝试新的技法和表现手法。在作品展示和评价环节，他们也能够主动分享自己的创作过程和感受，展现出较好的沟通能力和合作精神。

然而，我发现部分学生在创作过程中缺乏独立思考和创新的能力。他们往往过于依赖教师的示范和讲解，缺乏自己的见解和创意。在今后的教学中，我需要更加注重培养学生的独立思考能力和创新能力，鼓励他们多观察、多思考、多实践，形成自己的艺术风格。

4）改进措施。

针对以上问题，我计划采取以下改进措施：

（1）加强构图和色彩搭配的教学，引导学生从整体上把握画面的美感。

（2）注意学生的情感和心理状态，鼓励他们勇敢面对困难，保持耐心并建立信心。

（3）培养学生的独立思考能力和创新能力，鼓励他们多观察、多思考、多实践。

（4）加强与学生的沟通和交流，及时了解他们的学习情况和需求，为他们提供个性化的指导和帮助。

通过以上的反思和改进措施，我相信在今后的教学中，我能够更好地引导学生们发现生活之美，掌握画油画的技法，培养他们的观察能力和创造能力。

面包的魅力——画静物油画

1. 教学目标

（1）让学生了解并欣赏面包的美感与魅力，从生活中发现美。

（2）指导学生掌握画油画的基本技巧，能够用油画表现出面包的质感、色彩和光影。

（3）突破橙、黄、褐三色的邻近色运用的难点，学会使用邻近色丰富画面色彩，增强画面表现力。

2. 教学准备

（1）油画布或油画纸、油画颜料（包括基础色和邻近色系的颜料）。

（2）调色、油画笔（不同大小和笔尖形状的笔）、松节油或调色油。

（3）旧报纸或布（垫在画架下）、纸巾或抹布（用于擦除多余的颜料）。

（4）生活中各种常见的面包实物或图片。

3. 教学过程

1）导入新课。

（1）展示面包实物或图片，引导学生仔细观察面包的形状、色彩和质感，并讨论看到不同面包带给他们的感受。

（2）提问学生：你们看到了哪些颜色？面包的质地看起来是怎样的？你能看到面包的光影效果吗？

（3）引出本课主题：用油画表现出面包的魅力。

2）观察与分析。

（1）让学生仔细观察面包实物或图片，并记录下他们的观察结果。

（2）分析面包的形状：面包的轮廓、体积以及外部的纹理和褶皱。

（3）分析面包的色彩：主要色调、邻近色以及色彩之间的渐变和对比。

（4）分析面包的光影效果：光源位置、明暗对比以及阴影的位置和形状。

（5）引导学生将观察结果转化为绘画元素，思考如何运用绘画的技巧表现这些元素。

3）认识邻近色。

（1）向学生解释邻近色的概念，即色轮上相邻近的颜色。

（2）展示邻近色系的颜料，让学生观察并感受邻近色之间的色彩关系。

（3）讲解邻近色在油画中的运用，如何通过搭配邻近色增强画面的和谐感和表现力。

4）示范与讲解。

教师先选择一块面包作为示范对象，边示范边讲解油画的绘制步骤和技巧，并强调邻近色在表现面包色彩层次中的作用，以及光影处理的重要性。再让学生自己实践，步骤如下：

（1）观察分析。

让学生仔细观察面包实物或图片，了解面包的形状、色彩和光影效果。

（2）铅笔起稿。

构图设计：使用铅笔或炭笔在画布上轻轻勾画出面包的大概形状，注意画面的布局和比例。

线描起稿：使用铅笔或炭笔在画布上线描，确定面包的轮廓、体积以及外部的纹理和褶皱。这一步要注意画面的边界和面包轮廓的准确性，以及画面比例和透视的合理性。

（3）整体上色。

确定色调：根据面包的实物或图片，确定画面的主色调，并找准画面色彩的倾向性。

色彩搭配：在基本色调的基础上，确定主色和辅助色的结构和比例。

铺设底色：使用大号油画笔和主色调，开始铺设面包的底色。在铺色时，要保持色彩的纯净度和笔触的轻松自然。

添加细节：在底色稍干后，开始添加面包的细节和纹理。使用不同大小和笔尖形状的画笔，以及邻近色系的颜料，使画面色彩层次更加丰富。

（4）深入刻画。

光影处理：根据光源和面包的位置，处理光影效果，使面包看起来更加立体。注意明暗对比与阴影的位置和形状。

细节描绘：深入刻画面包的各种细节，如纹理、褶皱和质感等。注意突出重点，使画面更加生动。

（5）润色调整。

润色细节：添加一些细节和修饰，使画面更加生动、立体。可以使用合适的小号画笔进行润色，也可以使用刮刀等工具。

调整画面：远距离观察画面，调整画面中过于"抢眼"的物体，将画面中心点加强。同时调整画面中过于细碎的笔触等。

（6）完成作品。

签名：在画面合适的位置签上自己的名字。

装裱：将作品装裱起来，使其更加美观和易于保存。

通过以上步骤，学生可以逐步掌握画油画的基本技巧，并成功创作出具有魅力的面包油画作品。在教学过程中，教师应根据学生的实际情况进行指导和调整，确保每个学生都能获得良好的学习体验。

5）艺术实践。

（1）学生根据自己的观察和分析结果，选择自己喜欢的面包图片或实物进行创作。

（2）教师巡视指导，鼓励学生使用邻近色表现面包的色彩层次，同时注意光影的处理。

6）艺术展评。

（1）将学生的作品摆放在教室集体展示。

（2）邀请学生分享自己的创作过程和感受，其他同学可以提出问题和建议。

（3）教师点评学生的作品，肯定他们的努力和创意，指出可以改进的地方。

4. 教学反思

在本次"静物油画——面包的魅力"的少儿油画教学中，我通过引导学生观察和分析生活中常见的面包实物和图片，成功激发了他们对创作油画的兴趣和热情。在观察与分析环节，我注重培养学生的观察能力和分析能力，帮助他们将观察到的元素转化为绘画语言。通过示范和讲解，学生掌握了画油画的基本技巧和邻近色的运用方法，并成功地将这些技巧运用到自己的创作中。

然而，在教学过程中，我也发现了一些问题和需要改进的地方。首先，部分学生在选择邻近色的颜料时存在一定的困难，需要在今后的教学中加强色彩理论的讲解和练习。其次，一些学生在光影处理上还不够熟练，需要更多的实践和指导。此外，我还应该更加关注学生的个体差异，为他们提供更具个性化的指导和帮助。

为了进一步提高教学质量和效果，我计划采取以下措施。

（1）加强色彩理论的讲解和练习，帮助学生更好地理解和运用邻近色。

（2）增加光影处理的实践练习，让学生更加熟练地掌握光影处理的技巧。

（3）注重学生的个体差异，为他们提供更具个性化的指导和帮助，让每个学生都能在油画创作中找到自己的乐趣和成就感。

春暖花开——画少儿风景油画

四　时

春水满四泽，夏云多奇峰。

秋月扬明晖，冬岭秀孤松。

——（晋）陶渊明

春　日

胜日寻芳泗水滨，无边光景一时新。

等闲识得东风面，万紫千红总是春。

——（宋）朱熹

风景篇之"春暖花开"课程，展现出了学生对春天的主观感受。学生画作的用色自然清新，画面春意盎然，充满着儿童对春天的幻想与喜爱。

1. 教学目标

（1）让学生了解印象派和后印象派的基本艺术特点，及其代表画家的作品风格。

（2）引导学生学习并尝试运用印象派和后印象派的绘画技法表现春天的风景。

（3）培养学生的观察能力、色彩感知能力和油画表现技巧。

（4）激发学生对大自然的热爱和对油画创作的兴趣。

2．教学准备

（1）油画颜料、调色盘、油画笔、画布（或油画纸）等绘画工具。

（2）印象派和后印象派代表画家的作品图片集，如莫奈、凡·高、高更等画家的风景画作品。

（3）关于春天的风景照片或带着学生实际观察春天的户外环境。

（4）多媒体设备，用于展示图片和播放教学视频。

3．教学流程

1）导入新课。

（1）展示关于春天的风景照片，引导学生讨论春天的特点，如花开、草绿、多雨等。

（2）引出本课主题：学习印象派和后印象派的绘画技法，创作出一幅赞美春天的风景油画。

2）风格介绍。

（1）介绍印象派的艺术特点，如注重光影变化、追求色彩的自然表现、笔触轻快等。展示莫奈等印象派画家的风景画作品，让学生感受印象派独特的艺术风格。

（2）介绍后印象派的艺术特点，强调其在印象派基础上的创新和发展，如更加强烈的色彩对比、个性化的表现方式等。展示凡·高、高更等后印象派画家的风景画作品，让学生对比感受两者之间的差异。

3）讲解示范。

（1）讲解印象派的绘画技法，如点彩法、薄涂法等，强调色彩的自然过渡和光影变化的表现。

（2）示范如何运用这些技法表现春天的风景，如用轻快的笔触描绘花朵和树叶，用柔和的色彩表现春天的光影效果。

（3）讲解后印象派的绘画技法，如色彩的强烈对比和个性化的笔触等，强调个人情感的表达和对自然的深入观察。

（4）示范如何运用后印象派的技法增强画面的表现力和感染力，如用鲜艳的色彩突出春天的生机和活力。

4）艺术实践。

（1）学生选择一张春天的风景照片或实际观察春天的户外环境作为参考。

（2）引导学生观察春天的色彩、光影变化和细节特点，思考如何运用所学的技法表现春天的特色。

（3）学生开始绘画，教师巡回指导，帮助学生确定构图、色彩搭配和技法运用。

（4）鼓励学生大胆尝试，不要拘泥于传统的绘画方式，多注重个人感受和创造力的发挥。

5）艺术展评。

（1）将学生的作品展示出来，让学生互相欣赏和交流。

（2）教师点评学生的作品，肯定每个学生作品的独特艺术表现和创新精神，同时指出作品需要改进的地方。

（3）引导学生讨论如何运用所学的技法更好地表现春天的风景，并鼓励他们在今后的创作中继续探索和实践。

4. 教学拓展

（1）鼓励学生观察不同季节和天气下的风景变化，尝试运用所学的技法表现不同的风景特点。

（2）组织学生进行户外写生练习，提高他们对自然风光的观察能力和表现能力。

（3）引导学生欣赏和学习其他油画大师的作品，拓宽艺术视野和创作思路。

5. 教学反思

本节课通过引导学生学习印象派和后印象派的绘画技法表现春天的风景，旨在培养学生的观察能力、色彩感知能力和油画表现技巧。在教学过程中，教师应注重培养学生的创造能力和想象能力，鼓励他们大胆尝试和表达个人感受。同时，教师还应关注学生的情感体验和兴趣培养，让他们在绘画的过程中感受大自然春暖花开的美丽与魅力。

夏日炎炎——画少儿风景油画

夏花明

夏条绿已密，朱萼缀明鲜。

炎炎日正午，灼灼火俱燃。

——（唐）韦应物

风景篇之"夏日炎炎"作品主要表现小学生对夏天的感受与体验，骄阳似火，"怎一个热字了得"。学生画作色彩明亮、对比强烈，儿童的天真的笔触跃然于画布之上。

1. 教学目标

（1）让学生了解夏日风景的特点，如炽热的阳光、丰富的色彩、强烈的光影效果等。

（2）引导学生学习并尝试运用油画技法表现夏日的风景。

（3）培养学生的观察能力、色彩感知能力和油画表现技巧。

（4）激发学生对大自然的热爱和创作油画的兴趣。

2. 教学准备

（1）油画颜料、调色盘、油画笔、画布（或油画纸）等绘画工具。

（2）关于夏日风景的照片或图片，包括烈日、蓝天、绿树、鲜花、水面等元素。

（3）多媒体设备，用于展示图片和播放教学视频。

3. 教学流程

1）导入新课。

（1）展示关于夏日风景的照片或图片，引导学生讨论夏日的特点，如阳光炽热、色彩鲜艳、光影变化等。

（2）引出本课主题：学习油画技法，创作一幅表现夏日炎炎的风景油画。

2）观察思考。

（1）引导学生仔细观察关于夏日风景的照片或图片，分析其中各种元素的特点，如色彩、光影等。

（2）讨论夏日风景中常见的色彩搭配，如蓝天与绿树、红花与绿叶等，以及这些色彩如何营造出夏日的氛围。

3）讲解示范。

（1）讲解油画的基本技法，如调色、用笔、铺色等，并特别强调如何运用这些技法表现夏日风景。

（2）示范如何运用色彩表现夏日的炽热阳光，如使用明亮的黄色和白色营造阳光耀眼的效果。

（3）示范如何运用油画技法表现夏日的光影变化，如通过色彩的深浅和笔触的疏密表现光影的明暗和阳光的强弱。

4）艺术实践。

（1）学生选择一张关于夏日风景的照片或图片作为创作参考。

（2）教师引导学生构思画面，确定构图和色彩搭配。

（3）学生开始绘画，教师巡回指导，帮助学生掌握油画技法，并鼓励他们大胆尝试和创新。

（4）在绘画过程中，教师关注学生在绘画作品时的色彩运用和光影表现，及时给予指导和建议。

5）艺术展评。

（1）展示所有学生的作品，让学生互相欣赏和交流。

（2）教师点评学生的作品，肯定他们在油画技法上的进步和创新精神，同时指出需要改进的地方。

（3）引导学生讨论如何更好地表现夏日的风景，并鼓励他们在今后的创作中继续探索和实践。

4. 教学拓展

（1）引导学生观察不同时间和角度下的夏日风景，如清晨、黄昏、水面倒影等，并尝试运用油画技法表现这些独特的风景。

（2）组织学生进行户外写生练习，让学生亲身感受夏日的阳光和风景，提高他们的观察能力和表现能力。

（3）鼓励学生将其他艺术形式（如音乐、文学）的元素融入油画创作中，以丰富作品的表现力和感染力。

5. 教学反思

本节课通过引导学生学习油画技法表现夏日炎炎的风景，旨在培养学生的观察能力、色彩感知能力和油画表现技巧。在教学过程中，教师应注重培养学生的创造能力和想象能力，鼓励他们大胆尝试和表达个人感受。同时，教师还应关注学生的情感体验和兴趣培养，让他们在绘画的过程中感受夏日的热情和闹中取静的油画之美。

秋高气爽——画少儿风景油画

山居秋暝（节选）

空山新雨后，天气晚来秋。

明月松间照，清泉石上流。

——（唐）王维

风景篇之"秋高气爽"作品旨在引导小学生感悟秋天的意境与特色，让学生远观青山绿水，白草、红叶、黄花；体会"无边落木萧萧下，不尽长江滚滚来"的诗意。从初秋的景色到深秋的景色，学生画作用色冷暖互补，下笔大胆直接，不拖泥带水。

1. 教学目标

（1）使学生了解并感受秋高气爽季节的自然美，并尝试用油画技法表现出来。

（2）教授学生油画的基本技法，特别是如何运用色彩和笔触表现秋季的特点。

（3）培养学生的观察能力和色彩感知能力，提高他们的艺术创作能力。

（4）激发学生对大自然的热爱，以及他们对油画艺术的探索热情。

2. 教学准备

（1）油画颜料、调色盘、油画笔、画布（或油画纸）等绘画工具。

（2）关于秋日风景的图片集和视频，用于展示和启发学生。

（3）多媒体设备，用于播放关于秋日风景的图片集和视频。

3. 教学流程

1）导入新课。

（1）播放一段关于秋日风景的视频，引导学生观察秋天的特点。

（2）引导学生讨论秋天的特点，如金黄的树叶、清澈的天空等。

2）观察思考。

（1）展示关于秋日风景的图片集，引导学生观察秋季丰富的色彩。

（2）讲解如何捕捉秋天的色彩特点，并在自己的作品中将这些特点表现出来。

3）讲解示范。

（1）讲解油画的基本技法，如调色、用笔、铺色等。

（2）示范如何运用油画技法表现秋天的特点，如使用暖色调和细腻的笔触表现阳光下的树叶。

4）艺术实践。

（1）学生选择一张关于秋日风景的图片作为参考，开始创作。

（2）教师巡回指导，帮助学生解决作画过程中遇到的问题，鼓励他们大胆尝试。

5）艺术展评。

（1）将同学们的作品放在教室中展示，大家互相欣赏和交流。

（2）教师评价学生的作品，指出他们的优点和不足，并给予改进的建议。

4. 教学拓展

（1）引导学生观察一天之中不同时间段的秋日风景，如清晨、正午、傍晚，尝试用油画技法表现不同时段的风景。

（2）鼓励学生尝试将秋季的元素与其他季节的元素结合，创作出具有强对比度和冲突感的油画作品。

（3）举办一个小型的油画展览，展示学生们画的秋日风景作品，激发他们的创作热情。

5. 教学反思

本次"少儿油画风景——秋高气爽"的课程教学取得了良好的效果。首先，学生们通过观察和讨论秋季的风景特点，对秋天的自然美有了更深的认识。在讲解示范环节中，学生们在尝试自己作画的过程中展现出了积极的探索精神。

在艺术实践环节，我观察到学生们在创作过程中遇到了不少困难，如色彩搭配不当、技法运用不够熟练等。针对这些问题，我及时给予了指导和帮助，并鼓励他们多尝试、多实践。在艺术展评环节，我鼓励学生们互相欣赏和交流各自的作品，这有助于他们拓宽视野、提高审美能力。

总的来说，本次教学课程在培养学生的观察能力和色彩感知能力方面取得了显著的效果，同时，我也意识到自己在讲解和示范方面还需要更加细致和深入。在今后的教学中，我将继续加强这些方面的训练，以提升学生的艺术创作能力。此外，我还将引入更多的教学资源和手段，如线上教学资源、实物模型等，以丰富教学内容和形式，提高教学效果。

冬日可爱——画少儿风景油画

沁园春·雪（节选）

北国风光，千里冰封，万里雪飘。

望长城内外，惟余莽莽；大河上下，顿失滔滔。

——毛泽东

风景篇之"冬日可爱"课程旨在带领学生领略冬天的风景，感恩大自然赐予我们四时不同的美景，让学生细心观察雪山和雪景，思考现实中的雪景与他们想象中的有哪些不同？色彩上有哪些变化？

雪后初晴时，带领学生体会祖咏的诗"终南阴岭秀，积雪浮云端。林表明霁色，城中增暮寒"所表达的氛围；冬日暖阳时，让学生感受白居易的诗句"杲杲冬日光，明暖真可爱"所表达的意境。

1. 教学目标

（1）让学生了解冬日风景的特点，如冰封的河流、飘落的雪花、暖阳照耀下所有物体呈现出的光影效果等。

（2）教授学生油画的基本技法，并引导他们用这些技法表现冬日的风景。

（3）培养学生的观察能力和色彩感知能力，提升他们的油画表现技巧。

（4）激发学生对冬日美景的热爱和创作相关主题油画的兴趣。

2. 教学准备

（1）油画颜料、调色盘、油画笔、画布（或油画纸）等绘画工具。

（2）关于冬日风景的图片集和视频。

（3）多媒体设备，用于播放关于冬日风景的图片集和视频。

3. 教学流程

1）导入新课。

（1）播放一段关于冬日风景的视频，让学生感受冬日的美丽和宁静。

（2）引导学生讨论冬日的特点，如寒冷、洁白、宁静等，并引出本课主题。

2）观察思考。

（1）展示冬日风景图片集，引导学生观察图片中的元素，如雪人、雪花、冰面、阳光照耀下的树木等。

（2）分析图片中的色彩搭配，如蓝色、白色和金色的搭配，以及这些色彩如何营造出冬日的氛围。

3）讲解示范。

（1）讲解油画的基本技法，如调色、用笔、铺色等，并强调如何运用这些技法表现冬日风景。

（2）示范如何运用油画技法表现冰封的河流，如使用冷色调和厚重的笔触表现冰层的坚硬感。

（3）示范如何表现飘落的雪花，如使用白色颜料轻轻点在画面上，模拟雪花的飘落效果。

（4）示范如何运用暖色调表现阳光照耀下物体的光影效果，如使用金色和黄色的颜料描绘在阳光照耀下的树木和地面。

4）艺术实践。

（1）学生选择一张关于冬日风景的图片作为参考，开始创作自己的油画作品。

（2）教师巡回指导，帮助学生解决绘画过程中遇到的问题，鼓励他们大胆尝试和创作。

5）艺术展评。

（1）在教室里展示同学们的作品，大家互相欣赏和交流。

（2）教师评价学生的作品，肯定他们的努力和创意，同时提出改进的建议。

（3）引导学生讨论如何更好地在作品中表现冬日的风景，并鼓励他们继续探索和实践。

4. 教学拓展

（1）引导学生观察不同时间段的冬日风景，如清晨、正午、傍晚等，用油画技法表现不同时段的风景。

（2）鼓励学生将冬日的元素与其他季节的元素结合，创作出具有强对比度和冲突感的油画作品。

（3）举办一个小型的油画展览，展示学生们画的冬日风景作品，激发他们的创作热情。

5. 教学反思

本次"少儿油画风景——冬日可爱"的教学课程旨在引导学生了解和欣赏冬日的美丽风景，并将冬日的特点在他们的作品中表现出来。在教学过程中，我注意到学生们在作画过程中展现出了积极的创作热情。通过讲解和示范，学生们掌握了如何运用油画技法表现冰封的河流、飘落的雪花和冬日暖阳等冬日元素。在作品展示和评价环节中，学生们互相欣赏和交流，他们的作品展示出了不同的创意和风格。

然而，在教学过程中我也发现了一些问题。部分学生在色彩搭配和技法运用上还有待提高，需要更多的练习和指导。在今后的教学中，我将更加注重学生的基础技法教学和练习，并引入更多的教学资源和手段，如线上教学资源、实物模型等，以丰富教学内容和形式，提高教学效果。同时，我也将鼓励学生多观察、多实践，培养他们的艺术表现能力和创意实践能力。

鸟鸣山更幽——画小鸟油画

1. 教学目标

（1）让学生了解画小鸟油画的方法和技巧。

（2）培养学生的观察能力，观察小鸟的特征，包括羽毛颜色、鸟的形态等。

（3）引导学生感受大自然中的鸟鸣，增强环保意识。

（4）提高学生的油画绘画技能和审美能力。

2. 教学准备

（1）油画颜料、调色盘、油画笔、画布（或油画纸）等绘画工具。

（2）关于小鸟的高清图片或视频。

（3）多媒体设备，用于播放关于小鸟的图片或视频资料。

3. 教学流程

1）导入新课。

（1）播放一段关于大自然中小鸟的视频，让学生感受鸟鸣与山林的和谐。

（2）提问学生：听到了什么？看到了什么？有什么感受？引导学生描述所见所感。

2）观察思考。

（1）展示小鸟的高清图片，让学生仔细观察小鸟的外形特征，如羽毛的颜色、纹理，眼睛的形状，嘴巴的形态等。

（2）引导学生分析小鸟在不同环境、不同角度下羽毛的色彩变化和光影效果。

3）示范讲解。

（1）讲解油画的基本表现手法，如调色、笔触、铺色厚薄的处理等。

（2）示范如何运用油画的表现手法表现小鸟羽毛的质感、眼睛的神态以及小鸟的动态等。

（3）强调在绘画过程中要注意色彩的搭配和光影的处理，以表现小鸟的活力。

4）艺术实践。

（1）学生开始绘画，教师巡回指导，帮助学生确定小鸟在画面中的位置和整个构图。

（2）指导学生运用油画表现手法表现小鸟的特征和羽毛的色彩变化，鼓励他们大胆尝试和创新。

（3）在学生的绘画过程中，及时纠正他们错误的表现手法，对正确的表现手法给予积极的鼓励和肯定。

5）艺术展评。

（1）在教室中展示学生的作品，让学生互相欣赏和交流。

（2）教师点评学生的作品，肯定作品中的优点，指出不足，并提出改进建议。

（3）引导学生思考如何在作品中更好地表现鸟鸣与山林的和谐美，以及如何通过绘画传达自己对大自然的热爱。

4. 教学拓展

（1）引导学生观察更多不同种类的小鸟，了解它们的特征和习性，拓宽学生的绘画题材和思路。

（2）组织学生参加户外写生活动，实地观察小鸟并进行油画创作，提高学生的实践能力和创作水平。

（3）鼓励学生将作品带回家中展示给家人和朋友看，分享自己的绘画心得和感受。

5. 教学反思

本节课通过引导学生观察小鸟并学习油画表现手法，旨在培养学生的观察能力和创造能力。在教学过程中，教师应关注学生的个体差异，因材施教，让每个学生都能得到充分的指导和帮助。同时，教师应及时反思和总结教学过程中的经验和不足，为今后的教学提供有益的借鉴。

万物皆有灵——画可爱的小动物油画

1. 教学目标

（1）让学生了解画小动物油画的基本技巧和方法。

（2）培养学生的观察能力，观察小动物的特点，包括形态、毛发色彩和纹理等。

（3）引导学生理解"万物皆有灵"的哲学观念，学会尊重并善待动物与自然。

（4）提高学生的油画绘画技能和艺术鉴赏能力。

2. 教学准备

（1）油画颜料、调色盘、油画笔、画布（或油画纸）等绘画工具。

（2）关于小动物的高清图片或视频资料。

（3）多媒体设备，用于播放小动物的相关图片或视频。

3. 教学流程

1）导入新课。

（1）通过播放一段关于小动物的温馨视频，让学生感受小动物们的可爱与灵动。

（2）引导学生讨论小动物的特性，如形态、习性、与人类的关系等，并引出"万物皆有灵"的主题。

2）观察思考。

（1）展示不同种类小动物的高清图片，让学生仔细观察它们的特征，如眼睛、毛发、形态等。

（2）指导学生分析小动物毛发的色彩和纹理特点，讨论如何在油画中表现这些特点。

3）示范讲解。

（1）讲解油画的基本表现手法，如调色、笔触、铺色厚薄的处理等，并强调在画小动物时如何运用这些表现手法。

（2）示范如何运用油画的表现手法表现小动物的毛发质感、眼睛的神态以及动作的灵活性等。

4）艺术实践。

（1）学生选择自己喜欢的小动物进行绘画，教师巡回指导，帮助学生确定构图和色彩搭配。

（2）指导学生运用油画的表现手法表现小动物的特征，鼓励他们大胆尝试和创新。

（3）在学生的绘画过程中，及时纠正他们错误的表现手法，对正确的表现手法给予积极的鼓励和肯定。

5）艺术展评。

（1）在教室中展示学生的作品，让学生们互相欣赏和交流。

（2）教师点评学生的作品，肯定作品中的优点，指出不足，并提出改进建议。

（3）引导学生思考如何在作品中更好地表达"万物皆有灵"的主题，以及如何通过绘画传达尊重并善待动物与自然的观念。

4. 教学拓展

（1）鼓励学生进行实地观察，如去动物园或在野外观察小动物，让他们对动物的特性有更直观的感受。

（2）组织学生参加保护动物主题的绘画比赛或展览，提高学生的艺术鉴赏能力。

（3）引导学生阅读动物相关的书籍或观看动物相关的纪录片，帮助学生了解保护动物的重要性和方法，培养他们的环保意识和社会责任感。

5. 教学反思

本节课通过引导学生观察小动物并学习油画的表现手法，旨在培养学生的观察能力和表现能力，同时引导他们理解"万物皆有灵"的哲学观念，学会尊重并善待动物与自然。在教学过程中，教师应鼓励学生大胆尝试和创新，关注学生的情感体验和培养他们的环保意识，让他们在绘画过程中不仅能学到技能，更能收获感悟而成长。

又到"吃虾季"——画小龙虾油画

每年的4月至8月，武汉及周边地区都将迎来"吃虾季"。小龙虾肉味鲜美，蛋白质含量高，营养价值较高。

1. **教学目标**

（1）引导学生观察小龙虾的形态特征，并尝试用油画表现手法表现出来。

（2）教授学生油画的基本技巧，如色彩搭配、笔触运用和质感表现。

（3）通过互动环节，培养学生的观察能力、创造能力和团队协作能力。

2. **教学准备**

（1）油画材料：油画布、油画颜料、画笔、调色板等。

（2）教学工具：多媒体设备（用于展示小龙虾的图片）、投影仪、白板笔等。

（3）实物或图片：小龙虾的实物或高清图片，以便学生观察其细节。

3. **教学过程**

1）导入新课。

（1）展示小龙虾的实物或图片，并邀请学生分享吃小龙虾的有趣经历。

（2）引导学生讨论小龙虾的特点，如颜色、形状、纹理等，为接下来的创作做准备。

2）观察思考。

（1）展示小龙虾的实物或高清图片，让学生仔细观察小龙虾的每一个细节。

（2）组织学生进行"小龙虾特征大比拼"游戏，每组描述一个小龙虾的特征，其他组猜测该特征是什么。

（3）引导学生总结小龙虾的绘画要点，并讨论如何用油画的表现手法表现这些特征。

3）示范讲解与初步实践。

（1）讲解油画的基本表现手法，并示范如何运用这些表现手法画出小龙虾的某个部位。

（2）学生跟随老师进行初步实践，尝试在画布上画出小龙虾的某个部位。

（3）鼓励学生相互评价各自的作品，提出改进意见。

4）互动创作。

（1）学生分组进行创作，每组选择一只小龙虾的完整形象进行绘画。

（2）组内成员分工合作，有的负责画虾头、有的负责画虾尾、有的负责画虾钳。

（3）创作过程中，老师巡回指导，及时提供帮助和建议。

（4）创作完成后，每组分别展示自己组的作品，并邀请其他组评价和提问。

5）集体完善。

（1）学生根据其他组的评价和提问，完善和调整自己组的作品。

（2）老师总结各组作品的优点和不足，并提出改进建议。

6）艺术展评。

（1）集中展示全体学生的作品，形成一个"小龙虾油画展"。

（2）邀请学生、家长和其他社团成员参观展览，并投票选出"最受欢迎的小龙虾油画"。

（3）颁发奖品和证书，表彰优秀创作者和团队。

7）课堂总结。

（1）总结本次课程的学习重点和难点，帮助学生巩固所学知识。

（2）强调观察、创造和团队协作的重要性，鼓励学生将所学应用到其他领域。

4. 教学延伸

（1）举办"美食"主题的油画创作比赛，邀请学生创作与美食相关的油画作品。

（2）组织学生到当地的餐馆或市场观察其他美食所用到的食材实物，进行写生创作。

（3）开展"美食绘画日记"活动，让学生用油画记录自己与美食的故事，并分享给其他同学。

霜降蟹膏肥——画小螃蟹油画

每年9月至11月，秋高气爽，正是螃蟹上市之时，螃蟹肉含有丰富的蛋白质，而且脂肪含量相对较低，是一种理想的高蛋白、低脂肪食物。

1. 教学目标

（1）了解霜降节气的特点和螃蟹在此时节的状态。

（2）掌握油画的基本表现手法，如色彩运用、笔触处理等。

（3）通过观察实物或图片，学习如何捕捉螃蟹的形态特征和色彩变化。

（4）培养学生的观察能力和创造能力，提高他们的绘画技能和审美素养。

2. 教学准备

（1）油画颜料、调色盘、油画笔、画布（或油画纸）等绘画工具。

（2）螃蟹的实物，关于螃蟹的高清图片和视频等，供学生观察。

（3）多媒体设备，播放螃蟹相关的视频或图片资料。

3. 教学流程

1）导入新课。

（1）通过提问引导学生思考：霜降节气的特征是什么？这个时候的螃蟹有什么特点？

（2）播放关于霜降节气和螃蟹的视频，简要介绍霜降节气的特点和螃蟹在此时节的状态。

2）观察思考。

（1）展示螃蟹的实物或高清图片，引导学生仔细观察螃蟹的外形特征，如甲壳的颜色、纹理，腿和钳子的形状等。

（2）指导学生分析螃蟹的甲壳在不同光线和角度下的色彩变化，讨论如何用油画技巧表现这些变化。

3）示范讲解。

（1）讲解油画的基本表现手法，如调色、笔触、铺色的厚薄处理等。

（2）示范如何运用油画的表现手法表现螃蟹的甲壳、腿和钳子等部位，特别是如何表现出霜降时节螃蟹的肥美状态。

4）艺术实践。

（1）学生开始绘画，教师巡回指导，及时纠正学生错误的表现手法，并鼓励学生大胆尝试和创新。

（2）提醒学生注意色彩搭配和笔触处理，力求表现出螃蟹的真实感和立体感。

5）艺术展评。

（1）将学生的作品展示出来，让学生互相欣赏和交流。

（2）教师点评学生的作品，肯定作品中的优点，指出不足，并提出改进建议。

4. 教学拓展

（1）引导学生思考如何运用所学的油画表现手法表现其他动物或景

物，培养学生的创新能力和想象能力。

（2）鼓励学生参加各种油画比赛或展览，提高他们的自信心和绘画技能。

5. 教学反思

本节课通过引导学生观察实物或图片，学习油画的表现手法，培养学生的观察能力和创造能力。在教学过程中，教师应关注学生的个体差异，因材施教，让每个学生都能得到充分的指导和帮助。同时，教师应及时反思和总结教学过程中的经验和不足，为今后的教学提供有益的借鉴。

冰雪驰骋，极限运动
——画冬奥会滑雪运动人物油画

1. 教学目标

（1）让学生了解冬奥会滑雪项目的魅力与特点。

（2）引导学生掌握印象派绘画的基本特点和技巧。

（3）培养学生运用印象派手法创作油画作品的能力。

（4）激发学生对冬季运动和冰雪世界的热爱与向往。

2. 教学准备

（1）油画颜料、调色盘、油画笔、画布（或油画纸）等绘画工具。

（2）冬奥会滑雪项目的图片和视频资料。

（3）印象派油画作品欣赏资料。

（4）多媒体设备，用于播放相关的视频和图片。

3. 教学流程

1）导入新课。

（1）播放冬奥会滑雪项目的精彩视频片段，让学生感受滑雪运动的激情与速度。

（2）引导学生讨论滑雪项目的特点，如速度、技巧、挑战性等。

2）欣赏分析。

（1）展示印象派油画作品，让学生观察并讨论这些作品的特点，如色彩运用、光影处理、笔触表现等。

（2）讲解印象派绘画的基本理念和技巧，如注重光影变化、强调瞬间视觉印象、运用明亮的色彩和粗放的笔触等。

3）示范讲解。

（1）讲解如何运用印象派手法表现滑雪的场景，如运用明亮的色彩表现冰雪的洁白与纯净、运用粗放的笔触表现滑雪者的速度与动感。

（2）示范如何运用油画颜料和笔触表现滑雪者的姿态、动作和表情，以及雪地、雪山等环境元素。

4）艺术实践。

（1）学生开始创作，教师巡回指导，帮助学生确定构图和色彩搭配。

（2）鼓励学生大胆尝试运用印象派手法表现滑雪场景，注意光影变化和色彩运用。

（3）在学生绘画过程中，及时纠正错误的表现手法，对正确的表现手法给予积极的鼓励和肯定。

5）作品展示与点评。

（1）在教室展示学生的作品，让学生互相欣赏和交流。

（2）教师点评学生的作品，肯定作品的优点，指出不足，并提出改进建议。

（3）引导学生讨论如何在作品中更好地表现出滑雪运动的激情和速度感，以及如何通过绘画传达出对冬季运动和冰雪世界的热爱与向往。

4. 教学拓展

（1）组织学生观看更多关于冬奥会滑雪项目的比赛视频和图片资料，增加他们对滑雪运动的了解和兴趣。

（2）鼓励学生进行实地观察或参与滑雪活动，亲身体验滑雪运动的魅力，为创作提供更多素材和灵感。

（3）引导学生阅读相关书籍或观看纪录片，了解印象派绘画的历史和发展，以及更多关于冬季运动和冰雪世界的知识。

5. 教学反思

本节课通过引导学生了解冬奥会滑雪项目并学习印象派绘画技巧，旨在培养学生的观察能力和创造能力，同时激发学生对冬季运动和冰雪世界的热爱与向往。在教学过程中，教师应鼓励他们大胆尝试和创新，并关注学生的情感体验和兴趣培养，让他们在绘画的过程中不仅能学到技能，更能因收获感悟而成长。

向大师学绘画——画人物肖像油画

1. 教学目标

（1）让学生初步了解后印象派、野兽派、表现主义、立体主义等绘画流派及其代表画家的艺术风格。

（2）引导学生学习并尝试运用这些流派的表现手法创作人物肖像油画。

（3）提高学生的观察能力、色彩运用能力和绘画表现力。

（4）培养学生的艺术鉴赏能力和创新思维。

2. 教学准备

（1）油画颜料、调色盘、油画笔、画布（或油画纸）等绘画工具。

（2）油画大师的作品图片集，特别是后印象派（如凡·高、高更）、野兽派（如马蒂斯）、表现主义（如蒙克）、立体主义（如毕加索）等画家的代表作。

（3）人物肖像照片或自己的照片。

（4）多媒体设备，用于播放相关图片和幻灯片。

3. 教学流程

1）导入新课。

（1）展示一幅后印象派的人物肖像油画作品，引导学生讨论其与传统肖像画的区别和独特之处。

（2）引出本课主题：向油画大师学画人物，学习不同流派的表现手法来创作人物肖像油画。

2）风格介绍。

（1）分别介绍后印象派、野兽派、表现主义、立体主义等绘画流派的特点和代表画家。

（2）通过展示代表画家的作品图片，让学生直观感受各流派的艺术风格和表现手法。

（3）引导学生讨论这些作品中人物肖像的表现特点，如色彩运用、笔触、构图、空间处理等。

3）示范讲解。

（1）针对每个流派，讲解其独特的绘画表现手法。例如，后印象派的色彩对比和分割、野兽派的鲜艳色彩和颜色的大面积平铺、表现主义的情感表达和扭曲变形、立体主义的几何形状和空间构建等。

（2）示范如何运用这些表现手法来创作人物肖像油画。仔细观察自己要画的人物的特征，并选择合适的表现手法来表现。

4）艺术实践。

（1）学生选择一张人物肖像照片或自己的照片作为创作对象，思考如何运用所学的不同流派的表现手法来表现人物。

（2）学生开始绘画，教师巡回指导，帮助学生确定构图、色彩搭配和表现手法的运用。

（3）鼓励学生大胆尝试，勇于创新，不要拘泥于传统肖像画的表现形式。

5）艺术展评。

（1）在教室展示学生的作品，让学生互相欣赏和交流。

（2）教师点评学生的作品，肯定各个作品独特的艺术表现和创新精神，同时指出需要改进的地方。

（3）引导学生讨论不同流派的表现手法在人物肖像油画创作中的应用和效果，以及如何将所学表现手法融入自己的绘画风格中。

4. 教学拓展

（1）鼓励学生收集并欣赏更多现代主义大师的作品，深入了解不同大师的艺术风格和创作思想。

（2）组织学生参观美术馆或艺术展览，让他们亲身感受大师作品的魅力，拓宽他们的艺术视野。

（3）引导学生将所学表现手法应用到其他类型的绘画创作中，如风景画、静物画等，培养他们多样化的绘画能力。

5. 教学反思

本节课通过引导学生学习不同绘画流派的表现手法来创作人物肖像油画，旨在培养学生的观察能力、色彩运用能力和绘画表现力。在教学过程中，教师应注重培养学生的创新思维和艺术鉴赏能力，鼓励他们勇于尝试和创新。同时，教师还应关注学生的情感体验和兴趣培养，让他们在绘画的过程中感受艺术的魅力和乐趣。

第八章

教学反思篇

研训三问

2022年6月22日至28日，武汉市教育科研骨干教师线上直播培训圆满完成。我有幸参加了所有课程的学习，7天的线上学习，让我对教育教学和教育科研又有了新的认知，同时也对我的教育科研之路有了深度的思考和反省。

1. 教师的"三境界"

王国维先生在《人间词话》中提到"人生三境界"：立、守、得。第一境界是一种迷茫中寻求目标，立志高远的境界。第二境界是为了目标不懈努力、执着追求的境界。第三境界是在经历长时间的追寻和磨砺后，终于达到目标，有所领悟和收获的境界。

作为学校教育科研骨干教师，行走在教育科研之路上，我经常反思：自己目前处于哪个境界？做了哪些事情？收到了哪些成效？

（1）立本我。

我是谁？一要有自知，二要有自知之明。明确了解自己的优缺点和立身之本，不断学习和不断进步，不断完善自我认知和进行自我革命，落实学习型团队的建设、相应的教学与教研的实践和探索。

（2）守自我。

我从哪里来？一不能忘本，二不能忘记初心。坚守一线课堂，严守为师之道。鲜明教学主张，驱动学习型教师团队的高品质发展。

（3）得超我。

我到哪里去？一要明确目标，二要有明确规划。做好学习型教师团队建设、切实落实教育科研引领、不断促进团队在科研方面共同进步与成长，成就他人，成长自己，而后才有可能超越自我。

2. 开阔视野、更新观念

经过7天的教育科研骨干教师线上直播培训，开阔了我的教育科研视野。各位教育专家、教授们将先进、前沿的理念传达给我们，为我们今后的教育科研与日常教育教学指明了方向。专家、教授们的讲座启发了我重新冷静地审视新课程的观念（价值观、知识观、课程观等），及新课程实施中的许多问题；启发了我对人文精神与创新精神进行深入的思考；使我明确了今后的三大研究方向，聚焦课堂教学、关注学生的世界、反思自我行动。这次培训我的最大收获是给自己打开了另一扇窗户，用大教育观的眼光辩证地思考教育教学，也触动了自己，让我知道自己必须静下心来反思自身的教学实践与教学思想，思考究竟如何把理论与实践相结合，形成自身独特的教学风格和教学主张。

3. 坚持理想、坚定信念

此次教育科研骨干教师线上直播培训，让我看到在教育工作中自己与名师在敬业精神、治学态度、教育信念等多方面的差距，这次培训给了我们亲近教育专家、名师的机会，让我们了解了专家和名师教育科研的成长心路历程，懂得如何将自己的工作精益求精，发现问题。虽然我已经将教育生涯作为自己生活的支撑点，但就个人成长道路与发展方向而言，我还缺乏明确的目标。在今后的教育教学工作中，我将以这些专家和名师为榜样，向他们学习，坚持教育理想、坚定教育信念。

4. 不忘初心，规划生涯

回首过往，不忘初心。我工作26年来，一直兢兢业业、勤于学习、勤于思考，在课堂教学、微课案例、论文和课题等方面取得了一点小成绩，经历了一定的自发、自觉的成长过程。在今后的教育科研生涯中，我将以此作为新的平台，寻求自主发展，努力做好四个方面的事情。首先锻炼好身体，建设美好家庭，为自己能全身心从事教育教学工作创造条件；其次是做好教育教学工作，教书育人；第三是在工作中研究，在研究中工作，致力课堂教学研究；第四是在已有的成果与兴趣的基础上，继续深入地研究教育教学的客观规律和教师科研的发展方向。

5. 学无止境，终身学习

在这个信息化飞速发展的时代，作为教师，我们首先要给学生一杯水，教师本身一定要有"活水"。作为教育科研骨干，更要带领学校教师和科研团队，自主自觉地学习前沿的、科学的教育理论。坚持读书学习，是对我们最基本的职业要求，我们不仅要读教育教学方面的书，还要阅读其他方面的书。不断学习、自我加压，坚持主动学习，丰富自己。只有不断获取新信息，补充新知识，吸收新理念，才能做到与时俱进，才能及时把握前沿教育教学的最新动态，做终身学习型、研究型教师，努力向卓越型、专家型教师发展与成长。

少儿油画社团教学反思

从目前少儿油画社团活动的情况看，有部分学生进入了疲惫期，对油画的喜爱度有所下降，有的同学画得心不在焉，有的同学则不知该如何下笔。看到这种现象，我感觉到这部分的学生畏难了，他们想画得更好，可不知道该如何深入下去。当没有成就感时，他们的绘画热情就明显降低了，但我深知这一阶段孩子的心理，通过表扬他们的优点、肯定他们的作品，他们又会干劲十足。但新的问题还是会不断出现，我知道这时候需要我调整教学方法和状态。

我开始反思自己的教学方法。

油画写生教学已经形成一整套有效的培养专业基础能力的系统，但在创作教学研究和学生创作思维培养方面，还有值得探讨和完善的地方；在专业知识技能的传授方面有成熟的可行之路，但在视觉思维素质培养方面尚无有力的教学保证。问题集中反映在油画写生教学中的技能训练、专业化培养与素质教育中的油画学习认识、教师的教学观念及其教学理论之间的矛盾与困惑！如：在创新问题上，虽然要求"创新"的呼声不断，但由于对创新的认识理解简单，使油画教学和创作中出现了极端思想。有的教师将创新视作与传统截然割裂、否定即创新，谁割裂、否定得越彻底，就是有创意、有个性。无论教学理念合理与否，只要敢于异想天开，只要与众不同就行！非理性、非逻辑性及藐视公共社会的行为准则、意识形态成为一些艺术家创作的基点。

克莱门特·格林伯格在《现代主义绘画》中明确告诫："真正的艺术并不像连续性断裂的观点所说的那样……没有艺术的过去，没有对保持杰出性的以往标准的需要，现代主义艺术是完全不可能的。"就油画技巧而言，我们研修传承的是油画艺术数百年来的精髓，它是无可替代的学习油画写生的第一课，尤其是现在，应更加重视写生技能的训练，我们心中树立了对油画传统语言、技巧的准确领悟，教学才会有活的源头，作品才会具有恢宏的格局。就像围棋中的定式，既要掌握还需灵活运用，才能发挥作用。

听特级教师上小学音乐课

音乐是一门听觉的艺术，要让学生在聆听中感受美、体验美、欣赏美。这一点在特级教师范岚老师的音乐课中体现得淋漓尽致。为此，我总结了一节优质音乐课的标准，主要有以下几个方面。

1. 感受音乐、体验音乐的美并用身体或语言表达出来

范老师在教"美丽的黄昏"这节课时，更关注从具体的事物中感受音乐的美，再把自己的感受用不同的方式表现出来。例如：用脚上的舞步感受三拍子的特点；用画旋律线的方式感受歌曲旋律的走向；用不同的三幅图表达自己的感受，进而转移到三幅图对应的歌曲的歌唱力度的处理上。这样的方式能够帮助学生用简单的方式理解枯燥难懂的音乐理论知识，效果也更好。

2. 课堂导入要有目的性、趣味性

一节课导入环节设计的优劣直接影响整节课学生是否有学习兴趣。范老师在教"钟声叮叮当"这节课时，从身边最熟悉的上课铃声开始，通过游戏的方式培养学生的听觉敏感度，再在此基础上分两个声部演唱旋律，为歌曲最后的合唱做准备。"维也纳的音乐钟"这节课通过讲述哈利的故事导入，聆听代表哈利的主题音乐，用故事表现主题。这些都是为了后面学生能听出主题做铺垫。可见，好的导入要为课堂后面的活动做铺垫，同时也跟课堂的教学内容有联系。

3. 课堂更加开放、充分发挥学生的主动性

教师应多让学生表达自己的感受，让学生在其能力范围内探究音乐的奥妙。在"钟声叮叮当"这节课中，教师让学生探究歌曲开始的钟声放在哪里更合适；在"维也纳的音乐钟"这节课中，教师让学生说一说怎样才能把最后欢快的场面表现出来；在"美丽的黄昏"这节课中，由学生选择乐器为歌曲伴奏。在教学中，有时我们会遇到这样的困惑，在学生创编环节，如果教师按教学计划上课就会剥夺学生的主动性，如果全部交给学生，有时候会达不到教师想要的效果，让教学过程进入僵局。我认为，课堂应该多让学生去创造、去想象，教师可以起到一个穿针引线的作用，在学生创作的基础上进行引导，最后达成共识。

笃志研习，潜心渐悟——学习《多宝塔碑》

在系统学习书法之前，我错误地认为只要坚持认真练字就可以把字写好，事实却是没有名师指路，如同盲人摸象。我们的理解过于片面，技艺很难有实质的提升。经过9个月对《多宝塔碑》的临习，我慢慢体会到学习书法，需要的不仅仅是坚持与执着的练习，更需要名师指点迷津，才能做到笃志研习。

2021年4月，在武汉市教育科学研究院领导的组织和关怀下，我非常幸运地成为市书法骨干教师研修班中的一员，进入吴圣法老师的"圣手书法课堂"学习。这是我第一次正式学习《多宝塔碑》。在《多宝塔碑》教材通关和原碑通关规范系统的教学模式下，再配合吴老师的亲笔示范视频教学和理论的专题讲解，让我学有所获、学有所思。荀子说："蚓无爪牙之利，筋骨之强，上食埃土，下饮黄泉，用心一也。蟹六跪而二螯，非蛇鳝之穴无可寄托者，用心躁也。"现在我将我的学习体会总结如下。

1. 加强理论认知

我在学生时代学过一段时间的《玄秘塔碑》，有一点楷书基础，但作为一名《多宝塔碑》的初学者，我在临习过程中还是会经常出现以下几个问题：

（1）握笔太紧，保持着一个习惯的握笔姿势。

（2）每个笔画力求藏头护尾，有时还会出现柳体的笔画特征。

（3）写时总是小心翼翼，速度太慢，有时还会中途停下来。

（4）总是想写得百分之百的相似，有时还会添加涂改。

（5）生搬硬套字的结构，不会灵活运用、举一反三。

基于以上问题，我让一切归零，本着空杯心态，用心学习理论，反复观看吴老师的理论视频讲解，从执笔、用笔到用墨，细心观察、思考、领悟和练习，慢慢更正以上问题，细心研读《多宝塔碑》，了解颜真卿的生平以及创作背景，用心感悟他书写时的心境和情绪。

2. 落实基础笔画

临摹笔画，实质是一个练控笔能力的过程。笔的控制从起笔、运笔到收笔，要求我们对毛笔有基础的控制能力。临摹得好不好，一眼就能看出来。运笔时要始终使毛笔按自己的意愿提按、调峰、转峰等。如收笔时，用顿笔和回锋较多，强调"护尾"，写横画时最明显，写横画行至收笔处，常要向右下方重按，顿笔回锋，体现颜体的雄浑大气。

可以把《多宝塔碑》的字按书写难度，分成一级、二级、三级文字等。难度越大，级别越高。一级文字，凭控笔能力就能写好每一个字，如人、十、千、之、父、不、月、心等字。掌握了基本笔画横、竖、撇、捺、点、钩、挑、折，这类单字也就能写好了。

《多宝塔碑》全文的每一个字的起笔、行笔、收笔都十分严谨，来去运笔交代得十分清楚，这也是我临习它的原因之一。

运笔用锋特点：多用中锋，少用侧锋，多用藏锋，少露锋。转锋的特点：转以成圆，折成方。转锋、折锋并用。

3. 严守结体特征

《多宝塔碑》字的结构特点可以总结为内紧外松、饱满方正；上下收放、左右高低错落。

《多宝塔碑》字的结构解决了单字笔画、部首间位置、笔画长短、角度的关系。前人总结了多种容易理解的学习方法，这些方法广为流传。在临摹中，我们用心实践体会，便可以领悟到《多宝塔碑》的字的节奏、韵律的美感。

《多宝塔碑》的字主要有单体结构、合体结构、多体结构。

（1）突出主笔时。

应重点掌握突出横画、突出竖画、突出撇画、突出捺画、突出钩画等主笔，反复对照练习才能掌握要领。

（2）写结体偏旁时。

应重点掌握实心法、部首法、错落法、尽态法、迎让法、异形法等结构方法。如实心法中的竖为中心的字——"常"字；如错落法中的左短右长——"师"字。对比观察，掌握规律。

慢慢养成良好的观察结构和用笔的习惯，认真对待，绝不马虎，从一笔一画练起，技巧逐渐规范。在工作之余，抽取一定的时间学习古代名家书法和当代名家书法，多元借鉴，取人之长，补己之短。

4. 注重归纳总结

外师造化、中得心源。通过一段时间的认真学习和练习，我深刻领会到：一要勤于练习。贵在坚持练习，书法是没有捷径可走的，字都是一笔一画写出来的，我们只有坚持练习下去，坚持一定的时间之后才能有成绩，不要想着立竿见影和一步登天。二要勤于思考，多向老师请教，积极改进。我们可以经常看字帖和历代名家、大家的作品，在看作品的时候思考字的结构、形体、笔画、力度、布局等，思考如何才能让一个字写得既美观又有神韵，具有艺术感。三是要多归纳总结，记得每一次的心得和体会，归纳起来，反复实践，得到一个新的认知和个人总结，从而做到举一反三，真正脱帖创作。

5. 结语

"悟已往之不谏，知来者之可追。实迷途其未远，觉今是而昨非。"以前学书法的迷茫得以一一开悟，静心守正。越深入学习、探究，越有新的心得和体会，我相信圣道虽远，积学能至。

怎样上好小学音乐优质课

1. 选题

一节音乐优质课跟一篇好的论文一样，要有抓人眼球的题目。要想在上过的课题中找到新意，获得更大的突破非常困难，需要找到不一样的创新点。在2022年江苏省优质课比赛中，有三位老师选择一年级《音乐》下册第8课《调皮的小闹钟》，同课异构更能对比出哪一节课的设计更出彩。获得一等奖的这节课用一个闹钟奇遇记的主题将整节课的内容串联在一起，课堂内容丰富且新颖，从比赛中脱颖而出。

另外，我从所有获得一等奖的课例中发现，大部分都是很有新意的旧课题，这些获奖课例都从旧课题中挖出了很多素材。例如："闹钟奇遇记——调皮的小闹钟"，"舞动节拍"其实就是听得最多的《阿细跳月》，"跳跳虫奇遇记——《惊愕交响曲》第二乐章（片段）"，"翠山清音——《对鸟》赏析"，"冬日冬雪冬趣妙——《踏雪寻梅》"，"听音寻路""开心里个来"表现的是当地有唱有数板的歌曲，"花鼓流芳生生唱"就是《凤阳花鼓》，"山村来了售货员"，"望月节"。这些课例从题目上就让观者产生浓厚的兴趣和好奇心，第一印象就是满分。有的课题像"一只鸟仔"，虽然很常见，但是用来上优质课的却并不多，因为它是一首方言歌曲，要想内容出彩还是非常困难的。而这次杨琪老师就能推陈出新，赋予这节课深厚的文化底蕴，将这节课上得有内涵、有深度、有趣味。"听音寻路"用鹅卵石学习模拟伴奏，让音乐与生活紧密相连。

2. 课件制作

课件能够帮助渲染课堂氛围，给学生情景体验感。从获奖课例中，我发现很多老师的课件做得非常好，将现实与内容完美结合。例如："闹钟奇遇记——调皮的小闹钟"一课就让闹钟活了起来，让学生觉得课堂像看动画片一样有趣；"跳跳虫奇遇记——《惊愕交响曲》第二乐章（片段）"一课就有自动翻页的绘本书，仿佛老师真的给学生在讲故事一样，与传统的授课方式——拿在手上讲绘本比，这样的形式能够照顾到课堂中每一个角落的孩子，大家都能参与其中；"冬日冬雪冬趣妙——《踏雪寻梅》"一课更是营造出浓浓的冬日雪地里寻梅的场景，意境极美，让人有一种身临其境的感觉。

3. 情景烘托

一节优质课肯定是在一种特定的情景或者故事中展开的。如果直截了当地导入，然后进入新课教唱、欣赏，最后到拓展展示环节，整节课就会显得干瘪，就像一个没有血肉的躯壳一样。例如"一只鸟仔"就是在"鸟仔之趣""鸟仔之韵""鸟仔之源"等主题下将整节课的内容串联在一起，每个部分围绕对应主题开展相应的活动。"山村来了售货员"从讲售货员的故事开始，根据"赶路""吆喝声与回声""山村活跃"等主题进行情景教学；"开心里个来"则采用音乐之旅打卡明信片的活动方式，带领学生参观苏州的特色地方，聆听不同音乐片段；"望月节"以说中国故事大赛为背景，设计了"配氛围画中境""配角色画中人"等主题。这些课的共同特点都是在一个特定的情景中展开，将故事串联进入下一环节，有的还会给每一部分加主题，使整节课的流程更清晰、学生的学习目的也更明确。

4. 音乐游戏

小学的音乐教学活动应该在简单的互动活动中更有趣味性、更能激发孩子们的学习兴趣，做到"玩中学、学中玩"。可以借助课堂小乐器、奥尔夫乐器（纱巾、七声音阶响铃）、生活物品（纸、石头、彩绸扇）等，易于学生当堂课掌握，简单易操作的器具辅助教学，为课堂增彩。"望月节"这节课用的是电子合成器模拟动画音效，电子合成器对于大部分老师来说相对较难，在课堂中难以实施，没有此特长的教师不建议模仿，会增加教学负担。

小学器乐课观课四点反思

一直以来，我都在思考小学器乐课该怎么上。器乐课与平时的音乐课教学在教学设计上有什么不同呢？如果按照专业院校的教学方式，注重技能上的学习，那么对于小学生而言，课堂会显得非常呆板，缺乏趣味性。同时，也违背了如今的教育理念——音乐课不是要把每个学生培养成音乐家，而是要培养学生对音乐学习的兴趣、树立学生终身学习的愿望。正当我不知如何着手时，武汉市音乐教研员组织全市各中心组的老师齐聚华侨城小学，观摩两节鸣鸠琴器乐教学课。我仿佛在黑暗中看到了一点亮光，这两节课为我打开了器乐教学的大门。

展示的两节器乐课都教的是湖北民歌，分别是《乃哟乃》和《牧童谣》，这两首歌曲都属于二年级的唱歌课，旋律简单、歌词朗朗上口。从这两节课中我明白了，要想上好一节器乐课，应该做到以下几点。

1. 课题选择，简单易操作

在选择课题时，应该从具有当地特色的歌曲入手，再根据旋律特点，选择2个乐句左右的长度，且旋律重复或变化重复较多的歌曲，降低学生一节课学习的难度。

2. 教学流程，采取剥洋葱式的教学方法

在器乐教学中，一般一首歌曲需要两个课时才能完成。第1课时先学会歌曲曲谱，让学生能完整演唱。第2课时先从旋律中的骨干音入手，弹奏单音长拍—单音变化节奏—变化音（即歌曲中的节奏+音）—师生接龙弹奏旋律—解决难点旋律—完整演奏，层层递进，深入学习。

3. 情景创设，增强课堂的趣味性

小学音乐课堂教学，要根据学生心理特点创设情景。教《乃哟乃》这首歌时，教师用"墨冲楼"为主线贯穿整节课。第一层楼单音拨奏旋律，借助西兰卡普图案翻牌游戏，巩固旋律演奏的演奏方法。第二层楼观看土家族的浮雕画，感受土家族人民的心情，探究用鸣鸠琴的哪种技法才能够表现出这样的情绪。第三层楼欣赏土家摆手舞，形象表现单音拨弹与划弦和拍板技法。第四层楼，欣赏土家族聚居地的风光。教《牧童谣》这首歌时，教师更是巧妙地用小牧童遇到困难寻求帮助的情景，帮助学生学习歌曲的单音拨奏和完整演奏。在拓展延伸的环节中，利用"小牧童的幸福故事"为主线，借助鸣鸠琴表现小牧童"清晨—炒茶—上山—正午—下山—打糍粑—夜晚"的情景，让学生在实践中创造，在创造中感受音乐的魅力。

4. 课堂评价形式灵活多样

两节课在执教过程中PPT都出现了小问题，但老师们处事不惊，运用幽默的语言化解了，如"今天的课件有点调皮""小牧童迫不及待地要来夸奖你们了"等等话语，体现了教师高超的课堂掌控能力。

课后，武汉市音乐教研员对两节课进行了精彩的点评。胡老师说道："音乐课应该关注来自生活的声音，探究音乐，充分发挥学生评价的作用，不要剥夺学生开口说话的权利。我们的课堂应该做到'生动、生活、生态；真实、朴实、扎实'。在教学设计上多站在学生的角度、观者的角度进行思考。"

通过学习，我不仅明白了器乐课的教学方法，一节优质课的评价标

准，更让我感受到微课给课堂带来的巨大魅力，情景教学离不开微课的指引，在今后的课堂教学中我应该更深入学习，让课堂更生动。

小学音乐教育发展的思考

随着面向全国的"双减"政策正式实施，美育从1.0时代逐步向2.0时代迭代升级，这是一场关乎中国未来的教育改革。为了贯彻落实中央对"双减"工作的要求部署，小学音乐教育何去何从？

1. 区级层面

美育2.0体系标志着国内教育进入了全面教育的时代，以往校内常见的只有音乐课、美术课，改革后，学校要开全开齐五门课：音乐、美术、舞蹈、戏剧（含戏曲）、影视（含传媒艺术），大力推行多维度的美育。这些课程具有五个核心素养要素：艺术表现、审美感知、创意实践、文化理解、综合融通。从过去掌握专业技能的教育理念，过渡到对个人艺术核心素养的挖掘和培养。为此，需要培养大批具有专业素养的师资队伍，可从以下几个方面着手。

（1）实施4+X模式。

4指的是四年时间，X指的是依托高校、专业院团，聘请专业导师，开设形式多样的教师研修所。例如：器乐、指挥、舞蹈、戏曲、表演等等，教师根据兴趣选择1-2个，仿照大学培养模式长期学习，每学期末进行考核，每学年到学校考察（检查教师是否将所学运用到教学活动中）。

（2）打破校际界限，以区音乐骨干教师为重心，跨校结对。

鼓励优秀教师成立名师工作室。目前，我区还没有音乐名师工作室，东湖高新区教育发展研究院（后文简称区教发院）应加大力度重点培养音乐骨干教师，成立名师工作室，协同发展。

（3）以学区为依托，打造音乐学科共同体。

在区教发院的统筹下，以学区为依托，每学期开展有主题的音乐教研活动，深化合作交流。在此基础上选拔优秀音乐老师代表学区参加区音乐类比赛，打破以校为主的选拔模式，任何以邻为壑的做法、孤芳自赏的傲慢必将失败。

（4）定期举行音乐教师基本功、优质课比赛，提高音乐教师的专业素养。

这两项比赛应该常态化，每两年交替进行一次，让老师们有目标、有计划地提升自我。

（5）搭建艺术展示平台，每年举办大型艺术节活动。

艺术节活动的开展不仅能够给学生提供展示自我的舞台，体现新时代学生朝气蓬勃的精神风貌，而且能够展示学校艺术教育的育人成果，引领全区艺术教育向真、向善、向美和谐发展。

2. 学校层面

美育2.0体系体现的是"人本教育"，注重人才能力和素养的塑造。

（1）开展校艺术节，打造一校一品。

根据区教发院统一部署，以学校特色为基，每学年面向全体学生开展全校性的艺术节活动，丰富课余文化生活，提高音乐核心素养。

（2）培养学生艺术梯队。

"双减"政策落地之后，各校在课后服务时间开展形式多样的美育活动。音乐教师可以借助这个东风，在课后服务时间开展校级特色社团活动，相对于之前每周一次的社团活动，时间拉长了，学习的内容更多、更扎实了。

（3）将学生的才艺发展作为评价音乐教师的标准之一。

音乐教育的目的不是培养音乐家，而是培养学生的音乐素养。把"让每一位学生在校期间拥有一项音乐特长"，作为评价音乐教师的标准之一。

（4）提升师生、家长的音乐素养，营造和谐的艺术氛围。

父母自身的音乐素养和营造的家庭氛围，对孩子的成长有非常重要的影响。要让我们的孩子真正地喜欢音乐，父母就不得不提升自己的音乐修养。父母可以借助互联网和社会资源，采用"引进来、走出去""线上+线下"等模式，欣赏音乐会、音乐剧，开展亲子音乐活动等等。

（5）加强教研，特别是音乐课题研究。

课题研究一直是音乐教师的软肋，主要原因在于一些音乐教师的文学底蕴薄弱，其课题研究对专业发展认识不足。这就需要借助名师工作室的力量，由名师工作室带动音乐老师从读书分享会开始逐步过渡到集体课题，再到个人课题。

总之，我认为推动音乐教育发展，关键在于坚持合作，不搞对抗，坚持开放，不搞封闭，坚持互利共赢，不搞零和博弈，朝着音乐教育生态共同体的目标前进！

第九章　教学论文篇

浅析小学阶段推动减负的有效举措

摘要: 近些年来,我国对中小学阶段的教育极为重视,但相关的措施在实施过程中或多或少存在问题,而解决这些问题需要一线的教师共同努力,才能真正将"双减"政策落实落地。在这期间,作为老师也要从实际的教学角度出发寻找相应的解决措施,配合国家政策将学生过多的压力解决掉。本文论述的重点是小学阶段,从学校、班级、家庭三方面入手,从具体的教育措施实施过程中寻找解决问题的有效对策,真正为国家教育相关的计划服务,为社会发展服务,转变教学理念,顺应新时代教学形势,促进小学生在小学阶段健康成长。

关键词: "双减"政策;小学阶段;有效举措

(一) 以家校联动的桥梁,推动学生减负

在减负工作的实行中,光谷实验小学积极召开各层级会议,明确国家"双减"政策的要求,研究国家政策,积极开展相应的教学计划与工作安排。首先让教师对新课改的理念达成共识,不断强化教师的思想意识,确保国家政策和相关举措能被有效贯彻落实。

在此期间,要建立责任制,减负工作的责任安排要具体落实到人,学校的第一负责人是校长,依次排序为学年组主任、班主任。这些主要负责人是推动教学改革、落实教学减负政策的关键人,是贯彻正确办学理念的执行人。首先在班主任的选择上要科学、合理、顺应时代发展的需求,结合国家相关政策,通过开展减负工作评价的形式,选取适合当下阶段的人选,确保工作中的主要执行人在意识和行动层面

达成一致，真正地在执行层面避免因应试教育导致的严重后果。

作为教师，尤其是班主任，在教学中是学生学习生活的重要领路人，是奠定学生三观基础的关键人物，教师在教学中不能言行不一，不能在学生面前丧失信誉。因此本文在论述中提出了相关要求约束当前的一线教师，尤其是班主任，真正为小学阶段的减负工作给予助力。

1. 班主任及其他学科教师必须树立正确的教育观

教师们应认可当前教育的发展规律，遵从国家号召和社会需求，以社会主义核心价值观为导向，开展教学工作。在实际的课堂教学中，要积极主动地引导学生树立正确的观念，转变学生不正确的行为，降低学校以升学率为目标的教学氛围，使学生能在学习中明确自身的职责和义务，不只是学习知识，更要全面发展，从身心双健康的角度学习。除了基本的课本学习，还要适当地开展实践活动，缓解学生的身心压力，培养学生的实践能力和合作能力，以兴趣为引导促使学生进行各方面的学习。

2. 让教师正确认识减负

部分教师认为减负就是不让学生有负担，不应该留作业给学生，但实际上不是这样的。减负是改变原有的过于注重课本知识学习的模式，科学划分文娱知识，提高教学质量，有效地开展教学工作，不是为了布置作业而布置作业，也不能违背学生的身心发展规律，拔苗助长，不能片面地以成绩来评价学生的好坏。

3. 减负工作应从小学阶段开始

小学是培养学生多面性，以及挖掘学生特长的阶段。培养小学生的学习能力和学习注意力不能只关注一点，不能以学习成绩论高低，在多元理论的指导下，学生适合发展的方面有很多，找寻更适合他们学习的知识才是教育改革的重点，因此不能错误地理解减负工作，这样才能在减负工作的开展中不与本意背道而驰。

除了上述几点在教师层面和校园层面的具体措施和相关要求，家长在减负工作中的重要性也不言而喻。尤其是小学阶段，学生的学习和生活的指导不能完全只依赖教师，家长也应该参与进来，而教师应当积极地与家长沟通和联系，使国家的政策和相关要求在实际的推动中得到家长的理解和支持，这才是该项工作顺利开展的基本点。作为一线的教师想要开展好该项工作，首先要认识到家长在学生成长过程中起到何种作用，然后就如何更好地联系家长来顺利开展"家校联动"的工作做好准备，这样才能将学生减负工作顺利落实。因此教师在与家长沟通时，需要将新的教育观念传达给家长，将新的教学方式传达给家长，教师和家长互相沟通、共同研究，才是真真正正为孩子的健康成长减负，为孩子未来的发展奠定坚实的基础。

（二）以评价机制为抓手，促进"双减"工作顺利开展

教学中，将减负工作向更深层次发展，就需保障教师队伍在减负工作中的有效性、强化教学评价的改革，在减负的基础上大力提高教学效率、使学生的学习压力从教师层面得到解决。

目前，我国很多学校在评价机制的内容方面，只保留学生和班级的成绩，以升学率为唯一导向，将与教师息息相关的各种评奖与此挂钩，传统的应试教育理念仍充斥在整个教师队伍中，教师也因此无法从根本上解决学生因学业而导致压力过大的问题。要改变这一弊端，应从评价内容上进行"手术"，改变原有的唯成绩论的情况，让综合性评价主导教师队伍，继而推动一线教师认认真真地落实国家的"双减"政策，研究如何丰富教学内容，寻找学生的兴趣点，让学生全面发展，比如将评价具体化，如怎样创新翻转课堂、提高素质培养的课程占比，以此为原动力，推动教师主动革新教学，主动调整各学科教学课时的占比，避免因其他原因而让音乐、美术、体育等课程的授课时间不足，真正使学生的思维在多种知识的推动下获得真正的成长。

此外，还要明确一个内容，不能因为减负而放弃考试这一考核标准，考试本身是检验学生成绩的有效手段，是检验学生学习水平的一种方法，因而不能否定考试本身存在的意义。考试在学生的学习生涯起到

重要的激励作用，但是考试不是检验学生学习成果的唯一标准，不是激励学生全面发展的唯一方式。因而要延展多元化的考核标准，确保教师在教学中稳步推动教学改革，真正地减轻学生的压力。

（三）以教学实效为目的，提升学生素养

在实际的教学中，作为老师应从下列几方面助力减负工作的顺利开展。

1. 在教学中应从教学资源入手

教师应充分设置相关的教学活动，真正使育人的理念融入实际教学中。为满足学生多元化需求而调整相关课程的实际课时占比，在各科教学中，也要丰富教学形式，从课堂的教学质量提升学生的学习质量，如此学生在课后才不会因过多的作业或者其他形式的培训而加大学业的压力。

2. 制订合理的教学服务实施方案

教师是学生的师长，是学生在人生路上的重要引路人，但在新时代，学生学习的积极性不能因教师本身的居高临下式的教学而增强。因此在教学中，我们要以服务为根本，让学生在学习中感觉自己被尊重，从而加强学生主动参与教学活动的兴趣和行为。教师尤其要关注学业较差的学生，拉近师生之间的距离，使学生在询问知识难点时不会因为害怕、害羞等原因而丧失求知欲。在教学实施方案的设计中，教师要多方面融入科普、音乐、美术、体育、劳动等多种形式。在课后服务活动中，教师要细心地做好学生的分层辅导，留给学生"消化"所学知识的时间，使学生能循序渐进地学习。

3. 充分利用课堂上的时间，提高授课效率

目前我国很多学校都会或多或少地出现拖堂、违规补课的现象，教师在课堂上不将课程讲完，而是通过课后收费补课的形式补充课程内容。本来学生一节课便能完全掌握的知识，却要占用学生的生活时间，因此大大增加了学生的学业压力，久而久之变成了一种恶性循环。

因而，教师应当提高授课效率，主动学习相关的教育理论，从中寻找提升课堂效率的技巧，真正完成国家交给我们的教学任务。教师在提升自身水平的过程中，还可以多多参加相关课程的教研活动，革新自身的教学理念，使教学实践特色化、高效率。另外，对于小部分接受能力较差的学生，应给予更多关心，开展针对性的教学，确保每名学生都不会落下课程。

4. 丰富素质教育的相关教学活动形式

多种教学活动形式的互补可以提升学生的学习能力、减轻学生的学习压力。很多课程在实际的学习中过于注重题海战术，这是不科学的、效率较低的一种学习形式，长时间下来，会给所有人一种错觉，好像作业越多学习效果便会越好。但从实际的效果和学生的学习情况来看，正是这种题海战术给了学生较大的学习压力，学生为完成作业而"疲于奔命"。因此我们要放弃题海战术，从学生身心发展规律入手，结合寓教于乐的教学语言进行教学，让学生们在学习中掌握学习技巧，学会举一反三，如此才能使学生们的学习能力得到根本性的提升，减轻学生们额外的学习压力。

除了上述举措，还可以通过优化课堂教学模式，不断提升教师的教学质量，借鉴先进的教学案例，对比校外培训模式，不断提升学生的自主学习能力，通过指导和引导的方式，加强学生在学习中的主动性。比如在课堂上，学生开始学习十几分钟后，老师可以借助多媒体教学用具，以视频形式向学生直观地展现当天所讲授的内容。这样不但可以增强学生的学习兴趣，而且还能使学生在学习中发散自身的认知思维，通过感性的画面来调动学生的主动学习能力，更能增强学生对知识的理解，也能使学生对学习的内容形成惯性。

此外，在学生学习的过程中，要培养学生正确的学习动机、学习兴趣，使他们在内驱力的推动下参与学习活动。这就需要教师提升教学质量，帮助学生认清自身的学习状况。比如在具体的课程当中，可以通过为学生们寻找适合本节课程的新鲜事物，让生活化的学习形式主导学生学习，激发学生自身的学习兴趣。

（四）以科学优化为指导，强化课后减负

在实际的教学中，通过检验相关的教学效果来看，学生的学习压力普遍来自作业方面，因此本文在论述小学阶段如何降低学生学习压力的具体的措施时，将作业这部分单独论述，下面是本文在作业减负方面提出的相关举措。

首先，健全作业管理机制，合理地调节作业的结构，在国家的标准内布置作业，坚决杜绝家长干涉学生作业，保证学生作业批改质量。其次，提高作业的质量，将研究作业内容纳入教研体系中，真正体现素质教育的特点，优化作业质量。其三，强化教师对学生作业的指导，在学生完成作业后，老师认真批改作业，将作业与学生实际的学习情况结合起来，对学生的作业从三个方面进行有针对性的批改，分别是学情分析、面批讲解、答疑辅导，一定要杜绝学生自批自改的形式。

（五）结论

综上所述，在小学阶段，多方面、多举措对国家"双减"政策的落实有很大的帮助，在这期间无论学校还是家庭对学生减负都能起到一定程度的推动作用，但教师在这其中的关键性不言而喻。

因此，作为当下一线的小学教师要主动担起时代赋予他们的责任，从学生出发，从全面发展的角度出发，多行动、多研究，不断推动相应的教学举措落实落地。要开辟新形势下的教学研究，科学调整各学科的课时占比，分析研究学生心理，科学合理地实行相应的减负教学措施。本文上述内容或许并不全面，但都是从实际的角度出发，为当前教师提供新的、更好的教学观念，以此为今后的实际教学减负提供应有的助力。

[参考文献]

[1] 雷舒淇. 社会建构视角下小学生"减负"政策执行的主体因素研究 [D]. 郑州：河南大学，2020.

[2] 易姚. 我国小学"减负"政策执行现状的研究——以四川省宜宾市为例 [D]. 桂林：广西师范大学, 2019.

[3] 卞勇. 小学生课业负担过重调查与对策研究——以上山东省微山县部分小学为例 [D]. 济南：山东师范大学, 2012.

小学美术课堂学生参与度观察研究
——以小学色彩系列单元教学为例

摘要： 本研究以一所小学的美术课堂为研究对象，通过长期的观察、访谈和案例分析，深入探讨了色彩教学对学生在课堂上的参与度的影响及提高学习效率的策略。研究发现，色彩教学在提高学生课堂参与度方面具有显著作用，而教师运用恰当的策略就可以进一步增强这种效果。本研究旨在为小学美术教育提供实用的教学策略，以提高学生的学习效果和兴趣。

（一）引言

小学美术教育是培养学生审美能力和创造力的重要途径。在美术课堂中，学生的参与度会直接影响学习效果。如何提高学生的课堂参与度，使他们更积极地投入美术学习，是当前小学美术教育面临的重要问题。色彩教学作为美术教学的重要组成部分，对于提高学生的课堂参与度具有重要的意义。本研究旨在探讨色彩教学对学生课堂参与度的影响及提高学生课堂参与度的策略。

（二）观察回顾

学生在课堂上的参与度是衡量学生学习效果的重要指标之一。已有研究表明，学生在课堂上的参与度受多种因素的影响，包括教师的教学风格、课堂氛围、教学内容的难度和趣味性等。其中，色彩教学作为一种重要的教学内容，对学生的课堂参与度具有显著影响。

然而，现有的研究主要集中在色彩教学对幼儿和初中生群体的影响上，针对小学生群体的研究相对较少。因此，本研究以一所小学的美术课堂为研究对象，探讨色彩教学对小学生课堂参与度的影响及提高小学生课堂参与度的策略。

（三）研究方法

本研究采用观察、访谈和案例分析相结合的方法，对一所小学的美术课堂进行深入探究。观察对象为多个班级的美术课，观察内容包括教师教学示范、学生的课堂参与度和课堂氛围等方面。通过观察和访谈，我们了解了教师在色彩教学中的方法和策略，以及学生对于色彩教学的态度和反馈。同时，我们采用案例分析的方法，对一些典型的案例进行了深入剖析。

为了深入了解小学美术课堂的教学情况，我们采用了系统性的观察方法，以下是观察过程的详细描述。

1. 明确观察目的和焦点

在开始观察之前，我们首先明确了观察的目的和焦点。我们的目标是了解学生在美术课堂中的参与度，以及教师的教学策略对学生课堂参与度的影响。因此，我们将注意力集中在学生的行为表现、师生互动、课堂氛围等方面。

2. 选择观察工具和记录方法

我们选择了多种观察工具，包括录像设备、观察记录表等。录像设备用于记录整个课堂的教学过程，以便后续详细分析和回顾。观察记录表则用于实时记录关键事件和学生的表现。

3. 进入课堂并安置观察位置

在上课铃声响起之前，我们进入教室并选择一个能够全面观察课堂的位置。这个位置应能够让我们看到教师和学生的互动，同时不妨碍正常的教学活动。

4. 开始观察并实时记录

随着课堂教学的开始，我们开始仔细观察并记录教学的关键事件和学生的表现。我们注意观察学生的行为，如是否积极参与讨论、是否专注于绘画任务等。同时，我们也记录教师的教学行为，如他们的讲解方式、与学生的互动情况等。此外，我们还注意记录课堂的氛围，如是否活跃、是否有序等。

5. 结束观察并整理记录要点

在课堂教学结束后，我们及时整理观察记录的要点。我们回顾录像，补充和确认观察记录表中的信息。然后，我们对教学过程进行分析，以了解学生的课堂参与度和教师的教学效果。

通过这次观察，我们获得了大量宝贵的数据和信息，为后续的分析和研究提供了坚实的基础。通过详细描述观察过程，我们希望能够更准确地展现小学美术课堂的实际情况，并为提高学生的课堂参与度和教师的教学效果提供有效的建议。

（四）观察结果详细分析

在经过系统性的小学课堂观察后，我们对观察结果进行了详细分析。以下是我们对小学美术课堂学生参与度和教学策略的发现。

1. 学生课堂参与度的表现

积极性不高：在观察过程中，我们发现部分学生在美术课堂上表现得较为消极，他们不愿意主动参与课堂活动，对教师的提问也缺乏兴趣。

兴趣不浓：有些学生对绘画或手工制作等任务缺乏兴趣，他们只是应付差事般地完成作业，没有真正投入美术创作中。

专注度不足：有些学生在课堂上经常分心，他们难以保持长时间的专注力，导致绘画或手工制作作业的质量不高。

2. 教学策略的影响

（1）讲解方式单一：在观察过程中，我们发现有些教师习惯采用单一的讲解方式，即以口头讲述为主，缺乏实物展示和互动环节。这使得学生容易感到课堂枯燥乏味，降低他们的参与度。

（2）缺乏个性化指导：有些教师在教学过程中没有充分关注学生的个体差异，缺乏针对不同学生的个性化指导。这使得一些学生在课堂上感到失落和无助，影响他们的参与热情。

（3）评价方式片面：我们发现有些教师过于注重学生的绘画成果，而忽略了他们在创作过程中的努力和创意。这种片面的评价方式容易打击学生的积极性，降低他们的参与度。

基于以上观察结果，我们提出了以下改进策略。

1. 丰富讲解方式

教师可以采用多种讲解方式，如实物展示、示范演示、互动讨论等，以激发学生的学习兴趣和提高他们的专注度。

2. 加强个性化指导

教师应该关注每个学生的特点和需求，针对不同学生给予个性化的指导和鼓励，帮助他们建立信心并积极参与课堂活动。

3. 改进评价方式

教师应当重视学生在创作过程中的努力和创意，给予他们更多的肯定和鼓励。同时，教师还可以引入同学互评、家长评价等多种评价方式，增强学生的课堂参与感和归属感。

（五）观察结果与讨论

1. 色彩教学对学生课堂参与度的影响

观察结果显示，色彩教学在提高学生课堂参与度方面具有显著作用。在教师的引导下，学生能够积极参与色彩搭配、绘画等活动，表现出较高的学习热情和兴趣。例如，在教师进行色彩搭配示范时，学生们会聚精会神地观看并积极模仿。在绘画环节，学生们也会运用所学的色彩知识进行创作。

此外，教师运用色彩教学策略的效果也得到了初步验证。例如，教师在课堂上组织了小组讨论活动，学生们通过互相交流和学习，更好地理解和掌握了色彩搭配的技巧。同时，教师还根据学生的特点进行了个性化指导，帮助学生更好地发挥自己的创造力。这些策略的实施进一步增加了学生参与度。

2. 教学策略对学生课堂参与度的影响观察和访谈结果表明，以下几种教学策略可以有效地提高学生的课堂参与度

（1）示范与指导。

教师通过示范自己的作品，让学生直观地了解色彩搭配的具体应用和方法。同时，针对学生在色彩搭配中遇到的问题，给予及时的指导和帮助。这种策略可以增强学生的自信心和学习动力。例如，在一次美术课上，教师展示了用不同色彩搭配创作出的多个手绘明信片。学生们被教师的作品吸引，纷纷表示也要尝试用自己的色彩知识创作出美丽的明信片。在教师的指导下，学生们发挥想象力，积极调配颜色、设计图案，最终创作出了一幅幅充满个性的明信片。这个过程中，学生们不仅提高了自己的色彩运用能力，还增强了自信心和学习动力。

（2）小组合作。

组织学生进行小组讨论和合作创作，以提高学生的参与度和合作意识。通过互相交流和学习，学生能够更好地理解和掌握色彩搭配技巧。同时，合作创作还可以培养学生的团队合作能力。例如，在一次美术课上，教师将学生们分成几个小组，要求他们共同完成一幅壁画设计。学生们在小组内部分工合作，有的负责草图设计、有的负责颜色调配、有的负责壁画制作等。通过互相交流和学习，学生们不仅掌握了色彩搭配技巧，还培养了团队合作能力和集体荣誉感。最终，每个小组都成功完成了独具特色的壁画作品。

案例一：

在一所小学的美术课堂中，教师采用色彩组合的方式进行绘画教学。教师首先展示了多种色彩组合的样本，让学生了解色彩的搭配方法和效果。然后，教师让学生们自己尝试运用色彩组合进行绘画创作。通

过这种方式，学生们能够更加深入地理解色彩知识和技巧，从而提高他们的课堂参与度和学习效果。

案例二：

在一节小学美术课上，教师组织了一次以"我的家人"为主题的绘画活动。在活动中，教师首先让学生仔细观察家人的外貌和服饰特点，然后让他们用色彩描绘自己的家人。通过这种方式，学生能够更加深入地理解色彩与形象的关系，提高了他们的课堂参与度和创造力。

案例三：

在一所小学的美术课堂中，教师采用了色彩游戏的方式进行教学。他让学生用不同的颜色组合出不同的图案和画面，从而培养他们的色彩感知和创造力。通过这种方式，学生能够更加积极地参与课堂活动，提高他们的学习效果和兴趣。

这些案例分析表明，通过合理的色彩教学策略和活动设计，教师可以有效地提高学生的课堂参与度和学习效果。未来可以进一步探讨不同年龄段的小学生对色彩教学的需求和特点，以及如何更好地运用色彩教学策略和活动设计来提高小学美术课堂的教学效果和学生参与度。

案例四：

某小学的一位美术教师在一次"季节变化"的主题教学中，运用了丰富的色彩教学策略。她首先通过PPT展示了四季的不同色彩变化，比如春天的绿色、夏天的蓝色、秋天的橙色和冬天的白色等。然后，她引导学生使用相应的颜色进行绘画创作，表现各个季节的特点。学生们积极参与，作品色彩丰富、生动鲜活，很好地展示了他们对季节色彩的理解和运用。

案例五：

在一次"动物世界"的主题创作中，一位教师采用了小组合作的教学策略。她先将学生分成几个小组，每个小组选择一种动物进行创作，并要求他们使用尽可能丰富的色彩表现动物的特性。在小组创作过程中，学生积极讨论、互相帮助，共同完成了色彩丰富、形象生动的动物画作。这种小组合作的方式不仅提高了学生的课堂参与度，还培养了他们的团队协作能力和创新思维。

案例六：

某小学美术课堂引入了数字化技术进行色彩教学。教师使用平板电脑和专业绘画软件，让学生通过平板电脑直接进行色彩搭配和绘画创作。这种新颖的教学方式极大地激发了学生的兴趣，他们积极参与、乐于尝试，创作出了许多富有创意的数字绘画作品。这个案例展示了现代科技在提升小学美术课堂学生参与度方面的巨大潜力。

这些实证案例进一步说明了色彩教学在提高小学生美术课堂参与度中的重要作用。通过丰富的教学策略和运用科技手段，小学美术教师可以更好地激发学生的学习兴趣和创造力，提高他们的学习效果和艺术素养。

（六）结论

本研究通过实证研究发现，色彩教学对小学生美术课堂的参与度具有显著影响。通过合理的色彩教学策略，如示范与指导、小组合作等方式，能够有效提高学生的课堂参与度和学习效果。同时，案例分析也进一步验证了这些策略在实际教学中的有效性。

（七）建议与展望

1. 建议

根据本研究的结果，我们提出以下建议，以提高小学美术课堂中色彩教学的效果和学生参与度。

（1）教师应加强对色彩教学的研究，提高自身的色彩素养和教学能力。

（2）教师应根据学生的年龄特点和兴趣，设计丰富多彩的色彩教学活动。

（3）教师应注重学生的个性化指导，鼓励学生发挥自己的创造力和想象力。

（4）学校应加强对小学美术教师的培训和支持，提供必要的教学资源和环境。

2. 展望

未来研究可以进一步关注以下几个方面。

（1）探讨不同年龄段的小学生对色彩教学的需求和特点。

（2）研究其他教学方法和策略对小学美术课堂学生参与度的影响。

（3）进一步拓展小学美术课堂的教学资源和手段，如利用数字化技术进行色彩教学等。

（4）除关注小学美术课堂，还需要关注家庭、社区等环境对小学生色彩学习和课堂参与度的影响。

通过不断深入地研究和实践，我们相信能够提高小学美术教育的质量，培养更多具有审美能力和创造力的小学生。

创景设疑，涵养小学书法课堂
——以西泠印社出版社版本的《书法》四年级上册为例

摘要：小学书法教育需要持续地创设激趣情景，不断优化书法课堂，正确地引导学生形成对书法学习的持久兴趣，才能不断激发学生学习书法的动力和内驱力，从而激励、唤醒和鼓舞学生自主学习，陶冶他们的情操和完善他们的人格。因此，小学书法教学要非常重视并运用各种方法激发学生学习书法的兴趣，保持学生学习书法的热情，增强书法课堂的吸引力和有效性，提升小学生书法的艺术表现能力与学科素养。

关键词：创景设疑，小学，书法

我国著名教育家孔子曾说过："知之者不如好之者，好之者不如乐之者。"这一观点在小学书法教育引导中，更是至理名言。兴趣是儿童认识事物或从事活动的重要原因，它是认识和探索外界事物的基础，是推动儿童认识事物、探索真理的重要动机。2022 年版课程标准指出："兴趣是学习美术的基本动力之一。"小学书法教育更需要从培养兴趣出发，持续地创设激趣情景，不断优化书法课堂，正确地引导学生形成对书法学习的持久兴趣，才能不断激发学生学习书法的动力和内驱力，从而激励、唤醒和鼓舞学生自主学习，陶冶他们的情操和完善他们的人格。因此，小学书法教学要非常重视运用各种方法激发学生学习书法的兴趣，保持学生学习书法的热情，增强书法课堂的吸引力，提升小学生书法的艺术表现能力与学科素养。

（一）创设情景，激趣导入

一节小学书法的初始阶段，激趣导入对整节课的教学效果有着至关重要的作用，直接影响后面的教学中学生能否专注地听讲和良性互动。因此，教师必须根据教材内容设计一些有趣的情景形式，激起学生学习书法的兴趣。如：游戏法、问题法、猜谜法、故事法等，无论选择哪一种导入方式，都应紧扣本节课的教学目标和要求设计。要使激趣导入做到有针对性、趣味性、启发性和艺术性，而非盲目追求新奇或搞笑。例如，在教西泠印社出版社版本的《书法》四年级上册第 6 课《左右对称》一课时，我创设了"快速反应"游戏和"快乐比心"情景，和学生一起互动玩游戏、比心，看谁反应快、比心比得漂亮，从而引出《左右对称》的课题，很快地吸引了学生的注意力和调动了学生的学习兴趣。把书法教学内容和生活中的小游戏相结合，不仅快速活跃了课堂气氛，而且为本课下一环节"感知对称"打好了认知基础。

（二）灵活多变，教无定法

兴趣是推动学习的一种可持续的精神力量，它让学习变成一种精神上的享受，让学习的效果事半功倍。在小学书法教学的过程中，想要让小学生积极主动地进入书法学习状态，这就要求老师不断地创设多变的问题情景，不断地激发学生的学习兴趣，启迪学生思维，明确下一步的探究方向。例如，在教课本上第3课《重心平稳》时，我先请三位学生模仿其他同学平常的站姿、坐姿或蹲姿，请大家猜这三位学生在模仿谁。然后指出姿势不正确的原因（重点要平衡）。在轻松愉悦的气氛中观察人物姿势的特点，从不同角度观察同一姿势，感知重心平衡的重要性，并在现场用线条勾勒相似的篆字，把学生的注意力都吸引到篆书线条上，简单的线条勾勒出充满生机的姿势，将书法与生活紧密连接，学生的学习兴趣迅速被带入教学主题，教学的重点、难点也变得简单了，让学生感觉学习目标明确、容易掌握，而非反复地练习笔画与结构。小学书法教学多运用形象思维联想，多应用观察、思考与意会，教学效果比单纯的讲述理论要高效很多。小学书法教学方式与方法需要与时俱进、灵活多变。学无定法、教无定法，教学有方、贵在得法。

（三）寓教于"乐"，余音绕梁

在课堂上放一些好听的音乐、适合的音乐，愉悦学生身心，为小学书法课堂助力。音乐、书法皆属艺术的范畴，在节奏、旋律和韵味等方面都有相通之处，都能带给人不同的美感和情绪。小学书法注重规范、平正与正确的审美，陶冶学生的情操，传承和发扬中华传统文化。根据教学课题，将合适的中国传统音乐、古典音乐、民间音乐或优秀的中国风流行音乐等，引进书法课堂教学环节中，会给整个教学过程增彩添色，起到事半功倍的效果。例如，在教课本上第4课《突出主笔》，观察"中"字时，轻声播放《中国话》背景音乐，活泼欢快的节奏，非常容易引起学生的共鸣，激起他们的学习兴趣，对"中"字的认知又加入了民族情节，为整个课堂营造了一种轻松、愉快的教学氛围。学生练习时，配上古琴曲《竹语间》，创设舒心宁静的情景，让学生感觉自己似乎置身于清新的竹林溪水边，令人心旷神怡、神清气爽。在这种氛围之中，学生一边听着高雅的音乐，一边静心书写，既不会觉得枯燥，又能激发学生的写字热情。在展示评价环节中，在优雅的古曲音乐的烘托下，学生在自评、互评时也能轻言细语、不疾不徐、表达完整，给出的建议逻辑清晰，寓教于"乐"，余音绕梁。

（四）因势利导，循循善诱

善诱、设疑是引发学生探究兴趣、让学生积极思考的催化剂。书法学习的过程本身是观察与再现文字线条美的过程。小学生在感知或书写的过程中往往会遇到无法解决的新难点和新问题，就会产生困惑或畏难情绪。这时，顺势设疑引导学生自主探究解惑，学生就会豁然开朗，从而兴致勃勃地继续感受或观察，从中获取新经验、新技能，有新的发现和启迪，从而提升学生独立学习书法的审美感知能力和临帖习字能力。例如，在教课本上第5课《斜中求正》中的"力"字时，很多学生发现自己写得很"绵"，没有力量感，那要如何写才能让字看起来有力量感呢？学生们尝试、探究后发现，加大力气写只会让字显得粗，不仅与原帖不像，还没有力量感。我现场示范了一次，然后与学生的对比展示，请学生对比观察、设疑："大家来找碴儿，看两者有何区别呢？力量感是如何表现出来的呢？"同学们的探索热情立即被激发，兴趣高涨，探究发现主笔撇和折钩要保持斜出平行、斜中求正。这样，既让学生回顾了前面一课学习的"突出主笔"的知识点，又顺利地解决好本节课的难点。善诱者，因其势而利导之，因时制宜。

（五）因地制宜，环境育人

根据学校、学生的具体情况，结合教材、教法，采取行之有效的营造书法氛围的措施，创设优美、古朴、典雅的教学环境和书法艺术氛围，让学生一进书法教室就沉浸在书法艺术的情景中，将学生的情绪与热情迅速带入到书法教学中，激发学生学习书法或创作的念头。将小学生经常置于幽雅的书法环境中，让我能明显感受到学生受到的积极影响和艺术熏陶，对陶冶学生情操、提升学生审美品位、文明礼仪等方面都起着很大的积极性作用。故近朱者赤、近墨者黑；声和则响清、形正则影直。

（六）结论

著名科学家爱因斯坦曾经说过："兴趣是最好的老师。"小学生一旦对书法产生浓厚的兴趣，就会主动去求知、探索和实践，并在求知、探索、实践中产生愉快的情绪、体验和满足感，古今中外的教育家无不重视兴趣在学习中的作用。

在"立德树人"教育的根本任务下，小学书法教育首先要遵循儿童的身心发展规律和认知事物的特征，然后持续地创设激趣的教学情景，因势利导、因地制宜，不断优化书法课堂，更好地为传承和发扬中华传统文化、增强民族自豪感和坚定文化自信打好坚实的基础。

参考文献：

[1] 范嘉婧．激趣养习，墨润童心——小学书法教学趣味性寻探 [J]．学苑教育．2021（13）

[2] 潘晓莲．基于核心素养培养理念的小学书法教学 [J]．品位经典．2020（02）

[3] 朱萍海．笔端塑造人生——小学生软笔书法情意的培养 [J]．当代家庭教育．2020（33）

[4] 查律．天性与养成——书法学习与少儿成长 [J]．基础教育课程．2015（08）

[5] 郑超凡．腕中有"兴"，笔下生"趣"——浅谈培养少儿书法学习兴趣 [J]．教育艺术．2021（12）

浅谈如何运用信息化教学点燃学生内驱力
——小学"网课"中的消极学情应对策略

摘要：依托武汉教育云平台教学工具实施一线教学，教学助手、互动课堂、人人通、空中课堂等软件发挥了至关重要的作用。我在历时5

个月的网课教学中发现，部分学生的学习状态从初期的新奇、积极参与逐渐转变成疲倦、消极怠工。本着不让一名学生掉队的思想，根据教学实情研究，我总结了六点应对策略：1. 屏幕画板；2. 课前导学；3. 游戏机制；4. 问题教学；5. 顺性扬长；6. 投其所好。巧用信息化教学方式，激发学生的学习兴趣、增强学习乐趣，提高课堂实效，形成积极的学习习惯，让学生不断获得学习的成就感与相应能力。

关键词： 信息化　互动课堂、人人通、内驱力、游戏化　PBL

2020年，一场疫情就是一次大考，考验着社会和家庭的各个层面，让学生的学习环境与方式发生了很大的改变，同时也考验着学生的家庭教育、学生的自制力、自学能力等方面。经调查发现，很多学生的学习状态从初期的新奇、积极参与慢慢转变成中后期的疲惫、消极怠工。每个家庭的教育环境、教育方式不同，每个学生自然会形成不同的行为习惯，也有部分学生是之前的坏习惯"复燃"了。因此，学生的行为规范与学业水平会出现良莠不齐的情况。经研究分析，主因是学生内驱力不足所致。结合当下实际，教师如何运用信息化教学点燃学生内驱力？

依托武汉教育云平台各项教学工具（教学助手、互动课堂等）实施一线教学，根据学生在网课中的实际反应，结合"游戏化教学"和"PBL"（问题式学习）教学，采用以下六点策略来应对不同的学情，唤醒和点燃学生的内驱力。

（一）屏幕画板，推陈出新，唤醒学生的内驱力

巧用"互动课堂"中的画板工具，师生直接在屏幕上作画，互相直观对比作品，学生的注意力、课堂参与度以及课堂实效显著提升。根据一线教学观察，小学生的课堂有效注意力的平均时间为10—20分钟，有的在10分钟以下。在家上"网课"，相对学校而言，环境较为轻松、随意。教师如果按部就班地以以前的教学方式授课，教学效果肯定会每况愈下。张文质先生曾提出"教育是慢的艺术"的观点，但在非常时

期，我认为教育教学方式要因时制宜，更要敢于将教学方式"日新月异"，不按套路"出牌"，保持每节课的新鲜感。

例如我在教五年级《美术》上册第2课《画人像》时，运用了互动课堂中的画板工具，开场我不讲脸型分类、五官比例、欣赏名画等，直接让全体学生在屏幕上用鼠标对着我的脸画，隔着屏幕我都听到了同学们的各种愉快的大笑声，欢快地截图回复，那阵势感觉誓要把我画到"丑出天际"才肯放手。鼠标绘画对五年级、六年级的学生来说绝对是挑战，对着老师的脸画肯定是刺激的，学生的积极性和自主性不用"激"就出来了。接下来就是我的发挥时间了，我选了一个学生，也让他对着屏幕，先画个"丑"（夸张）的，全场"笑翻"，学生们的情绪再一次被调起。再来个"俊"（正常）的，大家开始期待我讲"秘诀"，这时我再精讲方法，学生也就欣然接受了，并能很快速地理解与掌握要领，全程不超过15分钟。学生能在剩余时间内高效地完成作业，作业质量和教学效果都很好。

教师保持幽默感、坚持创新，每次上课让学生感到新奇、感知教师的热情，就对课程充满期待，从而唤醒学生的内驱力。

（二）课前导学，精准帮扶，推动学生的内驱力

巧用人人通软件中的课前导学、课后练习、班级讨论模块功能，组建"青蓝结队"，实施精准帮扶。杜威在《民主主义与教育》提出的"在做中学"主张"知从行来"。但对内驱力不足学生来说，需要"青蓝结队"，让行动力强的学生对其施行精准帮扶，推动其行动起来，再来体验"在做中学"的收获与感知。我在教学实践中发现，学生在学习过程中，"教别人"或者"马上应用"，可以有效帮助学生进一步理解或掌握学习内容，获得成就感。首先通过与学生、家长的交流与反馈，把学生呈现出来的共性与个性进行分析、分类，针对不同学情与学生，让学生自愿组队，组建不同的帮扶小组，学生与学生一对一结成精准帮扶小组，签订帮扶协议。再制订每个小组的每日、每周帮扶进度任务，并按

要求在一定时间内及时反馈。当帮扶任务达标后，再根据梯度进行新的"青蓝"结队。

例如A同学帮扶B同学，运用课前导学，协商并定好一周的计划与任务；再运用课后练习，约定好每天的时间去落实细节；运用班级讨论将交流讨论的内容、过程、结果等反馈到"帮扶小组"对应的群相册。我根据小组的落实情况及时给出优化建议、"点赞"亮点，促进两位学生共同进步。A同学在帮助B同学的过程中"温故而知新"，进一步强化和巩固了知识点，并学会了如何更有效率地指导他人，让自己更好地主动学习。B同学在自愿接受A同学帮助的同时，学习到了"丢失"的知识点，会产生"获得"的喜悦，增强学习的动力，逐渐向积极主动学习迈进。这样的帮扶小组才能达到人人皆可为师的帮扶目的，帮助学生实现当"小老师"的梦想，推动学生内驱力。

（三）游戏机制，进阶排行，激发学生的内驱力

巧用游戏机制，进阶排行，根据心理学家马斯洛的需要层次理论，游戏之所以深受青少年喜爱，主要是因为游戏满足了玩家的各层次需要，特别是最高层次的自我实现需要。北京大学教授尚俊杰在《游戏化教学法》中指出，游戏化教学不是把游戏植入课堂，而是将游戏的设计、理念或元素应用到教育中，利用游戏的趣味性激发学生的学习动机。

例如，我在教六年级《美术》下册第8课《装饰柱》时，将学生组成不同小组，要每个小组根据学习内容自定称号，首先将明确目标、设计思路、交流想法、作品制作、展示评价等分成5个小任务单，按完成速度与质量计1—5分，小组获得1枚相应的"闯关王"徽章，最先完成并获得5个"闯关王"徽章的小组，获得本节课的"学习王"徽章、排行榜首。为避免给进步较慢的学生带来消极情绪，不具体列出学习成绩或分数的排名，只公示各项任务达标的前十名。在不同方面（如学习态度、反应、完成率等）、不同周期（一课、一天、一周）内进行排行，

保证每一位学生只要努力参与，就一定会有机会获得排行榜前十的荣耀，满足学生"自我实现需要"，激发学生的内驱力。正如孔子所说："知之者不如好之者，好之者不如乐之者。"

（四）问题教学，探寻方法，促进学生的内驱力

通过"PBL"问题式教学法，从一个需要解决的问题开始学习，这个问题被称为驱动问题。学生在一个真实的情景中对驱动问题展开探究，解决问题的过程类似学科专家的研究过程，学生在探究过程中学习及应用学科思想。教师、学生、家庭、社区成员参加协作性的活动，一同寻找解决问题的方法；学生要制订出一套能解决问题的可行方法与实施步骤，形成学习成果，公开分享。

例如在校本课程"硬笔书法"第1课线上教学中，我先不讲笔画、间架结构，就设计了3个问题：①请问你一共买过或练过几本书法字帖？②为什么没有练成一手好字？③如何练成一笔好字？小组讨论开始，有的学生把自己的家长拉进来一起讨论，显然很多家长也不知道具体的答案，这样便形成了共同的话题，一起讨论，达成一致意见后提交任务单。我再来请小组代表发言分享，根据完成情况进行积分与徽章奖励。学生和家长在问题式教学的过程中，已经把本节课的教学任务完成了，并有了自己的书法练习实施计划和实施步骤，比"干"讲笔画、间架结构的效果强多了，为后面的硬笔书法教学打下了良好的心理基础。

多设计实际问题，不仅可以延伸至家庭，还可以让学生延伸至社区、社会广泛征集意见与建议。这样既能有助于优化实施计划，又能起到与家长、社会达成共识、形成合力的作用，让学生接受的教育不局限在学校里，我们可以结合多方面促进学生的内驱力。

（五）顺性扬长，乘势补短，鼓动学生的内驱力

"尺有所短，寸有所长"，每个学生的成长环境不同，表现出来的个体差异自然不同，学生呈现出来的"长短"是相对的，不能用统一标尺

衡量。在运动用信息化教学时，我们能更及时地发现学生的长处、亮点、及时给予表扬、鼓励。同时也能看到学生的不足，及时地纠正、勉励他们改进。在学习中先以顺性扬长为主，后以乘势补短为辅；在生活中，则是以鼓励学生施展长处为主，避免短处为辅。这样更利于学生接纳与内化所学知识，使学生的优点更加明显突出，促进学生阳光开朗、积极上进，不足之处就会慢慢弱化。

例如在小学美术教学中，我经常遇到学生反映自己不会画或画得"丑"，让他很有挫败感，这时我会引导学生画自己会的内容，并告诉他美术课的目的不只是为了学画，也要学会审美和判断，学会表达情感。只要用自己会的方法，比如折纸、彩泥、剪贴、抽象画等形式表达自己的想法和感受，都是美的艺术。在我的鼓励下，学生开心地选择自己的长项，用自己擅长的方式顺利完成了作品，取得了对应的积分，重拾自信，获得尊重需要和认同感。

（六）投其所好，激发兴趣，点燃学生的内驱力

教育家叶圣陶说："教是为了不教。"让学生学会自主学习，学会有效地自主学习，是对教育的最高要求。在上网课期间，部分学生表现出"消极怠工"的学情，很明显地反映出这部分学生的学习动力不足，没有学会自主学习。

自主学习倡导学生主动参与、乐于探究、勤于动手，培养学生搜集和处理信息的能力、获取新知识的能力、分析和解决问题的能力，以及交流与合作的能力。

例如在"少儿油画"校本课程之"绿水青山"的教学中，我先投其所好，让学生自主搜集自己喜欢的"绿水青山"图文，制订简要计划，建立目标意识，按计划合理分配时间完成每一步的小目标，如分析取景、取舍构图等，可以小组讨论，交换意见，让学习的环境"活"起来，找出自己在自主学习中出现的问题并及时改进，再勾勒形状和确定用色等。运用正确的学习方法引导学生学习，培养学生良好的学习习

惯，在开心地绘画中体验学习的乐趣，理解"绿水青山"文化内涵，正确传达学生自己的真情实感，让作品充满勃勃生机和童趣。学生通过自主学习，学会求知、审美、热爱自然与生活等，促进学生自身发展。经过不断调动学生的学习动机，增强学生的学习兴趣，逐渐点燃学生的内驱力。

（七）结语

谚语云："十指有长短，痛惜皆相似。"教育的目的不是要把所有的学生教成一个样、一般长，而是充分利用学生的自我实现需求，巧用信息化教学的各项工具与功能，激励学生在需求的基础上产生的一种内部唤醒状态或积极状态，将需求转化为积极上进、自主学习的内部动力。学生一旦持续驱动内驱力，无论有没有外在的奖励、诱惑或外部环境突然发生变化等状况，都能自主保持高度的学习热情和积极的学习状态，自主进行探究与学习，并且不会轻言放弃，从而达成"教是为了不教"的教育目的。

小学音乐双线教学混融的探索与实践

利用现代信息技术手段辅助教学已经成为当前教育发展的趋势。近年来借助电子白板、教学助手、互动课堂、电子书包、微课等信息化手段，手机变成移动讲台，平板变成书本，资源现场从云端调用自如，云平台网络研讨，使教育信息化、云校一体化。多样化的手段让课堂更加生动高效，课堂氛围更活跃，提高了教学效率。

在新冠病毒感染疫情期间，教育领域的学习和生活方式发生了改变，教学从传统课堂转变为空中课堂；从线下教学转变为线上教学；从线上＋线下的"加法"教学转变为双线混融教学的突破。当社会面临突如其来的困难和挑战时，线下教学已不能满足当前的需求，不能解决师生到校参加集体教学的问题。为了不影响学生的学习，迫切需要利用信息技术手段开展线上教学，实现"停课不停学"。

（一）双线教学混融的意义

在小学音乐线下教学中，大部分老师的教学观念、教学手段还停留在老旧阶段，创新意识不足。在教学中仅依靠PPT或音乐课件播放音乐和视频，不能充分挖掘出有利于音乐教学的信息技术手段融于教学。部分老师教学流于形式，不主动创新，排斥信息技术在课堂教学中的作用。而在线上教学中由于小学生学情特点的影响，此阶段的学生自控力不强，有效注意时间与学生的年龄密切相关，年龄越小，有效注意时间越短，导致线上教学效果不够好。

同时，家长对音乐学科的不重视等原因导致线上教学"名存实亡"。无论线上还是线下，音乐课总有被占用上主课或者写作业的情况发生。线上教学在没有有效监管手段的情况下，上课率逐渐越来越少。教师不能拿出有效的奖惩措施，造成这种现象持续发展。面对这些线上、线下教学中的不足，小学音乐学科线上与线下教学混融的教学模式必将成为主导。

1. 变被动学习为主动学习

由于小学生有效注意力时间短，单纯地采用传统的讲授法，在音乐教学的过程中就会形成"填鸭式"教学，再加上学生对音乐学科的"偏见"，往往会形成鸡同鸭讲的情况。双线混融教学，正好弥补了线下教学中出现的弊端。教师会根据教学内容的需要，提前在人人通中发布任务，学生根据老师的要求自主在网上收集资料或者提前预习，教师在课中根据数据反馈集中讲解或者让学生分享自己的学习成果。有时候学生收集到的资料甚至连老师都不知道，大家在合作学习中，扩展了知识学习的广度和深度，在有限的课堂中学习更多的知识。同时，学生也在自主学习中发现问题、解决问题，增强了学习的信心。

2. 随时随地皆可学

信息技术的发展促进了教育的变革。如今是智能信息的时代，网络全覆盖，无论身处什么地方，只要打开手机就可以做到人人皆学、处处能学、时时可学。由于每周的音乐线下教学时间只有两节课，有时候线下不能完成的教学任务可以延伸到线上教学。教师布置的欣赏中外名曲、音乐律动小游戏、音乐会表演、器乐演奏等内容需要拓展和反馈时，线上教学就起到了很好的辅助作用。教师利用美篇、公众号、二维码、QQ群等方式把学习内容编辑好后分享给学生，学生根据课外时间合理安排学习时间，既可以缓解主学科学习带来的压力，也可以避免学生在网络中搜索资料而占用更多的学习时间，让音乐学习没有负担。

3. 激发学习兴趣，快乐学习

传统音乐课线下学习主要是以教师为主体，讲授为主，学生学习缺乏主动性，长此以往不利于学生创新意识的培养，不利于合作探究能力的提高。双线混融教学能够在线下教学的基础上，通过线上跟踪教学形成一个良好的双向循环。例如在器乐教学中，课堂上学习一首乐曲之后，需要学生在课后每天练习巩固学习成果，只有这样，学生才能在掌握一个演奏技能之后，逐步学习下一个演奏技能。在人人通"7天习惯养成打卡"小程序中，学生可以把每天练习的视频上传，教师不仅可以在线上对学生完成的作业进行一对一的指导，同学之间可以相互点评、点赞，而且家长也可以看到孩子作业的完成情况。

4. 培养良好的音乐素养，树立终身学习的愿望

音乐素养的形成不是一蹴而就的，是在日复一日、年复一年良好的音乐学习和环境熏陶中养成的。我们的生活离不开音乐，学生除了在每周两节音乐课中学习一首歌曲、欣赏一首音乐作品或者学习演奏一首乐曲，还可以利用课余时间培养自己的音乐素养。可以在唱吧、全民K歌等唱歌软件中学习自己喜欢的歌曲，与全国人民PK，看一看自己能击败多少选手；利用各种App学习自己感兴趣的音乐技能，包括各种乐器、舞蹈；利用搜索引擎搜索在线下学习中感兴趣的话题，让音乐学习成为一种习惯。

（二）双线教学混融的问题

1. 小学音乐学科未得到充分重视

在应试教育的背景下，学生面对繁重的课业负担和考试压力，音乐学科与其他参与应试的学科相比得不到学校、家长、学生的重视。在这种观念的影响下，学校中最优质的教学资源、师资力量、培训提升都会更倾向于其他应试学科，导致音乐课总是被占用，严重影响音乐教师的积极性，有些音乐教师就不愿意花很多的精力把线下教学延伸到线上教学，他们认为保证线下教学任务在当堂课完成就行了。另外，线上教学的成功与否很大程度上依赖家长能否配合。大部分家长每天忙于工作，回家后仅仅只辅导应试学科，只有很少一部分家长会帮助孩子完成音乐线上作业，造成线上教学效果不佳。

2. 音乐教师信息技术素养有待提升

音乐教师大多都对信息技术运用不熟练，只能够制作满足于课堂教学的简单PPT，这就需要教师利用更多的时间学习各种软件以满足线上教学。有时候教师准备一节线上教学课，从音乐的剪辑、视频录制、文案撰写到最后的编辑成型，熟练的老师可能需要1天的时间，但对大部分老师来说需要更多的时间才能完成。与线下教学相比，这无形之中给教师增加了极大的教学工作量，造成现在的老师们能线下教学就绝对不线上教学，让线上教学与线下教学之间无形中多了一道坎。

3. 音乐教师教学观念的老旧

双线混融教学模式改变了传统的教学模式，这就要求教师必须更新教学观念。在实际的教学中，部分教师不愿意尝试双线教学、更新教育观念，依旧倾向于简单、熟悉的线下教学。对于教师而言，这种方式只是在年复一年地重复同样的教学内容。对于学生而言，总是在学习昨天的故事。时代在变化，学生接受的知识也在变化，同样的教学观念、教学手段不适用于不断发展的学生。教师只有更新教育观念，与时俱进，才能给学生带来更多有趣又有深度的课堂。

（三）双线教学混融的解决方法

为了更好地解决这些问题，我们可以使用以下方法：

（1）带头尝试双线混融教学模式，通过论文的形式进行经验分享。

（2）以研讨课、比赛课的方式集中展示双线混融教学课例。

（3）点评学生线上提交的作品，将优秀作品制作成影集发送到班级群，增强学生学习的积极性和自信心。

综上所述，在小学音乐教学中运用双线混融教学能够弥补线上、线下教学中存在的问题，为师生创设更加多元、优化的教学环境，给音乐课注入新活力。

小学音乐教师专业发展途径和建议
——以自身专业发展为例

小学教师专业发展关系到基础教育改革实践和理性认识基础教育改革形成的共识。目前，探索教师专业发展的途径和方法已经成为当前教育研究的热点问题，本文将以自身专业发展的情况为例，探讨小学音乐教师专业发展的途径，并对发展中出现的问题提出建议。

（一）寻找互助学习伙伴，达成共同愿景

一个人的学习是枯燥无味的，团队的学习才更有效率，因此教师间的合作更有利于教师在专业发展过程中克服各种困难。但是寻找的学习伙伴要有共同的愿景，互勉互促。"共同愿景是指参加该'教学共同体'的成员都要有专业发展的共同的愿望和共同的目标。"[①]只有在共同的愿

---

① 韦芳、罗之勇：《教学共同体：小学教师专业发展的新视角》，《教育探索》，2011年第九期。

望和目标下大家才更有使命感，更能相互合作，为了共同的目标交流经验，共享智慧。

教龄没有达到五年的年轻教师都要参加师徒结对活动，即通过自选和教育局安排两种途径，有经验的老教师带几个年轻教师跟踪辅导，包括写教案、课后反思、说课、家访、导师建议等，最后还要填写新教师成长手册。

这个活动的初衷是为了让一批年轻的教师快速成长起来，成为学校的骨干教师，但是由于大部分音乐教师除了教学任务、还身兼学校其他事务，很难做到按时按质完成师徒结对活动中的工作，结对活动的初衷不能落到实处。建议学校支持这项工作，让这项活动能像学校常规工作一样开展，安排固定的时间让教师们结对辅导，学校安排人员进行检查和考察，对好的师徒给予表彰和奖励。只有通过学校的支持和老师们的共同努力才能提高年轻教师的教学水平。

（二）勤学苦练，提高专业能力

俗话说"师傅领进门，修行靠个人"。因此，除了外在教学能力的提高，还要加强内在自身专业能力的提升。

音乐课是一门包括唱、弹、舞、演等多门艺术相结合的综合性艺术课程，音乐教师要想上好一节优质的音乐课就必须娴熟地掌握这些技术，而这些技术不是一天两天能练成的，也不是练成后不再练习仍能娴熟地使用的。音乐是一门陶冶情操的艺术，也是一门枯燥的艺术，即使学有所成，毕业参加工作了，也要沉下心来静心练习。老话说得好："台上一分钟，台下十年功。"

作为一名小学音乐教师，除了做好自己的本职工作，还要挤出时间安排专业上的训练。参加工作不久的年轻教师，可以给自己制订详细专业的练习计划。学校的音乐课一般安排在上午的第3节、第4节课，或者下午，在通常情况下，我一般在每天早自习的半个小时练习声乐、早上第一节课练习钢琴、中午午休或下午最后一节课练习器乐。如果遇到比赛、表演等特殊原因会临时调整练习内容和时间。教师也可以根据上课的需要，自学一些简单的乐器辅助教学。机会都是留给有准备的人的，现在不准备，更待何时！

音乐的学习是无止境的，专业的发展更需要不断地积累和提高，学校应该给音乐教师提供更直接的专业指导和学习机会，如利用寒暑假去专业院校进修；平时请专业院校的老师走进校园给音乐教师提供专业性的指导或讲座，让音乐教师的信息和技能不是永远停留在他们毕业时掌握的知识上。

（三）为教师搭建良好的专业成长平台

教师的专业发展离不开学校给予的支持和帮助。在一个学校，校长是学校的掌舵人，也是教师专业发展的引领者，校长对教师专业发展的重视程度，直接影响教师专业发展的速度。因此，学校可以利用请特级教师或教研员到学校指导老师上课、说课和派老师到高等院校脱产学习等方式提高教师专业水平。目前部分高校承担着"国培计划"项目中的研究和培训任务，学校可以和这些学校建立合作关系，让这些高校在学校成立培训基地试验点，学校教师也能有机会享受到专家型教师的讲课和评课。让老师既能学习到专业的理论知识，也能够得到教学实践的训练。

学校要减轻音乐教师的工作量，不能因为"小课"老师不用批改作业，没有成绩压力就给音乐老师很大的工作量。每天除了上课就是上课，完全没有时间备课，那就无法保证每一节课的课程质量了。音乐教师需要大量的时间备课、观摩优质课，提高其专业的水平，这样才能与当代教育理念同步。

（四）提高信息技术水平，丰富教学手段多样化

信息技术的飞速发展，促使教师的教学也紧跟信息化的步伐。现在无论是什么学科的老师上课，评价他这一节课上得好不好不仅仅在于教

案的设计和老师的讲授，还关系到 PPT、白板、微课等信息技术的运用。而在音乐课中运用最多的就是 PPT，它不仅能够为这节课营造各种教学情景，激发学生的学习兴趣，而且还能让教师摆脱传统音乐课中机械教唱的教学模式，丰富教学手段，让学生在游戏中学习，在轻松愉悦的氛围中感受音乐，感受音乐带来的快乐。如在 2014 年全国小学音乐优质课获得一等奖的一节音乐课"晨景"，我印象最深的是授课教师通过 PPT 展现了一幅美丽的晨景画面，在欣赏音乐时 PPT 中出现了跟随音乐上下起伏的旋律线条，让音乐更形象，给人一种视听结合的感觉，学生通过 PPT 更容易理解音乐。在音乐结束时，更让大家震惊的是，PPT 上出现了一幅美丽的山水画，是一缕阳光穿过山谷，照亮山谷的恢宏场面，连现场的评委都为之震撼。可想而知，一个 PPT 可以给我们的音乐课带来多大的改变。所以，音乐教师要提高自身的信息技术水平，把科技带入课堂，让课"活"起来。

在现代的教育体制下，音乐作为非应试学科还不能完全受到领导、家长的重视，这种观念的转变还需要很长的一个过程。而目前音乐教师的专业发展首先要靠音乐教师转变自己观念和思想，主动提高自己的专业水平，让自己快速成长。

巧妙运用信息化教学工具、方法和方式，唤醒和点燃学生的内驱力，不仅可以帮助学生调整好正确的学习方法和思维方式，而且能持续激励学生自主有效地管理好时间和分配学习任务，提高学习的效率与质量。这样可以让学生保持积极向上的学习状态，满足学生自我实现需要，培养学生具备可以应对未来发生的各种突发状况的能力与策略。

[参考文献]

[1] 苑文兴. 唤醒"心理期待"增强学习内驱力 [J]. 华夏教师. 2018（10）.

[2] 王海静. 培养学生自主学习的几点做法 [J]. 数学学习与研究. 2010（08）.

[3] 尚俊杰，庄绍勇. 游戏的教育应用价值研究 [J]. 远程教育杂

志. 2009，（1）：63-68.

[4] 贺慧，张燕，林敏. 项目式学习：培育核心素养的重要途径 [J]. 基础教育课程. 2019（06）.

[5] 马斯洛，林方. 自我实现及其超越 [J]. 心理学动态. 1985（02）.

[6] J·布罗菲. 激发学习动机 [M]. 武汉：华东师范大学出版社，2005.

浅谈教师的专业成长

凡事预则立，不预则废。作为一名传道授业解惑的教师，更是要清晰地认识自我，高瞻远瞩，把握好人生方向，拟定好职业生涯的发展规划，促进自己的专业成长。

（一）所行至此，所遇皆师，做一名合格的教师

何谓合格的教师，就是能遵守教师职业道德，能独立、认真、规范地完成职责范围内各项工作的老师。从教师专业成长发展的角度看，需要做好以下三点。

1. 加强理论学习

教师要掌握各种教育教学的先进理论和方法，对全国各地优秀教师的教育教学经验都要进行比较系统的学习和借鉴。同时，除了学习自己所教学科的前沿知识和先进的教学方法，还要学习一些哲学知识、历史知识和文学知识，提高自身的人文素养。

2. 加强教材教法的研究

教师要把自己所教学科各种不同版本的教材进行对比研究，探究不同教材相同课程的教学目标及要求。通过对比研究得出对某一问题的教学，用什么方式更有利于教学效率的提高，如何整合教材并使之为教学

服务等，这些都是我们要特别用心的事。

3. 加强反思与总结

通过几年的教学积累，我们都有了一定的经验，解决某些问题也有了自己的方法。如果我们平时加强了课后反思和积累，就有了很好的科研素材，在这一阶段，我们就可以写一点教学案例分析、教学论文。从一节课的一个小问题分析开始，分析总结自己解决问题的方法与心得，记录那些创新型的、有很明显成效的教学方式，慢慢形成一个成功的案例或课例，逐渐积累就可以形成自己的教育教学成果。慢慢地由"经验型教师"向"科研型教师"转变，逐步实现由合格教师向优秀教师迈进。反之，专业成长就会停滞不前。

（二）外师造化、中得心源，做一名优秀的教师

何谓优秀的老师，就是在教育教学中有自主创新的教育方法和教学策略，并取得一定成绩、有影响力的教师。从教师专业成长发展的角度看，需要做好以下五点。

1. 要深入阅读

从阅读、研究、实践、反思、表达等路径实现固本强基的跨越。要有阅读的习惯和能力，不仅仅读教育教学方面的专著，更要读国内外名著、名篇，感知文学、文化的内涵，从阅读中增加自我文化修养的深度、高度和宽度。

2. 要升华总结

由教学经验到教学理论的靠拢。这一阶段的老师都不缺乏教学经验，但很多经验都是零星的、具体的，没有形成系统的教学理论，因而不能像名师的教学理论那样具有独特性和有效性。

3. 要深度思考

从教学思考到教学思想的转变。这一阶段的老师在教学实践中有许多自己的教学思考和教学见解，但这些不全是有价值的，它们相对缺乏系统性、相对浅层缺乏深度，对教学的影响也是暂时的、不能持久的。

假若我们不断通过理性加工和自我消化，形成教学思想。那它就是系统的、深刻的、清晰的思考，具有稳定性、统领性和导向性，不仅可以引领自己的教学，更可以指导他人的教育教学，帮助他人共同成长。

4. 要注重研究，形成自己的研究课题

我们要有比较长远的研究目标和方向，坚持围绕这一方向不断进行积累和研究。在长远的研究方向的引领下，再确定短时间的小的课题研究，通过对教学中具体问题的研究，逐步实现个人专业课题研究目标。

5. 要形成风格

要进行教学主张的教学化研究，使自己的教学主张随时在教学实践中看得见、摸得着。用教学主张作为教学实践的导向，并将其融入教学实践的每一个细节，使自己的教学活动烙上鲜明的个性特点，逐步形成自己的风格。

外得于人、内得于己。作为一名教师，要想在专业上成长，不仅仅要为人师表、教学育人，更重要的是明确人生的目标，做好切实可行的职业发展规划，脚踏实地，求真务实，一步一个脚印，一步步地按规划落实细节、达成分级目标。从做一名合格的教师开始，渐渐地走进优秀教师行列，逐渐向卓越教师迈进，最后向带领和影响一方的名师靠近。当然，教师的专业成长不是为了沽名钓誉，一切都是为了成就更优秀的自己，为自己选择并深爱的教育事业作出最大的奉献。

第十章 教学案例篇

欣赏对称的美

——《书法》四年级上册第6课《左右对称》教学案例

【案例背景】

《左右对称》是西泠印社出版社版本的《书法》四年级上册第6课的教学内容。这堂课是在武汉市小学书法优质课竞赛中的公开课，教学内容"东、未、来、水、木"取自唐代书法家颜真卿的《多宝塔碑》。本课教学板块包括"要领图解、我来动笔、练一练、单钩比对"四部分，要求学生能够分辨左右对称的字，掌握左右对称字的书写要领和结构规律。

四年级学生有一定的书法练习基础，但缺少书法与生活之间的联系或联想，缺失艺术门类之间审美的互通性。本课旨在引导学生观察生活、分析左右对称的图形与书法的联系，探究左右对称字的写法，让学生既能欣赏美、又能写得美，还会欣赏其他艺术门类中的对称美，提升学生对书法的兴趣和审美情趣。

【设计理念】

艺术生活，各美其美。触类旁通，美美与共。意境融彻，乃得真味。将生活元素与书法艺术联合想象、巧妙融合，更易于学生理解与掌握书法学习的要领，利于学生判断与欣赏书法艺术的美，让他们乐于自主学习与探索研究书法艺术，激发他们学习书法的内驱力，提升学生的审美情趣与综合素养，达成全面育人的目标。

【教学目标】

1. 知识目标

创设情景与激趣，联系生活观察，让学生了解左右对称的独体字结构规律。

2. 过程目标

示范类比与思考，结合练习反思，让学生理解与掌握对称结构字的书写要领。

3. 素养目标

触类旁通、意境融彻。生活化的书法课堂，可以激发学生学习书法的动力和内驱力，提高学生的审美情趣、文化理解等综合素养。

【案例过程】

教学片段一：比心导入、感知对称。

1. 姿势对称

教师说："请全体同学和我一起，用双手做比心的动作，看谁比的心最美？"

教师说："这两位同学比的心好美，请大家观察，美在哪里？"

学生1说："她们左手和右手的姿势看上去是一样的。"

教师说："你真会观察！我们把这种姿势称之为左右对称。今天我们就来一起学习'左右对称'。"（出示课题）

2. 形状对称

教师说："左右对称在生活中很常见。看一看，这张图是哪里？"（出示黄鹤楼图）

学生齐说："黄鹤楼。"

教师说："这是武汉标志性的历史建筑，请同学们观察它的特点。"

学生2没等提示就举手抢答："左右对称。"

教师说："哇，太聪明了！黄鹤楼是以中心线为对称轴，左右对称的。"

教师说："看这张，大声说，是什么？"（出示蝴蝶图）

学生齐答："蝴蝶——！"

教师说："说说看它哪里对称？"

学生3说："以中心线为对称轴，左右对称。"

3. 图文对称

教师说："大家看这一张中国传统的剪纸窗花（出示窗花图）。观察它哪里对称？"

学生1说："两边的花纹对称，还有两边的鸟也是对称的。"

学生2说："还有中间的'喜'字也是左右对称的。"

教师说："观察得真仔细。这张剪纸作品也是左右对称的。"

4. 文字对称

教师说："请看这三个字，谁来说说看？"（出示小篆作品木、火、土）

学生1说："木、火、土。"

教师说："真聪明！小篆都认识啊！请说说这几个字的特点。"

学生2说："它们都是以中心线为对称轴，左右对称的字。"

【教学意图】从课前"左右快速反应"游戏到有趣的"双手比心"导入，都悄然植入"左右对称"的课题内容，寓教于乐，营造轻松快乐的学习氛围。从姿势到形状再到图文，最后引入文字，逐层递进，帮助学生感知对称。

教学片段二：探索新知、学习对称。

1. 讲对称，理解特点

教师说："再来看看这个字？一起说，什么字？"（出示"東"字）

学生齐答："'東'字。"

教师说："繁体字都认识，不错！这个字是什么字体？是谁写的？出自哪里？"

学生齐答："楷体。"

老师说："我们一起来了解它的出处。"（播放《多宝塔碑》简介）

教师说："看看'東'在哪里？找到了吗？"

学生齐答："找到了。"

教师说："放大这个字，仔细观察。请问这个字哪里对称？"

学生1说："左边和右边对称。"

教师说："对称轴在哪里？"

学生2说："中间的竖钩是对称轴。"

教师说："非常好，你观察得很仔细。再看看哪一个笔画是对称的呢？"

学生2说："左边的撇和右边的捺是对称的。"

教师说："很好，还有没有呢？请再认真观察。"

学生齐答："横画也是对称的。"

教师说："正确，再看看这些笔画是怎么对称的呢？"

学生齐答："距离。"

教师说："对，也就是位置。还有吗？我们来看看示意图，还有角度、长度。"（出示图解：位置对称、长短对称、角度对称。）

教师说："再看看整个外形，也是——？"

学生齐答："左右对称的。"

教师说："对，整个字以竖钩为中心，左右对称。"（出示图解：外

形对称）

【教学意图】微视频快速简介《多宝塔碑》，激发学生的学习兴趣，吸引他们的注意力。引导学生顺着"東"字的出处，观察"東"字的结构特点，巧用形象的具体参考线、动态描红笔画，引导学生轻松理解对称的笔画及整体部分，理解左右对称的特点。

2. 写对称，初步实践

（1）微课示范"東"字，讲解书写要领。

教师说："那这个字怎么写呢？想不想看老师是怎么写的？"

学生齐说："想。"

教师说："那大家一起来看看老师是怎么写的。"

教师带领学生用手指跟着视频学习"東"字的笔画，感受对称笔画的写法。

教师说："书写'東'字时，竖钩要压着竖中线、横轻竖重、撇收捺放、左右对称。"

教师说："好，现在我们感受一下这个字怎么写，请同学们试写'東'字。书写时要回忆刚才讲的要点，开始吧。"

（2）学生练习"東"字，教师辅导与点评。

教师在课堂上巡回指导并提醒学生端正坐姿、执笔规范，反复提示书写要点。

教师说："从同学们的初步实践可以看出，同学们的领悟力都不错。"

教师说："展示一位同学的作业，请大家看。他写的第二个'東'字比第一个'東'字好多了，注意到了左右对称，相信第三个'東'字会写得更好，这就是领悟力。"

教师说："请同学们练习三个'東'字后，停笔。回顾一下'東'字的书写要领。"

学生齐说："横短竖长、横轻竖重、撇收捺放、左右对称。"

【教学意图】微课示范与讲解有很直观的代入感，吸引学生关注

"束"字的笔画写法与书写位置的处理，便于学生理解与接收所学的知识。指导学生初步实践，落实教学重点，关注全体学生、及时给予学生鼓励与反馈，学生在练习时也都信心大增。这一环节引导学生突破难点，通过学生的说、找、描三个步骤，引导全体学生规范地表达、发现、实践，让教学难点一层层迎刃而解。

教学片段三：实践检验，练习对称。

1. 练对称，运用要领

（1）教师示范"未""来"两字。（注重笔画书写、结构对称的要领讲解）

教师说："现在大家来看看老师示范的这两个字，同学们可以看书法桌上面的电子屏。"

教师示范并讲解对称写法要领："未"，横轻竖重、竖钩居中、撇轻捺重、相交中上。"来"字，比未字只多了两点，要做到两点呼应、竖钩居中、撇轻捺重、相交中上、左右对称。

教师说："老师写完啦，现在到了大家一显身手的时候了。同学们记得注意书写要领，开始练习吧！"

（2）学生练习"未""来""水""木"四个字。

教师巡回辅导，提醒学生的坐姿、笔姿。提示书写要领，及时鼓励表扬学生。

教师说："练习完毕，同学们练习得非常认真，书写要领掌握得不错。"

【教学意图】实践环节轻松证实了前面铺垫的效果，学生在认真观察老师现场示范后，学生更有自信进行练习，教学效果突出。

2. 写对称，学以致用

教师说："请看大屏幕，大家想不想把今天练习的字变成一幅这样的书法作品呢？"（出示楷书作品"未来可期"）

学生齐答："想！"

教师说："今天我们一起实现。请大家看一看抽屉，有什么惊喜？"

学生齐答："啊——是作品纸，好漂亮啊！"

教师说："我已经把大家没有练到的字写好了，空白处就是大家今天要完成的。"

教师说："到底写什么呢？请看大屏幕——。"（出示词语填空）

教师说："上面的空白处就是我们今天要学的字，谁来填填看？"

学生1说："千山万水、十年树木。"

教师说："好，我们一起来念……"（出示所有词语）

学生齐答："紫气东来、未来可期。"

教师说："那咱们就开始吧！Are you ready？"

学生齐答："GO!"

学生书写，教师巡回辅导、提示书写要领及双姿（笔姿、坐姿），及时鼓励学生。

【教学意图】运用"师生共同创作"的方式，将"学以致用"的难度降低、将学生的学习热情推到最高。了解学生的心理，让学生的成就感容易"实现"。

教学片段四：作品展评，评价对称。

教师说："书写完毕，请每个小组推荐1位代表上台展示作品，有请……"

教师说："现在请我们的大众评审，评价展示的作品。"

学生1说："第一幅作品'展望未来'，'未来'两个字写得很好，左右对称。'来'字的撇有点细、捺画离中心略显得远了一点。"

教师说："点评得真好！既肯定了同学的优点，又提供了建议。为这位同学的点评点赞！"

学生2说："'入木三分'整体写得不错，注意到了左右对称，'木'字的竖钩很好，捺画稍微写开了一点。"

教师："说得很好！声音再大一点就更好了！"

学生3："'十年树木'的'木'字注意到了左右对称，竖钩的钩有点没钩出来，其他都很好！"

教师说："观察得很细致，建议得很好！竖钩写得略轻了一点。"

学生4说："'未来可期'写得很好！'未来'两个字的撇有点紧了，左右对称注意到了。"

教师说："再看这位同学的'上善若水'的'水'字，写得好不好？"

学生齐答："好——！"

学生5说："她注意到了'水'字的短横有行书笔意，有向右上的起笔，字中的两撇有变化，理解和掌握得很到位！"

教师说："你今天的点评很不错，对同学的优点观察得很仔细。"

教师说："展评结束，请同学们回到座位，请记住同学们的认同与建议，才能不断提高。"

【教学意图】展评环节凸显学生亮点，引导学生正面赞赏与评价同学的作品，他们发现同学的优点，合理表达自己的建议。将德育渗透做到"润物无声"。

教学片段五：课后拓展，欣赏对称。

教师说："对称的形式不仅仅在书法艺术里有体现，在很多艺术领域中都有应用！"（出示园林摄影作品）

教师说："请问这是什么作品？请试着欣赏一下作品的美。"

学生1说："这一幅摄影作品。"

学生2说："利用了房子的左右对称还有倒影的上下对称，展示出园林的和谐与宁静之美。"

教师说："和谐与宁静之美！很好，再欣赏这一张。"（展示国画山水作品）

学生3说："这是国画大师齐白石的山水画，也是应用对称、平衡的手法表现祖国山水的秀丽之美。"

教师说："山水秀丽之美！非常好！学好左右对称的要领，不仅是为书法，还可以在生活中发现和应用对称来再现生活中的美。放学后试着和家人分享今天的所学与收获哦，今天的课就到这里，下课。"

学生齐说："老师再见！"

教师说："同学们再见！"

【教学意图】拓展环节，将"左右对称"这种形式的美进行合理的延伸与拓展，引导学生欣赏不同艺术形式的"对称"之美，鼓励学生积极发现生活与表现生活的美。

【案例反思】

"左右对称"教学反思

1. 艺术与生活，各美其美

将生活元素与书法艺术联合想象、巧妙融合，更易于学生理解与掌握书法学习的要领，利于学生判断与欣赏书法艺术的美，让他们乐于自主学习与探索研究，增强学生学习书法的内驱力、提升学生的审美情趣与综合素养，共同达成全面育人的目标。

在教"左右对称"这一课题时，我将生活与书法学习紧密地结合起来，在书法专用多媒体教室进行，全程利用信息化教学手段，运用了PPT、视频、微课、实物投影、同步投屏等各种教学手段。

2. 意境融彻，乃得真味

微观整节课的教学与学生的表现性评价，打破了书法课堂笔画讲练的常规套路。这节课用"艺术即生活"的引导方式，"点燃"了学生学习书法的热情，引导学生对生活和汉字进行观察思考，注重学以致用，注重欣赏美，教学效果真实明显，学生实践练习与作品的进步很大。

（1）层次清晰、过渡自然。

课堂教学没有生硬的"模块化"，教学设计层次清晰，但教学中每个环节过渡自然、没有痕迹。以学生为主体，学生学习积极主动，没有"被牵引"之感。

（2）轻松快乐、渗透自然。

从课前游戏到导入新授再到创作展评，整个教学过程中教师语言轻松、寓教于乐，让每个学生都体验到了学习书法的轻松快乐。从学生的表达方式到书写习惯再到评价用语，教师都做到了积极引导，将德育、美育方面自然地向学生渗透。

（3）关注全体，赞赏自然。

每个环节的互动，教师都在关注全体学生，特别关注表达能力或书写能力较弱的学生，及时反馈、鼓励和赞赏学生的作品。学生欣然接受意见并能积极改进。

（4）设计精巧，真实自然。

整节课紧扣教学重点"左右对称"展开教学，从感知—理解—练习—评价—欣赏，由浅入深地引导学生理解对称，在辩证思维中让学生发现与领悟对称要点，进阶式训练培养学生的书写能力，激发学生的学习热情，欣赏对称在艺术领域中的运用，提升学生的审美情趣。教学设计精巧，课堂真实自然。

书法教学就是要帮助学生建立书写自信，树立榜样，调动全体学生学习的积极性，引导学生互相关注其他同学的优点，给予自己诚恳的建议。它面向全体学生，教师要重视学生的心理需求，结合不同学生的状况，给予不同的勉励评价。

3. 触类旁通，美美与共

"左右对称"这一种形式美的法则不仅仅可以运用在书法上，在绘画、建筑、城市规范、服饰装饰等各个艺术门类均有应用与体现。课后合理地延伸与拓展，引导学生欣赏不同艺术形式的"对称"之美，鼓励学生积极发现生活与表现生活的美。有效激发学生的创作热情，充分体现了学以致用的特点，拓宽了学生的审美视野，打破书法与美术、书法与生活的边界，提升学生的审美情趣与审美品位。

不足之处：教学语言和书法专业术语还需要进一步简练、规范，还应多留一点时间让学生完善创作的作品（落款），让学生比较全面地感受书法艺术之美和学习书法的乐趣。

让每一朵小花都能绽放
——"特殊"学生的美术转化法

（一）背景与目标

小熹是一名五年级某班的"特殊"学生，上课坐不住，不听讲，各科成绩差，个人卫生习惯不好，书包和抽屉内一团糟，书本几乎没有完整的封面，还会随手乱扔垃圾。他经常打扰其他同学学习，令很多老师头疼，同学们也不愿意和他相处，他在我的美术课上表现得更是"自由散漫"。我作为教育者，决定想办法帮助和改变他，为班级管理出一份力。于是我采取了一系列"好玩的教学活动"（德育措施）帮助小熹走出学习困境，改善他的学习习惯和卫生习惯，帮助他融入了班级生活和活动，培养了同学之间相互协作的精神。

（二）行动与策略

1. 个别关怀与指导

我多次利用课余时间与小熹进行深入的交流，了解他的学习情况、家庭背景和心理状态。通过耐心倾听、心理辅导和真诚鼓励，建立起师生之间的信任关系。在此基础上，我为小熹制订了个性化的学习计划，提供了有针对性的心理辅导和行为指导，帮助他提高学习的专注度，使他各科成绩稳步上升。

同时，我也会关注小熹的个人卫生习惯，示范并指导他从爱护自己的书本开始，到爱护书包、有条理地整理桌面和抽屉，告诉他如何保持座位的整洁和卫生等等。当他看到我亲自为他整理物品和打扫卫生时，他也跟着我做了起来，并主动拿拖把配合我清洁地面。

2. 团队辅导与互助

为了帮助小熹融入班集体，我组织了一系列有趣的班级团建活动。这些活动旨在增强同学之间的认同感、协作精神、班级凝聚力和集体荣誉感。

（1）团队建设游戏。

利用课前小游戏的形式，让学生们在轻松愉快的氛围中增强团队协作能力。"破冰游戏"可以帮助学生打破彼此之间的隔阂，促进学生间的相互了解。在"破冰游戏"中，学生们围成一圈，逐个介绍自己的兴趣爱好与特长。通过小游戏，同学们开始主动和小熹交流，发现他喜欢动漫、画画和听音乐，对他有了较"新"的认识。

在"接力添画"中，学生们被分成8个小组，每组需要通过接力绘画美术作品完成任务。在这个游戏中，小熹展现出了他的团队合作能力，积极协调组员之间的合作，最终帮助小组取得了胜利。通过这次游戏，同学们开始认识到小熹的优点和潜力，更加愿意和他交流合作了。

（2）角色扮演活动。

美术课导入时，我经常组织学生参加角色扮演活动，让学生们扮演不同的角色，体验不同的情景。在角色扮演活动中，小熹扮演了一位勇敢的探险家，通过讲述与表演，展现了自己的勇气和冒险精神，赢得了同学们的赞赏和尊重。在角色扮演的过程中，同学们还通过即兴对话等方式相互帮助和支持，增进了彼此的了解和友谊。

（3）团队比赛项目。

艺术实践中，我经常组织一些需要团队合作才能完成的项目，如制作节日海报、布置教室、策划美术作品展等。在最近一次制作迎元旦海报的项目中，小熹发挥了自己的创意和设计才能。他和同学们一起讨论设计思路、分工合作、互相提意见。最终，他们组制作出了一张充满创意和个性的海报，得到了老师和同学们的赞扬。通过这次项目合作，同学们更加欣赏小熹的才华和努力，愿意与他共同完成任务。

在我组织的"美术展评竞赛"中，小熹展现出了他较好的美术基础和答题小技巧。他积极参与每一次抢答，认真回答每一个问题。尽管一开始同学们对他的能力有怀疑，但随着比赛的进行，小熹用实际行动证明了自己的实力。最终，他带领第8小组赢得了这次比赛的冠军。通过这次比赛，同学们对小熹刮目相看，纷纷表达对他的敬佩和赞扬之情。这也让小熹感受到了自己在团队中的价值与同伴的认同，增强了他的自信心和对同学的热情。

（三）实施与监控

在一个学期的德育实施过程中，我密切关注各个活动的进展情况，以及小熹的心理变化和行为进步情况，定期邀请班主任评估活动的效果以及小熹的学习计划与效果、及时调整辅导策略。同时我也注意了活动的安全问题，确保各个活动顺利进行。我在活动中倡议并强调尊重和关心每一个同学，反对任何形式的孤立和欺负行为。通过不同的活动让学生们感受到集体的温暖和团队协作的力量，增强了他们对班级的归属感和凝聚力。同时。我也不断地与几位家长保持密切的联系，共同关注和帮助小熹的心理成长。

（四）成效与反思

经过一个学期的跟踪辅导和全体同学的共同努力，小熹的学习成绩和个人卫生习惯得到明显改善，同学们对小熹的态度也发生了积极的变化，开始主动接纳、认同和帮助他了。他的言行举止和学习习惯的改变，对其他同学的影响很大。这些改变都表明我采取的多项德育措施取得了良好的效果。同时通过班级团建活动，同学们之间的认同感、协作精神、班级凝聚力和集体荣誉感等得到了明显提升，班级课堂氛围和学习氛围变得更加融洽和谐。同学们也都明白了我的良苦用心，老师表面上是帮助一个学生改变，其实是通过各种活动改变了整个班集体的观念与行为。

在整个实施过程中，我也遇到了一些挑战和困难。例如，部分活动需要一定的时间支持，需要各科教师或家长的支持和配合；部分学生参与活动时的积极性不高，需要我的引导和激励；还有一些活动需要专业的心理指导，需要我寻求外部资源支持等。针对这些问题，我在今后的工作中，将继续探索更多元化的班级艺术团建活动，寻找更适合学生的有趣而又有意义的活动；同时也可以寻求多方面的支持合作，共同促进学生的良性成长和可持续性发展。

（五）结论与拓展

1. 结论

通过这个"问题"学生转化的德育教学案例，可以看出通过个别关怀与指导、团队协作与互助、家校合作以及激励与奖励等多种措施的综合运用，可以帮助很多像小熹这样的学生走出困境。同时，也可以增强同学们的道德意识和人际交往能力，促进班级的和谐与发展。

教育不仅仅是传授知识或技能培训，更重要的是培养人的道德品质和发展其潜能。在教书育人的过程中，我要关注学生的个体差异和需求，耐心引导和帮助学生在德育教育中取得进步。孔子说，因材施教，有教无类。对于取得的德育可视化成效，我们要及时总结，并不断优化德育措施，以便更好地应对类似的情况，为其他学生、其他班级提供有效的帮助和指导。

2. 拓展

（1）持续关注发展。

我定期与小熹以及其他同学交流，了解他们的需求和困惑，及时调整教育策略，确保德育教育的针对性和有效性。

（2）加强家校合作。

定期与小熹的家长沟通，共同关注小熹的成长，鼓励家长积极参与学校的德育教育活动，形成教育合力。

（3）鼓励团队合作。

在班级中继续组织有趣的团队活动，提高学生的团队协作能力，增强班级凝聚力。同时，教师要关注学生的个性发展，鼓励他们发挥自己的特长和创造力。

（4）培养道德意识。

通过德育课程和日常教育活动，引导学生树立正确的道德观念，培养他们的道德判断力和良好的行为习惯。向学生强调尊重、关心他人的观念，反对欺凌行为，营造和谐友好的班级氛围。

（5）优化德育措施。

根据学生的反馈和实际效果，不断优化德育教育措施，提高教育效果。教师可以借鉴其他成功的教育案例和理论，结合实际情况进行调整和创新。

（6）激励奖励机制。

建立合理的激励与奖励机制，鼓励学生积极参与德育活动，表彰学生的优秀表现和进步。教师可以不断地激发学生的学习热情和积极性，促进学校可视化德育的良性循环。

我经过十年的小学教育观察，发现新时代的小学生就像一朵小花，每天都在变化中成长。小学生心智发育未全，可塑性极强，道德辨别、审美判断、价值取向和思辨能力等均未成熟，出于好奇心，他们很容易受到各种环境的影响，形成不自觉的或有意的"模仿"学习，这对小学生的身心发展有着极大的影响，对小学德育工作来说是个极大的挑战。

小学德育是一个长期而复杂的过程，正所谓"亲其师则信其道"，作为一线教育工作者，我们要保持爱心与耐心、智慧和创造力。通过持续的关爱与不断地创新，我坚信，可以帮助与促进更多的学生取得不同的进步和良好的发展，让每一朵小花都健康且快乐地生长，自信而绚烂地绽放。

鸟语春风——少儿油画特色校本课程系列课例

（一）学情分析

小学四年级、五年级、六年级的学生特别喜爱观察生活环境的变化，渴望自己也能把喜爱的人或物真实地再现出来，但在课堂实践中总显得"眼高手低"，经常陷入写生的苦恼或困境。对此，我把学生组织起来，一起从"晨写校园"开始，观察身边每天看到的环境、景物，用线描或速写的方式，画校园里的一花一草、一树一竹，然后向小景、花鸟写生、水墨花鸟过渡。慢慢提升学生的观察与思考能力、写生造型能力与审美判断能力，在艺术实践中增强他们的环保意识和热爱大自然的情感。

（二）课程分析

"鸟语春风"是环境写生系列课程之一。本课属于造型与表现学习领域，通过让学生观察自己拍摄或搜集的鸟类照片，介绍鸟类的特征、习性与生存的环境，分享观察鸟类生存环境的体会与乐趣。大胆地用油画的直接画法进行写生或创作，不刻意追求形似，重在用明亮的色彩描绘鸟的动态与神态，表现出小鸟的可爱与环境的融合之美，传递出大自然的真、善、美，体现自己对生命的尊重和对大自然的热爱之情。

（三）教学目标

（1）进一步了解油画的直接画法与绘画表现语言方式，学会虚实对比、色彩变化。

（2）表现出小鸟的动态、神态，与春天的气息，传达出画者真实的情感和自我认同感。

（3）培养学生热爱大自然、保护生态环境的意识与情感。

（课时安排2课时）

（四）教学重点

（1）学会细心观察与理解小鸟的整体与细节的关系。

（2）学会表现鸟的外形、色彩、神态及所处的环境。

（五）教学难点

用自己的绘画语言与色彩，抓住小鸟的神态，表达出春天的气息、传达出真实的情感。

（六）教学准备

师生装备油画写生工具各1套。

（七）教学过程

1.观察与分享

（1）请同学观察自己拍摄或搜集的鸟类照片，向其他同学介绍鸟的形态、特征、习性。

（2）请同学分享观察的体会与乐趣。

2.思考与讨论

（1）思考如何表现小鸟的神态，提出自己的想法与困惑，小组讨论、小结。

（2）思考如何表达春天的气息，提出自己的看法与见解，小组讨论、小结。

3. 绘画与表现

学生观看教师示范《翠鸟》的视频，写生同步进行，让学生明确感受到每一个步骤的重要性，养成良好的观察思考习惯与绘画习惯。

（1）勾形。

用2B铅笔勾勒出小鸟与景物的外形，注意构图的美观。

（2）定形。

用小号笔调少许褐色，描绘并确定小鸟与景物轮廓。

（3）铺大色调。

用大号笔或笔刷快速铺出背景的大色调、定好光源方向，注意色彩的变化。

（4）主体刻画。

用中号笔、最直观的颜色表现自己所看到的色彩，注意色彩之间的过渡和冷暖的变化（物体要随光线的明亮变化而变化）。

（5）细节描绘。

用小号笔细心描绘各处细节，重点刻画放在头部、眼神，表现出鸟的神态感。

（6）完善画面。

整体观察、调整小鸟与环境色彩的关系，完成作品。

4. 实践与辅导

学生继续进行艺术实践，教师巡回一一辅导。强调鸟的动态与自然环境色调的协调。

5. 展示与评价

评价要点：构图有新意、画面有美感，色彩丰富有变化、神态生动有趣味，充满春天的气息与生机，有春风拂面的感觉。

6. 评价与小结

分享体会：用明快的色彩、肯定的笔触刻画出自己喜欢的小鸟，传递出大自然的真、善、美，学生心中充满着喜悦、激情、自信、成就感与认同感。

戴胜鸟　胡周子　11岁

黑枕黄鹂　詹子慧　11岁

反嘴鹬　程果　12岁　　　　　　　白天鹅　张博雅　11岁

红嘴蓝鹊　陈锦仪　12岁　　　　　白头鹎　李佳凝　12岁

棕头鸦雀　陈颖姗　11岁　　　　　黑尾蜡嘴雀　陈悦璋　12岁

认同美育，探异思维

——浅谈小学美术线上教研新思路

[摘要] 基于我校"认同教育"的办学理念，本着"情系家国、同心同行"的校训，"认同美育"在面向全体学生的前提下，注重培养学生良好的学习习惯和辩证思维习惯。让学生全面发展取代了片面追求某一方面，认同学生自我审美层次与自我需要，通过观察与思考、对比与分析、认同与探异，培养学生的独立思考能力和发展思维能力，通过一系列有利于学生情感表达的活动，使他们身心发展得到平衡，促进学生的个性发展，提升学生的创新能力和审美能力。

[关键词] 认同美育、探异思维

2020年，新冠病毒感染疫情暴发，让学校的线下教学转为线上教学。因很多学生不在城市，给学校教育带来了诸多不便和挑战。为了保障线上教学的正常开展，学校提前做好了教师的线上教育教学培训，并组织各科教研组线上教研，通过各种精心部署与合理安排，为学校如期正常"线上开学"保驾护航。

美术教研通过云课堂开始了"线上版"的新学期，积极落实学校教育教学的各项要求，把"认同教育"办学理念贯穿"云课堂"的始终。老师们快速适应了从三尺讲台到线上教学的转变，并引导学生开展了愉快而新颖的学习体验，还密切联合家长围绕学生的美育活动开启了更加深入的互动模式。

美术教研主张认同美育、求同探异的思想，教师之间团结协作、互相学习、彼此欣赏、共同进步，由此开展了一系列的主题教学研究活动。

（一）因时制宜，灵活教学，增进实效，探异美术教学新模式

在特殊时期，考虑到每位教师、每位学生所处的地区不同，美术组集群体智慧，探索因地制宜的线上美术教学新模式，以直播、美篇、微课等不同形式进行线上教学活动，灵活处理教学内容，增强学生学习美术、艺术实践的兴趣，增强了美术课堂的趣味性，加强了课堂实效，更好地达成了教学目标。

截止2020年4月8日——武汉"解封"，美术组教师共制作美篇和微课200余个，总浏览量超过10万人次，还有很多学生积极互动与留言。浏览量的不断增长与家校高频互动，都反映出美术教研团队的努力收到了实效，他们的工作受到了全校3000余名学生及其家庭的广泛关注，每一位美术教师的艰辛付出得到了家长、学校的认同。

（二）因势利导，强化教研，共同进步，探异美术教研新常态

美术组的固定教研时间是每周三上午九点，以线上研讨加线下实践的方式进行。每一位教师先小结上一周的教学工作，接着谈教学反思，再提出自己遇到的难点与困惑，大家相互之间讨论或提供合理的建议，强化教学细节的落实，一起商讨应对学生对学习产生倦怠的措施。大家会对怎样激发学生在线学习的积极性、如何引导学生开心地完成美术作业、如何增加作业形式的多样化等问题进行深入的研讨。在经验交流分享的过程中，教学教研不断被强化，全组教师不断共同进步。美术组不断学习，在团队认同的前提下，探异美术教研新常态，为日常的教育教学积蓄力量，厚积薄发。

（三）因地制宜，激励创新，花样呈现，探异美术作业新路径

这个特殊时期，因学生只能居家学习，给常规美术教学带来了较大的影响。根据实际情况，美术组教师根据教研会讨论的方法，依据教学进度适时调整教学内容、教学方式与方法，改变了美术作业的常态。学

生们可以利用家里的废旧物品进行再创作，打破"造型表现""设计应用""综合探索""欣赏评述"四个常规学习领域的边界，只要作业围绕教学主题，不限应用材料和表现形式。花样的作业形式，激发了学生的创作热情，让他们不断创作优秀的作品。

美术作业可以在 QQ 上提交给教师，也可以分享到班级 QQ 群里的"美术作品"群相册中。教师会每周汇总学生作业，然后在学校的微信公众号、班级 QQ 群中，分别采用美篇 App、动感相册小程序、"H5"等不同形式进行展示与推送，让全校师生、家长都能及时欣赏与评价学生的美术作品。这样不仅可以让更多的人欣赏到学生的作品，而且能增强学生的自信心与自我认同感，更能反映学生对生活敏锐的观察力。

（四）因难见巧，云竞才艺，广秀特长，探异美术活动新平台

结合当时的疫情防控措施、学生线上学习状况及学习成果，为鼓舞学生居家学习的"士气"，鼓励学生根据自己在疫情期间的所见所想，发挥他们的特长，放飞想象的翅膀，展示自己的才艺，为一线抗疫英雄加油打气，为武汉人民加油鼓劲。经美术组协商与教研，学校举办了一届特别的 2020 年"云才艺节"活动，主题命名为"才艺云竞技，片片赤子心"，给全校每一位学生充分展示个人才艺的新平台。活动根据低、中、高三个年级段学生的年龄特征和个性化需求设置相应的竞技板块，如变废为宝、纸艺大比拼、名画模仿秀、书法见真情、彩笔巧飞舞、绘就赤子心等。学校鼓励学生踊跃参与活动，在活动中尽情释放自己的想象力，也支持学生在遇到困难时及时与老师沟通，老师在线与学生交流辅导、及时帮助学生解决困难。

从学生展现出的作品可以看出，在条件越困难的情况下，越能激发学生的创造力。从这一点可以充分说明，学生的潜能是不可估量的，只要适当地激励，每一位学生都可以被点燃激情，爆发他们的"小宇宙"。

（五）因材施教，组建梯队，定向辅导，探异人才培养新方法

为进一步提升学生的艺术特长，进一步发现艺术方面的人才，促进学生更好地全面发展，根据当前的学情，美术组结合不同学生的兴趣爱好、美术专长，组建不同特长的美术校队，每位美术老师定向辅导一支美术校队，根据学生不同的学习进度再组建梯队。老师在线上对学生进行一对一辅导，线下分梯队进行，既能做到因材施教，又能形成小组合力，相互促进。教学时，老师不限定学生的表现技法与形式，按照不同的年龄特征，引导学生的探异思维，激发学生天马行空的想象力，鼓励学生将自己想象的画面大胆地表现出来，唤醒学生潜在的原生态创造力，表达内心最真实的情感。

第一次的校队训练就有收获，时值武汉市倡导"分餐制"，市政府举办了相关绘画比赛活动，美术组的老师们积极组织学生参加，我校202班许婕同学的作品就被"中国光谷"公众号刊登发表。不以跬步，无以至千里，在探索人才培养新方法的道路上，我们需要且行且变通。

（六）因事制宜，云端课堂，共同进步，探异教师成长新方向

在上"云课堂"期间，本着"教育有大爱，网课有匠心"的精神，我校两位美术老师主动承担了东湖高新区的美术"空中课堂"选定的录播任务。两位老师为了学生的线上学习达到预期效果，她们摸索着使用新软件，一次次推敲、一次次修改课件，经常熬夜工作。与此同时，美术组群策群力，在线上为两位老师的课提出合理的课件修改建议和改进教学方法，两位老师多次在线上试讲、说课，厘清自己的教学思路。经过反复地推敲与打磨，两位老师的"美术云课堂"在东湖高新区的美术"空中课堂"中得到了一致好评。浓厚的教研氛围推动着每一位教师向前进步，落实以学生为本，探索美术教师成长新方向。

（七）因人而施，传播能量，收获认同，探异美术作品新视界

在探异思维模式下的一系列美术教研，对学生的培养因人而异，让学生保持正确的创作方向，向家庭、社区传递正能量。实践是检验真理的唯一标准。学校将学生创作的各类作品放在家庭、社区平台上宣传，有主题、有针对性地进行美术"云活动"，分别开展"抗击疫情""爱眼护眼，科学用眼""垃圾分类""保护生态环境""爱护野生动物""社区才艺云竞技"等活动。这些活动产生了鼓舞人心的宣传效果，孩子们的美术作品在社会上赢得了广泛的认同与赞誉。

在对外宣传与学生作品发表方面，学校鼓励家长和教师积极组织学生参与各种公益活动和美术作品的征集活动，让学生的作品走出校门，和全国，甚至全世界的同龄孩子们一起交流或探讨作品，探异美术作品新视界。

（1）在央视网书画频道《央视画廊》栏目的"为战'疫'助力——书画传播小使者篇"活动中，605班的吴瑞迪等31位学生的作品被刊登发表，分别连载于央视画廊微信公众号（2022年更名为央博）第39、40、41期。

（2）在国家疾病预防控制局、国家卫生健康委员会宣传司、中国共产主义青年团中央委员会宣传部主办的全国儿童青少年"我爱眼、我绘眼"绘画作品征集大赛活动中，306班熊浚哲同学荣获"全国一等奖"、402班祁文轩同学荣获"全国优胜奖"。

（3）304班张哲睿等7位学生的作品在《书法报·书画教育》上发表。

通过参与一系列的美术作品"外交"活动，学生的美术作品获得了社会好评，学生获得了荣誉，学校的美术教育取得了丰硕的成果。

[结语]

基于"认同教育"的办学理念、探异思维模式的美术教研、一条"认同美育"的特色之路，从团队认同到自我认同，从认同美育到探异思维，学校以培养全面发展的学生为目标，以提升学生核心素养为方

向，继续探异更适合、更高效的教育教学方法，让"认同教育"内化于心，让"情系家国"外化于行，知行合一。

[参考文献]

[1] 杨雅. 近距离思考：论西方儿童美术教育的理念特征 [J]. 南方论丛. 2005 （04）.

[2] 朱春玲. 儿童美术教育的创新模式探究 [J]. 美术教育研究. 2018 （21）：167.

[3] 丁伟敏. 构建小学美术高效课堂的关键解析 [J]. 新课程 （小学）. 2018 （08）.

[4] 黄蕴同. 儿童美术教育中创造力培养的探索与思考 [J]. 艺术教育. 2019 （01）：140−141.

[5] 陈红. 生活化视角下的小学美术教学探究 [J]. 新课程 （上）. 2019 （11）：76.

[6] 陈晓梅. 小学美术教学中的个性培养研究 [J]. 科技风. 2020 （13）：59.

[7] 教师的教学设计需要"三疑三探"——一堂实操体验课的备课历程及思考 [J]. 张栋成. 中学数学教学参考. 2015 （12X）：2−4.

第十一章　教学作品篇

教师作品

（一）书法类

慜衡心方木
葵牘不七水
魁奉皇憂其
聲帝高寧身
西此臨其所
白佗渊身州
及逮熙民军
待養無氏桂
冊冕爻林品
二秀出羽来

畢竟西湖六月中
風光不與四時同
接天蓮葉無窮碧
暎日荷花別樣紅

集九成宮醴泉銘

神龙跃起展鸿猷

玉兔呈祥辞旧岁

万物生辉燕报春

一元复始龙增岁

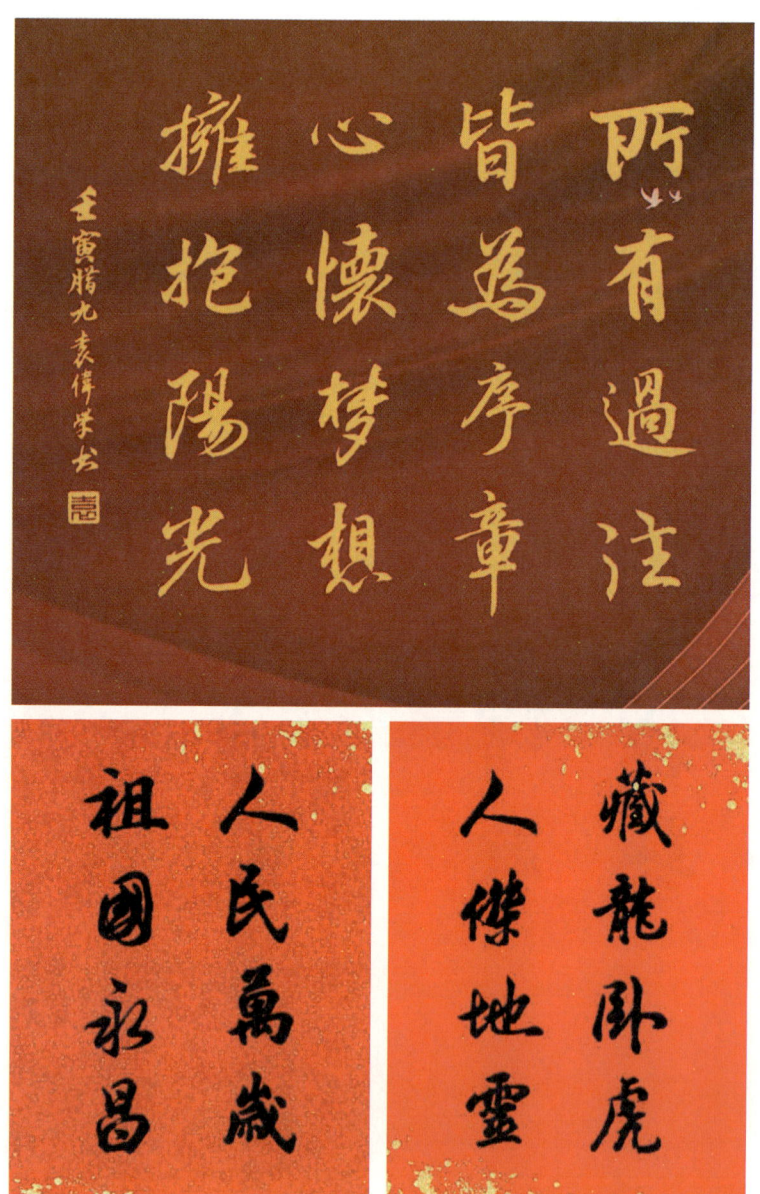

所有過注
皆為序章
心懷梦想
擁抱陽光

壬寅腊九袁伟学书

人民萬歲
祖國永昌

藏龍卧虎
人傑地靈

（二）绘画类

少儿油画——装饰多彩童年

601班，陈锦仪

"快看！这就是凡·高著名的油画《星月夜》。"小时候，妈妈指着画册上一张色彩绚烂的画，兴奋地告诉我。我瞟了一眼，立刻被吸引了。心里纳闷，难道他是魔术师吗？居然把星空画成螺旋形，黄、蓝、白、黑这几种颜色交错点缀，让人看着一点也不压抑，反而给人一种很神秘的感觉。我想以后学油画，像魔术师一样调制出美丽又神秘的色彩。

机会说来就来，五年级时，学校的少儿油画社团招新，我毫不犹豫地报名了。虽然我学过素描、水彩、漫画，可是一看到那些五彩斑斓、立体生动的油画作品，我就挪不开眼睛，很幸运，我被录取了。

第一次社团课，文质彬彬的袁老师很幽默。他展示了十五张都名为"艺术家打蚊子"的漫画作品，带领我们认识西方油画的十五个流派，并夸张地模仿图中的动作，让我们在笑声中很快地学会了区分油画的流派。

他说，少儿油画的特色是直接表现，画法就是直接画法，要求我们细心观察思考、认真表达，用心完成每一张作品。他拿出两幅色彩瑰丽的风景油画，引导我们观察它们的构图、线条、色彩、层次等细节，仔细体会画中的韵味，接着讲述了这些作品的特色与背景。我们沉浸于油画的魅力之中，惊叹于艺术创造之美。袁老师把两支干枯的黄褐色莲蓬插进花瓶，让我们观察和表述它们的形态、色彩的变化，同时对比欣赏了几幅形态各异、色彩丰富的表现莲蓬的油画。最后，老师要求我们自由选择背景，创作以莲蓬为主题的油画。他很快速地做了示范，让我们不用担心，大胆表现就行。

我兴致勃勃地开始动笔，打形、上色、刷背景、描细节……真有意思，我也可以变成魔术师啦！第一节课我居然就完成了人生的第一张油画作品《莲蓬》，油画真是太神奇了。

在半写生半创作《红嘴蓝鹊》这幅鸟类作品时，我灵光一闪，想起了唐代诗僧皎然的一首诗："有一鸟雏，凌寒独宿。若逢云雨，两两相逐。"我的脑海里浮现出一双鸟儿，在寒冷凄清的冬夜，枝叶稀疏，一只鸟儿飞下枝头，另一只鸟儿凌空翱翔。我想画作的背景应该采用冷色调，突出冬日的凄清冷峻，鸟儿红嘴蓝翅，彩色羽毛点缀其身体间。我还想起在云南旅游时，在湿地保护区看到的美丽蓝鸟，蓝鸟格外漂亮，我有把它们画下来的冲动。于是，我一口气构图、调色、染色，把我心中最美的鸟儿画出来了。这幅画既展现了鸟儿生动、活泼、有灵气的一面，又赞扬了它们不惧严寒，蓬勃的生命力，它们为大自然增添了一抹亮色和无限生机。就如同我，会遭遇挫折，会感到孤独，但仍然鼓励自己坚强勇敢、乐观自信。

几次课之后，我发现袁老师表扬其他同学多，很少表扬我。正当我心不在焉时，袁老师走到我身边，指导我怎么调色、大胆用笔，还表扬了我的作品，我的信心因此大增，画面色彩也更丰富多彩起来。他还叮嘱我课后多看看世界名画、多去美术馆看画展、多观察生活。

有一次，我心情烦闷，胡乱地在画布上画了几笔。袁老师走过来，我连忙捂住画布，老师拿开我的手，仔细看了看，高兴地说："非常好！表达了内心强烈的情绪！绘画不是死板机械的，而是人们真实情绪体验的表达。"听了老师的话，我松了口气。从此，我创作油画时，开始变得无拘无束，大胆表达自我。开心时，我用明亮的色彩、精致的构图表达内心的愉悦；压抑时，我用暗沉的色彩、粗放的笔法发泄内心的痛苦，抚平受伤的心灵。我的油画得到了袁老师越来越多的肯定，我也变得更加自信了。

在少儿油画的吸引下，我读了《希利尔讲艺术史》，课余还欣赏了很多世界名画，如《蒙娜丽莎》《戴珍珠耳环的少女》《拾穗者》《向日葵》《格尔尼卡》等等，还阅读了关于它们的赏析。周末，妈妈带我去湖北美术馆、武汉美术馆看名家画展，还到湖北美术院看毕业作品展。这些展览让我更加体会到，艺术是人类共同的语言、共同的情感体验，可以跨越时间与空间的界限。渐渐地，我开始领悟到油画真正的魅力，有的作品富丽堂皇、有的作品庄严深沉、有的作品繁复精巧、有的作品简约大气、有的作品客观写实、有的作品狂放不羁，我在艺术王国中自由翱翔，艺术王国美不胜收，里面的作品让人目不暇接。有种无形的力量牵引着我，让我去创作属于自己的美丽画作。在袁老师的细心辅导下，我完成了《莲蓬》《小动物》《乡村风景》等画作，在写生创作的过程中，我发现越是表达自然的美，越是能真正触动心灵的美，令人赏心悦目、心旷神怡。

2018年12月，我的油画风景作品《独立寒秋》荣获武汉市第十二届"校园艺术节"优秀美术作品一等奖！我情不自禁地流下了激动的泪水，少儿油画让内敛羞涩的我勇于表达、乐于表达、善于表达，让我的童年生活充满了阳光和快乐。

我希望在未来的日子，继续保持一双智慧的眼睛发现美、用一颗善良美好的心灵感受美、用一双灵巧的手创造美，让更多的人发现并拥抱这美的世界！

袁老师常说，学生不应该是一个有待去装满的杯子，而是一盏有待点亮的火把。我们应该去点亮他们的好奇心、点亮他们的智慧，让学生学会学习与创新思维。

少儿油画学生作品

"同心戏社"学生表演剧照

日月之行
若出其中
星汉灿烂

417

指导学生艺术表演剧照